Projektmanagement im Gesundheitswesen

Susanne Böhlich

Projektmanagement im Gesundheitswesen

Ein praxisorientierter Leitfaden

Mit einem Geleitwort von
Prof. Dr. Wolfgang Holzgreve

Susanne Böhlich
iu – Internationale Hochschule
Bad Honnef, Deutschland

ISBN 978-3-658-34866-3   ISBN 978-3-658-34867-0 (eBook)
https://doi.org/10.1007/978-3-658-34867-0

Die Deutsche Nationalbibliothek verzeichnet diese Publikation in der Deutschen Nationalbibliografie; detaillierte bibliografische Daten sind im Internet über http://dnb.d-nb.de abrufbar.

© Der/die Herausgeber bzw. der/die Autor(en), exklusiv lizenziert durch Springer Fachmedien Wiesbaden GmbH, ein Teil von Springer Nature 2021
Das Werk einschließlich aller seiner Teile ist urheberrechtlich geschützt. Jede Verwertung, die nicht ausdrücklich vom Urheberrechtsgesetz zugelassen ist, bedarf der vorherigen Zustimmung der Verlage. Das gilt insbesondere für Vervielfältigungen, Bearbeitungen, Übersetzungen, Mikroverfilmungen und die Einspeicherung und Verarbeitung in elektronischen Systemen.
Die Wiedergabe von allgemein beschreibenden Bezeichnungen, Marken, Unternehmensnamen etc. in diesem Werk bedeutet nicht, dass diese frei durch jedermann benutzt werden dürfen. Die Berechtigung zur Benutzung unterliegt, auch ohne gesonderten Hinweis hierzu, den Regeln des Markenrechts. Die Rechte des jeweiligen Zeicheninhabers sind zu beachten.
Der Verlag, die Autoren und die Herausgeber gehen davon aus, dass die Angaben und Informationen in diesem Werk zum Zeitpunkt der Veröffentlichung vollständig und korrekt sind. Weder der Verlag noch die Autoren oder die Herausgeber übernehmen, ausdrücklich oder implizit, Gewähr für den Inhalt des Werkes, etwaige Fehler oder Äußerungen. Der Verlag bleibt im Hinblick auf geografische Zuordnungen und Gebietsbezeichnungen in veröffentlichten Karten und Institutionsadressen neutral.

Planung/Lektorat: Carina Reibold
Springer Gabler ist ein Imprint der eingetragenen Gesellschaft Springer Fachmedien Wiesbaden GmbH und ist ein Teil von Springer Nature.
Die Anschrift der Gesellschaft ist: Abraham-Lincoln-Str. 46, 65189 Wiesbaden, Germany

Allen Mitarbeitern im Gesundheitswesen gewidmet, die jeden Tag Außerordentliches leisten.

Geleitwort

Das Buch „Projektmanagement im Gesundheitswesen" von Frau Prof. Dr. Susanne Böhlich füllt eine große Lücke auf dem Fachbuchmarkt. Im komplexen und unter Druck stehenden Gesundheitsbereich werden zur Erreichung von Qualitäts- und Wirtschaftlichkeitszielen immer mehr kurz-, mittel- und sogar langfristig die notwendigen Maßnahmen als Projekte umgesetzt, so dass ein gut strukturiertes Projektmanagement immer wichtiger wird.

Der deutsche Gesundheitsmarkt steht aktuell vor großen Herausforderungen. Ausgelöst durch gesetzliche Vorgaben wie beispielsweise die Förderung der Digitalisierung durch das Krankenhaus-Zukunftsgesetz (KHZG), aber auch aus gesellschaftspolitischen Leitlinien, wie sicherheitspolitischen Betrachtungen auf Grundlage der Health Security Anforderungen, möglicher Geld-Knappheit nach den Corona-Belastungen, steigenden Qualitätsanforderungen etc. müssen ständig gravierende Maßnahmen in Projektmanagement-Struktur auf- und rasch umgesetzt werden.

Im Gesundheitswesen wird ein gutes Projektmanagement benötigt, welche die für die Patienten so wichtige Sicherheit stützt, aber nicht nur theoretische Konzepte werden gebraucht, sondern ein kultureller Wandel von der noch sehr verbreiteten Zuständigkeitskultur hin zu einer Lösungskultur, die eben häufig am besten mit einem guten Projekt-Ansatz umsetzbar ist.

Es wird im Buch darauf hingewiesen, dass das systematisierte Projektmanagement in den 50er Jahren in der Luft- und Raumfahrtbranche entstanden ist, und manchmal kommt einem die Gesundheitsversorgung mit großen und zeitkritischen Aufgaben in der Präventiv- und Akutmedizin tatsächlich wie das Projekt einer angestrebten Mondlandung vor – die bekanntlich durch eine großartige Teamleistung und konzertierte Anstrengung vieler Experten geklappt hat.

In dem glänzend geschriebenen Buch von Prof. Böhlich werden die beziehungsreichen Bedingungen und komplexen Strukturen im Gesundheitswesen dargestellt, die beim Projektmanagement berücksichtigt werden müssen. Das Buch folgt der allgemeinen Struktur eines Projektlebenszyklus und stellt Techniken und Methoden des Projektmanagements ausführlich und leicht verständlich dar. Die Autorin arbeitet elegant heraus, dass für erfolgreiche Projekte die genaue Projektdefinition, -planung und -organisation am Anfang genauso wichtig ist, wie die vermeintlich „soften" Themen des Führungsstils, einer guten Kommunikation und der Verantwortung für die Mitarbeiter.

Dabei greift die Autorin aber auch wichtige Ursachen für das häufige Scheitern oder Verschleppen von Projekten im klinischen Kontext auf und stellt in jedem Kapitel Lösungsmöglichkeiten vor, wie gegengesteuert werden kann.

Die Vorgehensweise im Projekt wird immer wieder durch zahlreiche Beispiele verdeutlicht. Zudem beschreibt die Autorin anschaulich in einem aktuellen Fallbeispiel „Rekrutierung ausländischer Pflegekräfte", auf das immer wieder Bezug genommen wird, wie die Methoden konkret angewendet werden können.

Zusammenfassend kann das leicht lesbare und inhaltsreiche vorliegende Buch sowohl als kenntnisreiche Einführung in das Projektmanagement als auch sehr gut als Kompendium und Nachschlagewerk dienen, um einzelne Projektschritte, aber auch größere Multimanagementprojekte im Gesundheitswesen auszuführen.

Juni 2021　　　　　Prof. Dr.med. Dr. h.c. mult. Wolfgang Holzgreve, MBA
　　　　　　　　　Ärztlicher Direktor und Vorstandsvorsitzender
　　　　　　　　　Universitätsklinikum Bonn, Bonn, Deutschland

Vorwort

Gibt man in einer Suchmaschine den Begriff „Projekt" ein, finden sich in weniger als einer Sekunde mehr als 390.000.000 Ergebnisse. In den einschlägigen Online Buchhandlungen finden sich bei der Suche nach dem Begriff „Projektmanagement" rund 30.000 Vorschläge – von allgemeinen Einführungen für Unerfahrene bis zu Spezialwissen in einzelnen Themenbereichen. Gibt man jedoch im Internet den Suchbegriff „Projektmanagement Gesundheitswesen" ein, findet sich vor allem eins: Stellenanzeigen. Und ein aktuelles Buch zum Projektmanagement im Gesundheitswesen gibt es auf Deutsch bisher überhaupt noch nicht. Es besteht offensichtlich eine große Nachfrage nach Projektmanagern im Gesundheitswesen, aber zumindest auf dem Buchsektor nicht das erforderliche Angebot. Diese Lücke soll das vorliegende Buch schließen.

Dabei steht das Gesundheitswesen vor großen Herausforderungen. Nur ein tief greifender Wandel und neue Rahmenbedingungen werden es zukunftssicher machen. Es geht um sehr unterschiedliche Themen – von der Implementierung neuer Technologien über den Fachkräftemangel und Kosteneinsparungen bis zur Qualitätssicherung. Entsprechend wird auch die Anzahl der Projekte in den verschiedenen Bereichen deutlich zunehmen. Dieses Buch gibt praktische, fundierte und systematische Hilfestellungen für das Projektmanagement speziell im Gesundheitswesen. Es beschreibt die wesentlichen Werkzeuge und Techniken die erforderlich sind, um ein Projekt erfolgreich durchzuführen.

Um komplexe, interdisziplinäre Projekte erfolgreich zu führen, brauchen Projektmanager breit gefächerte Kompetenzen. Projektmanagement ist „people business", genauso wie das Gesundheitswesen. Ein Projektmanager braucht nicht nur das richtige Handwerkszeug, sondern er muss vor allem mit Menschen umgehen, Menschen überzeugen, motivieren, begeistern und dazu bringen, das zu tun, was für das Projekt erforderlich ist. Deswegen wird auf diese Themen besonders eingegangen.

Während sich die ersten acht Kapitel (und der Projektabschluss in Kap. 14) der Methodik des Projektmanagements und dem Projektablauf widmen, liegt der Schwerpunkt der Kap. 9–13 auf den Kompetenzen, die der Projektmanager braucht, um komplexe und interdisziplinäre Projekte zu leiten und mit seinem Team das Projekt erfolgreich umzusetzen: Change-Management, Kommunikation, Führung, Macht, Politik und Einfluss sowie Zusammenarbeit.

Das Buch hilft Fachleuten im Gesundheitswesen, Projekte erfolgreich zu führen und begrenzte Ressourcen besser zu nutzen. Damit kann die höchstmögliche Qualität der Versorgung gewährleistet und die Erwartungen der Interessengruppen erfüllt oder übertroffen werden.

Es richtet sich an alle, die verstehen wollen, wie Projektmanagement im Gesundheitswesen funktioniert, aber auch an die Mitarbeiter im Gesundheitswesen, die Experten in ihrem Fachgebiet sind, aber bisher noch nicht über ausreichende Erfahrung im Projektmanagement verfügen. Dieses Grundlagenwerk „Projektmanagement im Gesundheitswesen" soll die Wissenslücke dieser Zielgruppen schließen.

Abschließend noch zwei Anmerkungen: Aus Gründen der besseren Lesbarkeit wird auf die gleichzeitige Verwendung männlicher und weiblicher Sprachformen verzichtet. Der Begriff Projektmanager kommt aus dem Englischen und steht gleichermaßen für alle männlichen, wie weiblichen oder diversen Menschen, die ein Projekt leiten.

Das Gesundheitswesen umfasst eine Vielzahl von Unternehmen, Organisationen und Einrichtungen. In diesem Buch wurde weitgehend der Begriff „Organisation" verwendet, nur im Kapitel Projektorganisation wurde der Begriff „medizinische Einrichtung" genutzt, um die Abgrenzung von der Organisationsstruktur zu vereinfachen. Die Abbildungen aus diesem Buch finden Sie als Vorlesungsunterlagen unter dem folgenden Link: https://www.susanne-boehlich.de/publikationen.

Bei allen Personen, die mich bei der Erstellung des Buches unterstützt haben, möchte ich mich besonders bedanken. Dazu gehören vor allem Claudia Simons-Kaufmann und Michael Thiede für das Gegenlesen. Sie haben wertvolle Anregungen eingebracht. Der Dank gilt auch allen Experten, die ihre Erfahrung für die Praxisbeispiele geteilt haben. Meine Lektorin Carina Reibold war mir jederzeit eine kompetente und hilfreiche Ansprechpartnerin.

Bonn Susanne Böhlich
September 2021

Inhaltsverzeichnis

1 Projektmanagement im Gesundheitswesen 1
  1.1 Was ist ein Projekt? 1
      1.1.1 Projektdefinition 1
      1.1.2 Abgrenzung Projekt und Programm 3
  1.2 Projektmanagement 4
      1.2.1 Definition Projektmanagement 4
      1.2.2 Projektphasen 5
  1.3 Besonderheiten im Gesundheitswesen 7
  1.4 Fallbeispiel: Rekrutierung ausländische Pflegekräfte 12
  Literatur 13

2 Projektdefinition 17
  2.1 Auswahl von Projekten 17
  2.2 Zielfindung 21
  2.3 Projektstrukturplan 24
      2.3.1 Erstellen eines Projektstrukturplans 24
      2.3.2 Besondere Herausforderungen 30
  Literatur 33

3 Analyse Techniken 35
  3.1 Definition und Strukturierung 35
      3.1.1 Das „Why Statement" 35
      3.1.2 Strukturierung und Lösungsfindung 40
  3.2 Priorisierung 44
      3.2.1 ABC-Analyse 45
      3.2.2 Priorisierungsmatrix 47
      3.2.3 Scoring Modell 49

	3.3	Praxisbeispiel: Digitale Assistenzsysteme	53
	Literatur	55
4	**Projektplanung**	57
	4.1	Zeitplanung	57
		4.1.1 Planung der benötigten Zeit	57
		4.1.2 Netzplan	61
	4.2	Ressourcenplanung	69
		4.2.1 Personalressourcen	69
		4.2.2 Physische Ressourcen	75
	4.3	Kostenplanung	76
	Literatur	79
5	**Projektcontrolling**	81
	5.1	Projektstatusbericht	82
	5.2	Controlling der Zeitplanung	84
	5.3	Ressourcencontrolling	90
	5.4	Kostencontrolling	92
	Literatur	96
6	**Projektorganisation**	97
	6.1	Arten der Projektorganisation	98
	6.2	Gremien in der Projektorganisation	104
	6.3	Praxisbeispiel: Krankenhausrestrukturierung	109
	Literatur	114
7	**Stakeholder Management**	115
	7.1	Identifizierung der relevanten Stakeholder	116
	7.2	Stakeholder Klassifikation	119
	7.3	Planung von Maßnahmen	122
	7.4	Praxisbeispiel: Neuausrichtung Wohn- und Pflegeheime	125
	Literatur	128
8	**Risiko Management**	129
	8.1	Risiko Identifizierung und Analyse	132
		8.1.1 Risiken in Projekten	132
		8.1.2 Risikomatrix	134
	8.2	Risikobeherrschung und Monitoring	137
		8.2.1 Risikobeherrschung	137
		8.2.2 Risiko Monitoring	139
	Literatur	139

9 Change-Management ... 141
- 9.1 Veränderungen im Projekt ... 141
- 9.2 Veränderungen durch das Projekt ... 145
- 9.3 Praxisbeispiel: Bekleidungsraum ... 152
- Literatur ... 155

10 Kommunikation ... 157
- 10.1 Kommunikation im Projekt ... 157
- 10.2 Schriftliche Kommunikation ... 161
  - 10.2.1 Argumentationskette ... 162
  - 10.2.2 Argumentationsgruppe ... 163
- 10.3 Mündliche Kommunikation ... 167
  - 10.3.1 Kommunikationsprobleme ... 167
  - 10.3.2 Meetings ... 168
  - 10.3.3 Interviews ... 173
- 10.4 Praxisbeispiel: Führungskräfteentwicklung ... 176
- Literatur ... 178

11 Führung ... 181
- 11.1 Die Rolle des Projektmanagers ... 181
- 11.2 Führungsstil ... 187
- 11.3 Motivation ... 196
- 11.4 Feedback und Leistungsbeurteilung ... 203
  - 11.4.1 Feedback ... 204
  - 11.4.2 Leistungsbeurteilung ... 206
- Literatur ... 212

12 Macht, Politik und Einfluss ... 215
- 12.1 Macht ... 215
- 12.2 Politik ... 222
- 12.3 Praxisbeispiel: Zusammenspiel Politik und Projekt ... 226
- 12.4 Einfluss ... 228
- 12.5 Praxisbeispiel: Digitales Tagebuch ... 234
- Literatur ... 237

13 Zusammenarbeit ... 239
- 13.1 Team ... 239
  - 13.1.1 Teambildung ... 239
  - 13.1.2 Rekrutierung des Projektteams ... 243
  - 13.1.3 Teamrollen nach Belbin ... 245
  - 13.1.4 Teamphasen ... 249

	13.1.5 Systematische Denkfehler	251
13.2	Konfliktmanagement	253
Literatur		264
14	**Projektabschluss und -bewertung**	**267**
14.1	Projektabschluss	268
14.2	Projektbewertung	270
14.3	Praxisbeispiel: Kundenzentrierte Transformation	271
Literatur		274

Projektmanagement im Gesundheitswesen

1.1 Was ist ein Projekt?

Projekte sind keine neue Erfindung. Manche Autoren beschreiben den Bau der Chinesischen Mauer oder den Bau der Pyramiden als erste Projekte. Zu einer wissenschaftlichen Disziplin wurde es in den fünfziger Jahren in der US-amerikanischen Luft- und Raumfahrt. Seitdem wurde das Projektmanagement immer weiter entwickelt und auf andere Branchen angepasst.

Projekte spielen auch im Gesundheitswesen eine immer wichtigere Rolle. Organisationen im Gesundheitswesen stehen vor zahlreichen Herausforderungen. Dazu gehören die Notwendigkeit Kosten zu reduzieren, personelle Engpässe und Termindruck, bei gleichzeitig steigendem Wettbewerb und dem Erfordernis, auf das Marktgeschehen und gesetzliche Änderungen zu reagieren. Alle wesentlichen strategischen Maßnahmen werden zunehmend als Projekte umgesetzt. Dazu gehören Prozessoptimierungen, Einführung von neuen Produkten, Fusion von Unternehmen des Gesundheitswesens und die Einführung neuer Technologien.

1.1.1 Projektdefinition

Es gibt viele verschiedene Definitionen, was ein Projekt ist. Das Project Management Institute (2017) definiert es als:

> „Ein Projekt ist ein zeitlich begrenztes Vorhaben mit dem Ziel, ein einmaliges Produkt, eine einmalige Dienstleistung oder ein einmaliges Ergebnis zu schaffen."

Auf die zeitliche Einmaligkeit zielt auch die Definition der Deutschen Industrie Norm DIN 69901 ab:

„Ein Projekt ist ein Vorhaben, das im Wesentlichen durch die Einmaligkeit der Bedingungen in ihrer Gesamtheit gekennzeichnet ist, z. B. Zielvorgabe, zeitliche, finanzielle, personelle und andere Begrenzungen, Abgrenzung gegenüber anderen Vorhaben und projektspezifische Organisation."

Fasst man die wesentlichen Aspekte zusammen, ergeben sich als typische Charakteristika eines Projekts (ähnlich Litke et al., 2018; Project Management Institute, 2017; Wegmann & Winklbauer, 2006):

1. Vordefiniertes Projektziel
2. Zeitliche Befristung mit einem definierten Start- und Endpunkt
3. Begrenzte Ressourcen
4. Einmaligkeit und Komplexität
5. Team und ein Projektmanager notwendig
6. Risiko und Unsicherheit können enthalten sein

Ausformuliert bedeutet das: Erstens muss ein Projekt ein klar definiertes Ziel haben, auf das hingearbeitet wird. Dies kann z. B. eine Kostensenkung in einem Bereich sein oder die Entwicklung eines neuen pharmazeutischen Präparats.

Zweitens ist ein Projekt zeitlich befristet mit einem definierten Start- und Endpunkt. Das Ende des Projekts ist erreicht, wenn beispielsweise die Ziele des Projekts erreicht wurden – oder wenn sie nicht mehr erreicht werden können, weil das Budget erschöpft ist, Ressourcen nicht mehr zur Verfügung stehen oder das Management die Entscheidung getroffen hat, das Projekt zu beenden (Project Management Institute, 2017).

Drittens verfügt das Projekt nur über begrenzte Ressourcen: Finanziell (Kosten), personell (Personen) oder sachlich (Produktionsmittel, Ausrüstung, Informationen) sind die Ressourcen vorgegeben und begrenzt.

Viertens spielt die Einmaligkeit und Komplexität eine Rolle: Projekte werden ausgeführt, um ein definiertes Ziel zu erreichen, ist das Ziel erreicht (oder kann nicht mehr erreicht werden), muss das Projekt nicht wiederholt werden. Komplexität bezieht sich auf die Größe des Projekts, die Vielzahl von Personen, die daran ein Interesse haben und Einfluss nehmen wollen, oder inhaltliche Herausforderungen, wie Zielkonflikte und Wechselwirkungen zwischen einzelnen Maßnahmen zur Zielerreichung.

Fünftens sind ein Team und ein Projektmanager notwendig: Durch die Komplexität der Aufgabe ist ein Team aus verschiedenen Mitarbeitern notwendig, die an der Aufgabe arbeiten und die aus verschiedenen Fachabteilungen kommen können oder extra für das Projekt engagiert wurden, wie beispielsweise von Beratungen. Die Komplexität bedingt auch, dass für die Planung und Koordination eine Projektleitung erforderlich ist.

Und als letzter Punkt können Risiko und Unsicherheit enthalten sein: Die Einmaligkeit und Neuartigkeit der Aufgabe zusammen mit der Komplexität beinhaltet auch eine größere Unsicherheit.

Ein Projekt unterscheidet sich somit deutlich vom Tagesgeschäft. Tagesgeschäft heißt Kontinuität und Routine, der Fokus liegt auf der Effizienz der bestehenden Prozesse. Ein Projekt hingegen treibt Veränderungen an, ein neuer Zustand soll erreicht werden, um ein bestimmtes Ziel zu erfüllen (Larson & Gray, 2011; Project Management Institute, 2017).

1.1.2 Abgrenzung Projekt und Programm

In der Praxis werden die Begriffe Projekt und Programm oft synonym im selben Zusammenhang genannt. Ein Programm ist eine Gruppe zusammenhängender Projekte, die koordiniert gemanagt werden, weil sich auf diese Weise Vorteile ergeben, die bei einem getrennten Management nicht erzielt werden können (Project Management Institute, 2017).

Ein Beispiel ist ein pharmazeutisches Unternehmen, das ein Programm zur Behandlung von Krebserkrankungen hat. Alle Projekte zu diesem Thema sind in einem Programm zusammengefasst. In dem Programm werden alle Projekte, die sich über einen längeren Zeithorizont erstrecken, zu diesem Thema koordiniert. Das Programmteam beaufsichtigt die Auswahl und Priorisierung von Projekten zur Behandlung von Krebserkrankungen, die in ihr spezielles Portfolio aufgenommen werden. Obwohl jedes Projekt seine eigenen Ziele und seinen eigenen Umfang behält, werden der Projektmanager und das Team auch durch das übergeordnete Programmziel motiviert und es können Synergien genutzt werden. Die Programmziele sind eng mit den allgemeinen strategischen Organisationszielen verbunden (Larson & Gray, 2011).

1.2 Projektmanagement

1.2.1 Definition Projektmanagement

In der Definition des Begriffes Projekt wurde bereits erwähnt, dass durch die Komplexität der Aufgabe ein Team und ein Projektmanager erforderlich sind. Dem Projektmanager obliegt das Management des Projekts. Das Project Management Institute (2017) definiert Projektmanagement als „das Anwenden von Wissen, Fähigkeiten, Werkzeugen und Methoden auf Vorgänge des Projekts, damit die Anforderungen des Projekts erfüllt werden."

Projektmanagement ist eine Leitungsfunktion. Zu den wesentlichen Aufgaben gehören die

- **Planung:** Definition der Projektziele und Planung des Projekts (Zeit, Ressourcen, Kosten).
- **Organisation:** Stakeholder-Management, Kommunikation, Zuständigkeiten und Verantwortlichkeiten, Änderungsmanagement und Umgang mit Einschränkungen.
- **Kontrolle:** Projektfortschritt, Ressourcenmanagement, Risikomanagement, Zielerreichung und Problemlösung.

Genau genommen braucht der Projektmanager kein detailliertes Fachwissen über die im Projekt behandelten inhaltlichen Fragestellungen, da seine Aufgabe die Planung, Organisation und Kontrolle des Projekts ist und die Erarbeitung der Inhalte Aufgabe der Experten im Projektteam. Dies wird aber nur im Rahmen von größeren Projekten oder Programmen so umgesetzt. In der Praxis werden Projektmanagement und -durchführung verbunden und der Projektmanager übernimmt auch inhaltliche Aufgaben (Wegmann & Winklbauer, 2006).

Beim Projektmanagement muss der Projektmanager drei grundlegende Ziele beachten, für die er verantwortlich ist und die in Wechselwirkung zueinanderstehen. Diese drei Ziele bilden das berühmte magische Dreieck des Projektmanagements (für viele Litke et al., 2018). Abb. 1.1.

- **Zeit** steht für die Projektlaufzeit. Es umfasst den Projektstart, die Projektlaufzeit und alle dabei einzuhaltenden Termine sowie das Projektende mit dem Abgabetermin.
- Mit **Kosten** sind die Arbeitsleistung und andere Ressourcen, wie Personal-, Sach- und Materialressourcen, aber auch externe Leistungen gemeint, die maximal dafür eingesetzt werden können.

1.2 Projektmanagement

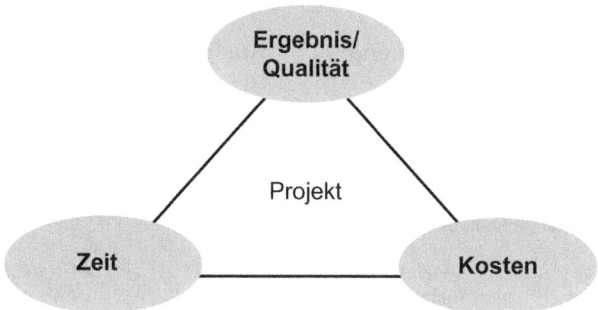

Abb. 1.1 Das Magische Dreieck des Projektmanagements

- **Qualität** bedeutet, dass das vereinbarte **Ergebnis** geliefert werden muss. Der Erfolg des Projekts hängt von der Kundenzufriedenheit ab und damit auch von der Qualität des Projekts.

Wird eines dieser Ziele verändert, hat das direkte Auswirkungen auf die beiden anderen Ziele. Wird beispielsweise das Projektbudget reduziert, um die Kosten zu senken, hat das Auswirkungen auf die Zeitdauer (es dauert länger, weil mit weniger Personal gearbeitet werden muss) oder auf die Qualität des Ergebnisses, weil der Leistungsumfang reduziert werden muss. Wird eine schnellere Fertigstellung des Projekts erwartet, dann kostet das mehr Geld (weil mehr Personal eingesetzt werden muss) oder die Qualität des Ergebnisses ist geringer. Wenn eine Ecke des Dreiecks verändert wird, hat das sofort Auswirkungen auf die anderen beiden Ecken.

1.2.2 Projektphasen

Jedes Projekt ist einmalig, es unterscheidet sich von anderen Projekten in den Zielen, dem Umfang und der Dauer. Dennoch ist der Ablauf, d. h. die Abfolge der Phasen vom Start bis zum Ende, immer vergleichbar und wird als Projektlebenszyklus bezeichnet. Vieles im Projektmanagement folgt den Grundprinzipien des ärztlichen Handelns: Anamnese, Diagnostik, Intervention. Die Vorgeschichte muss aufgenommen, Probleme identifiziert und anschließend eine Lösung gefunden werden.

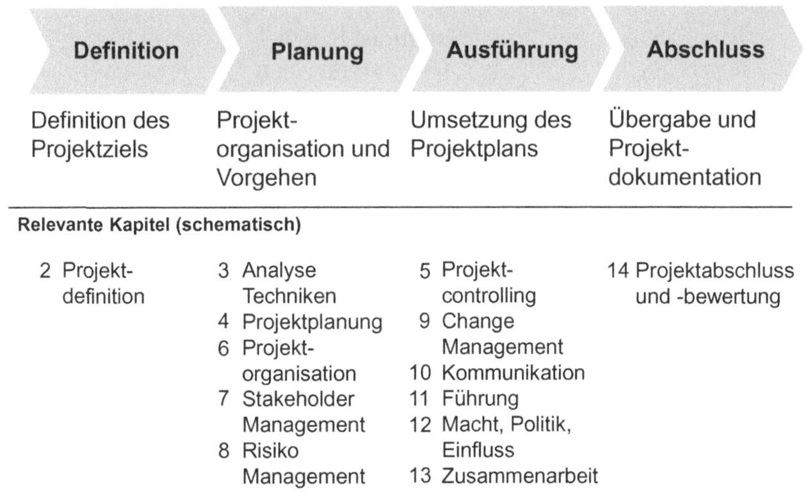

Definition	Planung	Ausführung	Abschluss
Definition des Projektziels	Projektorganisation und Vorgehen	Umsetzung des Projektplans	Übergabe und Projektdokumentation

Relevante Kapitel (schematisch)

| 2 Projektdefinition | 3 Analyse Techniken
4 Projektplanung
6 Projektorganisation
7 Stakeholder Management
8 Risiko Management | 5 Projektcontrolling
9 Change Management
10 Kommunikation
11 Führung
12 Macht, Politik, Einfluss
13 Zusammenarbeit | 14 Projektabschluss und -bewertung |

Abb. 1.2 Projektlebenszyklus

Für dieses Buch sollen unter dem Projektlebenszyklus die folgenden vier Phasen verstanden werden (Larson & Gray, 2011; Wegmann & Winklbauer, 2006) Abb. 1.2:

- **Definition:** In der ersten Phase wird das Projekt genau definiert und das Ziel bestimmt. Hierzu wird die aktuelle Situation genau analysiert und das zu lösende Problem bestimmt. Wichtig ist es, ein gemeinsames Verständnis aller Beteiligten zu erzielen. Auch die Auswirkungen des Projekts auf die Zukunft und Wechselwirkungen mit anderen Bereichen in der Organisation müssen berücksichtigt werden.
- **Planung:** In der zweiten Phase wird die Vorgehensweise im Projekt definiert. Basierend auf der Analyse kann ein Projektstrukturplan aufgestellt und damit die Vorgänge und Aufgaben definiert werden. Darauf aufbauend wird die Zeitplanung gemacht, die Ressourcen geplant und die Rollen und Verantwortlichkeiten festgelegt. Zudem wird die Projektorganisation bestimmt. In dieser Phase werden auch die möglichen Risiken analysiert und Maßnahmen definiert, wie damit umgegangen werden kann. Ein weiterer wichtiger Punkt ist das Stakeholder-Management. Stakeholder werden analysiert und die Kommunikation mit ihnen festgelegt.

- **Ausführung:** In der dritten Phase werden die Aufgaben abgearbeitet und der vorher definierte Projektplan ausgeführt. Wichtig in dieser Phase ist neben der Durchführung auch das Projektcontrolling. Hier wird kontrolliert, ob der Zeitplan eingehalten wird, das Projekt sich im Rahmen des Budgets bewegt und ausreichend Ressourcen vorhanden sind. Auch die Risiken und die Einschätzung der Stakeholder sollten regelmäßig überprüft werden. Durch die enge Zusammenarbeit werden Themen wie Führung, Teamarbeit, Konfliktmanagement, aber auch die Ausübung von Macht, Politik und Einflussnahme wichtig.
- **Abschluss:** Die letzte Phase im Projektlebenszyklus ist der Projektabschluss. Wenn das Projekt erfolgreich zu Ende gebracht wurde, kommt es zum offiziellen Abschluss. Das Projektteam wird entlastet und die Projektergebnisse müssen noch dokumentiert werden, bevor die Aufgaben an die zukünftig Verantwortlichen übergeben werden.

Dabei ist zu beachten, dass die Phasen je nach Projekt unterschiedlich lang sein können. Sie laufen in der Regel auch nicht immer sequentiell ab. So können die Definitionsphase und die Planungsphase sich teilweise überlappen. Wenn die Teammitglieder schon verfügbar sind, können sie schon bei der Definition unterstützen, bevor in der Planungsphase die genaue Personalplanung vorgenommen wird. Das Risikomanagement aus der Planungsphase wird auch in der Ausführungsphase weiter durchgeführt, da sich Risiken verändern können. Und Zeitpuffer während der Ausführungsphase können am Ende auch schon genutzt werden, um mit der Abschlussdokumentation und dem Wissensmanagement anzufangen.

1.3 Besonderheiten im Gesundheitswesen

Eine allgemeine Definition von Gesundheitswesen bzw. des Gesundheitssystems lautet, dass es die Gesamtheit des organisierten Handelns als Antwort auf das Auftreten von Krankheit und Behinderung und zur Abwehr gesundheitlicher Gefahren ist (Schwartz & Busse, 2003).

Umfassender lässt sich das Gesundheitswesen anhand eines Dreiecks darstellen Abb. 1.3 (in Anlehnung an Busse & Schreyögg, 2017).

- Die **Bevölkerung:** Versicherte und Patienten.
- Die **Zahler:** Gesetzliche und private Krankenversicherungen, Rentenversicherung, Unfallversicherung, Pflegeversicherung, Arbeitgeber, öffentliche Haushalte und private Haushalte.

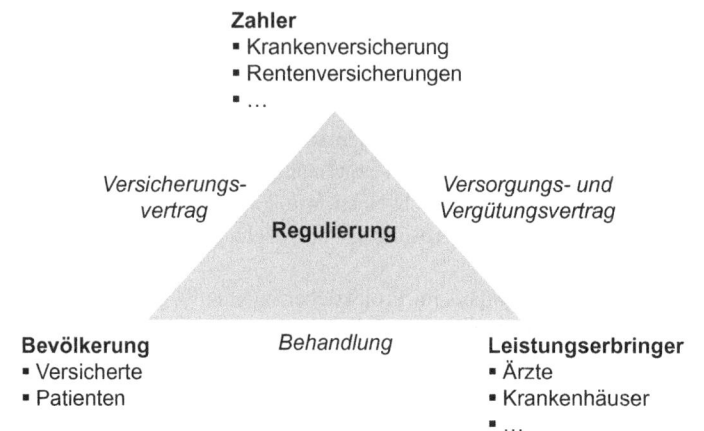

Abb. 1.3 Gesundheitswesen in Deutschland. (In Anlehnung an Busse & Schreyögg, 2017)

- Die **Leistungserbringer:** Nach dem Sozialgesetzbuch zählen zu den Leistungserbringern beispielsweise Vertragsärzte, Krankenhäuser, Heilmittelerbringer (etwa Physiotherapeuten), Hilfsmittelerbringer (zum Beispiel Hersteller von Gehhilfen oder Rollstühlen), Apotheken und Arzneimittelhersteller.

Die Versicherten/Patienten haben einen Vertrag mit den Zahlern, beispielsweise den Krankenversicherungen. Diese wiederum haben einen Versorgungs- und Vergütungsvertrag mit den Leistungserbringern, die ihrerseits die Patienten behandeln bzw. versorgen. Alle Akteure unterliegen der Regulierung durch Gesetze, Verordnungen, Richtlinien und Rahmenverträgen (Busse & Schreyögg, 2017).

Der Gesundheitsmarkt gilt als ausgesprochen komplex. Wettbewerb, Kosten- und Termindruck sowie hohe Qualitätsanforderungen spielen eine große Rolle. Dies wird verstärkt durch aktuelle Entwicklungen im Gesundheitswesen, die zu neuen Projekte führen und gleichzeitig das Projektmanagement besonders herausfordernd machen.

Zu den aktuellen Projektthemen (Abb. 1.4.) zählen:

Digitalisierung

Die digitale Transformation ist längst im Gesundheitswesen angekommen und schafft viele Möglichkeiten, die Qualität der Leistungen zu verbessern, aber auch die Kosten zu reduzieren. Die durch die Digitalisierung gewonnenen Datenmengen

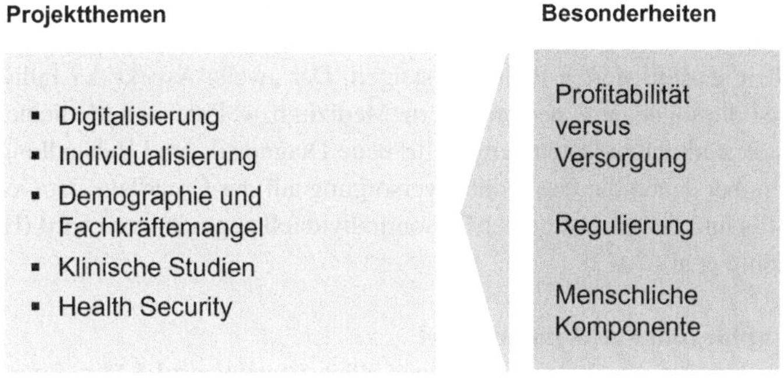

1.3 Besonderheiten im Gesundheitswesen

Projektthemen	Besonderheiten
• Digitalisierung • Individualisierung • Demographie und Fachkräftemangel • Klinische Studien • Health Security	Profitabilität versus Versorgung Regulierung Menschliche Komponente

Abb. 1.4 Projektmanagement: Themen und Besonderheiten

können für neue Behandlungsmethoden genutzt werden, beispielsweise Genome Editing (die Veränderung der DNA). Künstliche Intelligenz lernt von den digitalen Gesundheitsdaten und kann Ärzte bei der Diagnostik und Entscheidungsfindung unterstützen. In der Chirurgie, aber auch in der Pflege, können roboterassistierte Verfahren eingesetzt werden. Neue Kommunikationskanäle, beispielsweise durch eine elektronische Patientenakte und Telemedizin, wie die Videosprechstunde, ermöglichen organisatorische Verbesserungen (pwc, 2019).

Das deutsche Gesundheitswesen ist im internationalen Vergleich beim Thema Digitalisierung weit abgeschlagen (pwc, 2019; Thranberend & Kostera, 2018). Zu oft sind Organisationen – von der Arztpraxis bis zum Gesundheitsamt – noch analog aufgestellt und nutzen nur digitale Insellösungen. Die Angst vor Datenmissbrauch und technischen Problemen ist größer als der wahrgenommene Nutzen, zudem fehlen umfassende Kommunikationstools und Austauschplattformen (pwc, 2019). Dies hat zu zahlreichen gesetzgeberischen Initiativen in der Gesundheitspolitik geführt. Dazu zählt das Krankenhauszukunftsgesetz (KHZG), das ein Investitionsprogramm zur Digitalisierung der Krankenhäuser ist, aber beispielsweise auch das Digitale-Versorgung-Gesetz (DVG) und das Patientendaten-Schutz-Gesetz (PDSG).

Individualisierung
Digitalisierung fördert auch die Individualisierung. Es gibt mittlerweile eine Vielzahl an Möglichkeiten für den Patienten, die eigene Gesundheit selbst im Blick zu halten. Neben „Dr. Google" gibt es auch zahlreiche Apps und Wearables die helfen, die Gesundheit und Körperfunktionen zu überwachen. Auch wenn die Qualität nicht immer gesichert ist, ermöglicht es dem einzelnen Patienten seine Gesundheit stärker

zu steuern (pwc, 2019). Dies bedeutet eine Entlastung für die Leistungserbringer. Gleichzeitig ist aber davon auszugehen, dass die Ansprüche der für die eigene Gesundheit sensibilisierten Patienten steigen. Der zweite Aspekt der Individualisierung ist die sogenannte personalisierte Medizin bzw. Precision Medicine. Diese nutzt die gesammelten Datenmengen für neue Diagnostik- und Behandlungsmöglichkeiten, bei denen die Gesundheitsversorgung auf der Grundlage der Gene, des Lebensstils und der Umwelt einer Person individuell zugeschnitten wird (Hodson, 2016; König et al., 2017).

Demographie und Fachkräftemangel
Deutschland altert – nach dem vorläufigen Höchststand von 83,5 Mio. Einwohnern im Jahr 2020 wird die deutsche Bevölkerung bis 2060 stetig abnehmen. Dabei wird der Anteil der älteren Menschen (67 Jahre und älter) aufgrund einer weiter steigenden allgemeinen Lebenserwartung stetig zunehmen (Reiff et al., 2020; Statistisches Bundesamt (Destatis), 2017). Damit werden altersbezogene Erkrankungen zunehmen und der Pflegebedarf steigen, ebenso die erforderliche Pflegeintensität aufgrund eines zunehmenden Anteils multimorbider oder dementer Menschen bei den über 80-Jährigen (Becker, 2017; Reiff et al., 2020). Der demographische Wandel betrifft nicht nur Patienten, sondern auch das medizinische Personal altert. Untersuchungen gehen davon aus, dass bis 2030 alleine für die vollstationäre Pflege 130.000 zusätzliche Fachkräfte benötigt werden, bis 2060 sind es fast 400.000 (Schwinger et al., 2019). Der zunehmende Fachkräftemangel stellt aber schon heute das Gesundheitssystem vor große Herausforderungen.

Klinische Studien
Unter dem Begriff klinische Studien werden sowohl experimentelle als auch beobachtende Studien zusammengefasst. Zu den experimentellen Studien gehören Medizinproduktestudien oder Studien, in denen chirurgische, physikalische oder psychotherapeutische Verfahren untersucht werden. Beobachtende klinische Studien sind patientenbezogene Beobachtungstudien, in denen die Patienten eine individuell festgelegte Therapie erhalten und die Ergebnisse ausgewertet werden (Röhrig et al., 2009). Das Projektmanagement umfasst alle Phasen von der Planung bis zum Abschlussbericht einer Studie. Die Aufgaben reichen von der Organisation, über die Logistik bis zum Stakeholder-Management. Beim Projektmanagement kommen als besondere Herausforderung noch die gesetzeskonforme Umsetzung der Studie und die ICH-GCP[1]-konforme Umsetzung der klinischen Prüfung hinzu.

---

[1] ICH-GCP: International Council for Harmonisation of Technical Requirements for Registration of Pharmaceuticals for Human Use (ICH) Good clinical Practice (GCP).

1.3 Besonderheiten im Gesundheitswesen

Health Security
Im global vernetzten 21. Jahrhundert ist die Gefahr durch Epidemien für die Stabilität von Staaten und Gesellschaften so groß wie selten zuvor. Der Hoffnung, aufgrund des medizinischen Fortschrittes Infektionskrankheiten ausgerottet zu haben, setzte das Auftreten und die rasche Ausbreitung von HIV/AIDS ein jähes Ende. Heute ist die Menschheit nicht nur mit neuen tödlichen Erregern wie SARS, Vogelgrippe, Ebola und SARS-CoV-2 konfrontiert, sondern auch mit Krankheiten, die als „besiegt" galten, wie Pest, Diphtherie und Cholera. Unter Health Security ist die sicherheitspolitische Betrachtung von Gesundheitsthemen gemeint. Gesundheit wird dabei als Oberbegriff für die vielfältigen Bereiche der Gesundheitspolitik verwendet: neben Prävention, Früherkennung und der schnellen Reaktion auch die Krisenbewältigung im Falle von Epidemien und Pandemien (Braun, 2016). Auch hier ist eine Vielzahl von Projekten zur Stärkung der Health Security weltweit, zur Verbesserung der Gesundheitspolitik im Hinblick auf Verantwortlichkeit und Transparenz von staatlichem Handeln und der Krisenprävention notwendig.

Einige Faktoren machen das Gesundheitswesen zu etwas Besonderem, das sich deutlich von anderen Industrien unterscheidet Abb. 1.4.

Widerspruch Profitabilität und Patientenversorgung
Auf der einen Seite müssen medizinische Einrichtungen profitabel oder zumindest kostendeckend arbeiten – auf der anderen Seite steht die Versorgung der Patienten im Vordergrund.
Nachdem zunehmend Finanzinvestoren, insbesondere Private Equity Gesellschaften, in den Gesundheitssektor drängen, könnte dieser Widerspruch noch zunehmen. Private Equity Gesellschaften sind vor allem in den Bereichen Pflegeheime und ambulante Pflegedienste, Krankenhäuser und Rehakliniken, Medizinische Versorgungszentren (MVZ) und Facharztpraxen aktiv. Ihr Engagement wird kontrovers diskutiert. Den Sorgen um die einseitige Profitorientierung, die sie vor die Interessen von den Beschäftigten und Patienten stellen, steht die Hoffnung gegenüber, dass sie verantwortungsvolle Investoren sind, die langfristig neue Arbeitsplätze schaffen bzw. Arbeitsplätze erhalten und Umsätze und Gewinne steigern können (Wissenschaftliche Dienste Deutscher Bundestag, 2019).

Regulierung
Im Gesundheitswesen unterliegen alle Akteure und die Beziehungen zwischen ihnen der Regulierung durch Gesetze, Verordnungen, Richtlinien und Rahmenverträge. Diese Regulierung ist im Gesundheitswesen notwendigerweise ausgeprägter als in anderen Industrien, da hier, wie bereits genannt, ökonomische Anforderungen mit

Zielen der Sozialpolitik und der Bevölkerungsgesundheit (beispielsweise Zugang zur Versorgung, effektive und qualitativ hochwertige Versorgung) zu berücksichtigen sind, die im Widerspruch zueinander stehen (Busse & Schreyögg, 2017). Im internationalen Vergleich ist das Ausmaß der staatlichen Regulierung im deutschen Gesundheitswesen relativ hoch, da sowohl der Großteil des Leistungskataloges der GKV (Gesetzliche Krankenversicherung) als auch die Vergütungssysteme sehr detailliert geregelt sind (Simon, 2017). So wird beispielsweise seit der Einführung des DRG-Systems[2] kritisiert, dass es die Ökonomisierung der Medizin im stationären Bereich vorantreibe und ökonomische Fehlanreize zu medizinisch nicht indizierten Mengenausweitungen setzt (Osterloh, 2016).

Menschliche Komponente
Es geht im Gesundheitssektor um den Menschen. Oft genug gibt es Situationen, in denen es um Leben und Tod geht (Shirley, 2020). Angesichts steigender Kosten sind Entscheidungen notwendig, für welche Bevölkerungsgruppen und mit welchen Ressourcen wie viele Leistungen erstellt werden können. Zwei Argumentationen stehen sich gegenüber: Die Bereitschaft in die Gesundheit als höchstem Gut zu investieren und gleichzeitig die ökonomischen Zwänge, Kosten einzuschränken (Offermanns, 2007).

Die aktuellen Entwicklungen zusammen mit den Besonderheiten in der Branche machen das Projektmanagement im Gesundheitswesen sehr anspruchsvoll. Entsprechend groß ist der Bedarf nach Fachwissen im Projektmanagement, das sich auf die besonderen Anforderungen im Gesundheitswesen bezieht.

1.4 Fallbeispiel: Rekrutierung ausländische Pflegekräfte

Um die praktische Anwendung der beschriebenen Methoden des Projektmanagements zu verdeutlichen, werden sie auf ein Fallbeispiel angewendet. Inspirationen für dieses Fallbeispiel wurden dem Discussion Paper (Reiff et al., 2020) entnommen. Das hier beschriebene Projekt ist aber rein fiktiv und bezieht sich nicht auf eine bestimmte Organisation oder tatsächliche Abläufe. Die Realität ist komplex – das Fallbeispiel wurde jedoch so vereinfacht, dass es die Anwendung der verschiedenen Methoden deutlich macht.

---

[2] Diagnosis Related Groups. Vergütung stationärer Leistungen auf Basis von Fallpauschalen unter Bezugnahme auf diagnosebezogene Fallgruppen (DRG).

Einführung

Die kaufmännische Leiterin einer Klinik kämpft immer wieder mit dem Fachkräftemangel, vor allem bei Pflegekräften. Die Gründe dafür sind vielfältig. Die Zahl der Menschen, die sich für den Pflegeberuf entscheiden, steigt nicht entsprechend dem Bedarf. Zudem wollen viele Pflegekräfte nur noch in Teilzeit arbeiten oder verlassen gleich ganz die Organisation. Gründe hierfür sind die sehr hohe Arbeitsbelastung und der Wunsch, einen anderen Beruf zu ergreifen, ein zusätzliches akademisches Studium aufzunehmen oder für eine Zeitarbeitsfirma zu arbeiten, die ein höheres Gehalt und mehr Freiheit in Bezug auf die Arbeitszeit verspricht. Zudem wird es immer schwieriger, die Erwartungen der Pflegekräfte zu erfüllen, da sie nicht mit der Betriebsstruktur eines Krankenhauses vereinbar sind, wie beispielsweise feste Arbeitszeiten. Die eigene Krankenpflegeschule wurde geschlossen, um die Kosten zu senken.

Die Klinik steht zudem im starken Wettbewerb mit anderen Kliniken, da sie in einer Region mit einer hohen Anzahl von Krankenhäusern liegt, und kein Alleinstellungsmerkmal hat, das Arbeitssuchende anziehen würde.

Die kaufmännische Leiterin hat bereits verschiedene Maßnahmen ausprobiert, wie eine stärkere Bindung der eigenen Auszubildenden, verschiedene Marketingaktivitäten und Prämien für Mitarbeiter, die erfolgreich neue Mitarbeiter vermitteln. Auch wurde bereits in die innerbetriebliche Aus- und Weiterbildung investiert. Diese Maßnahmen haben aber nicht den gewünschten Erfolg gebracht.

Um endlich ausreichend Pflegekräfte rekrutieren zu können, hat die kaufmännische Leiterin jetzt die Idee, Pflegekräfte aus dem Ausland anzuwerben. Ihre Kollegen in anderen Kliniken haben damit sehr gute Erfahrungen gemacht, sie aber auch darauf hingewiesen, dass der Prozess nicht so einfach ist. Deshalb hat sie ein Projekt aufgesetzt und einen erfahrenen Projektmanager gebeten, das Projekt zu übernehmen.

Literatur

Becker, S. (2017). Demographische Herausforderungen. In P. Bechtel, I. Smerdka-Arhelger, & K. Lipp (Hrsg.), *Pflege im Wandel gestalten – Eine Führungsaufgabe* (2. Aufl., S. 17–26). Springer.

Braun, D. (2016). *Health Security: Abwarten ist keine Option; Epidemien erfordern die Zusammenarbeit von Sicherheits- und Gesundheitsexperten. (DGAP kompakt, 10)*. Forschungsinstitut der Deutschen Gesellschaft für Auswärtige Politik e. V.
Busse, R., & Schreyögg, J. (2017). Management im Gesundheitswesen – Eine Einführung in Gebiet und Buch. In R. Busse, J. Schreyögg, & T. Stargardt (Hrsg.), *Management im Gesundheitswesen* (4. Aufl., S. 1–8). Springer.
Deutschen Industrie Norm DIN 69901-1:2009-01. (2009). *Projektmanagement – Projektmanagementsysteme – Teil 1 Grundlagen*.
Hodson, R. (2016). Precision medicine. *Nature, 537*(7619), 49 (01 Sep 2016).
König, I. R., Fuchs, O., Hansen, G., von Mutius, E., Kopp, M. V. (2017). What is precision medicine? *European Respiratory Journal, 50*(4), 1700391.
Larson, E. W., & Gray, C. F. (2011). *Project management. The managerial process* (5. Aufl.). McGraw-Hill. International Edition.
Litke, H. D., Kunow, I., & Schulz-Wimmer, H. (2018). *Projektmanagement, Haufe Lexware, Freiburg*.
Offermanns, G. (2007). Monetik statt Ethik im Gesundheitswesen — Entscheidet Geld über Leben und Tod von Patienten? In P. Kellermann (Hrsg.), *Die Geldgesellschaft und ihr Glaube*. VS Verlag.
Osterloh, F. (2016). Krankenhäuser: Strategien für die Zukunft. *Deutsches Ärzteblatt 2016, 113*(15), A-696/B-588/C-580.
Project Management Institute. (2017). *A guide to the project management body of knowledge (PMBOK Guide)* (6. Aufl.). Project Management Institute, Newtown Square, PA.
PricewaterhouseCoopers GmbH Wirtschaftsprüfungsgesellschaft (pwc). (2019). Das deutsche Gesundheitswesen auf dem Prüfstand. Entwicklung eines Therapieplans. https://www.pwc.de/de/gesundheitswesen-und-pharma/das-deutsche-gesundheitswesen-auf-dem-pruefstand.html. Zugegriffen: 13. Febr. 2021.
Reiff, E., Gade, C., & Böhlich, S. (2020). Handling the shortage of nurses in Germany: Opportunities and challenges of recruiting nursing staff from abroad. In *IUBH Discussion Papers – Human Resources, 3*. https://www.econstor.eu/bitstream/10419/222921/1/1726039005.pdf. Zugegriffen: 1. Febr. 2020.
Röhrig, B., du Prel, J. B., Wachtlin, D., & Blettner, M. (2009). Studientypen in der medizinischen Forschung. *Deutsches Ärzteblatt 106*(15), 262–269 (10. April 2009).
Schwartz, F. W., & Busse, R. (2003). Denken in Zusammenhangen – Gesundheitssystemforschung. In F. W. Schwartz, B. Badura, R. Busse, R. Leidl, H. Raspe, J. Siegrist, & U. Walter (Hrsg.), *Das Public Health Buch* (2. Aufl., S. 518–545). Urban & Vogel.
Simon, M. (2017). *Das Gesundheitssystem in Deutschland. Eine Einführung in Struktur und Funktionsweise* (6. unveränderte Aufl.). Hogrefe Verlag.
Schwinger, A., Klauber, J., & Tsiasioti, C. (2019). Pflegepersonal heute und morgen. In K. Jacobs, A. Kuhlmey, S. Greß, J. Klauber, & A. Schwinger (Hrsg.), *Pflege-Report 2019, Mehr Personal in der Langzeitpflege – aber woher?* Springer.
Shirley, D. (2020). *Project management for healthcare* (2. Aufl.). CRC Press Taylor & Francis Group.
Statistisches Bundesamt (Destatis). (2017). *Bevölkerungsentwicklung bis 2060: Ergebnisse der 13. Koordinierten Bevölkerungsvorausberechnung. Aktualisierte Rechnung auf Basis 2015*. Statistisches Bundesamt.

Literatur

Thranberend, T, & Kostera, T. (2018). Digitale Gesundheit: Deutschland hinkt hinterher. Bertelsmann-Stiftung, Gütersloh. https://www.bertelsmann-stiftung.de/de/themen/aktuelle-meldungen/2018/november/digitale-gesundheit-deutschland-hinkt-hinterher. Zugegriffen: 12. Febr. 2021.

Wegmann, C., & Winklbauer, H. (2006). *Projektmanagement für Unternehmensberatungen.* Gabler.

Wissenschaftliche Dienste Deutscher Bundestag. (2019). Private Equity im deutschen Gesundheitssektor, WD 9–3000 – 037/19.

Projektdefinition 2

2.1 Auswahl von Projekten

Es gibt eine Vielzahl von Gründen, ein Projekt zu starten. Das Project Management Institute (2017) beschreibt Projekte als eine Reaktion auf Faktoren, die auf eine Organisation einwirken, da sie das laufende Geschäft und die Geschäftsstrategien beeinflussen und die helfen, notwendige Änderungen erfolgreich umzusetzen. Es gibt neben externen Gründen für Projekte aber auch interne Gründe. Beide können eher reaktiv sein (es muss etwas geändert werden) oder proaktiv (es soll etwas verbessert werden, es gibt aber keinen Zwang dazu). Externe Gründe können beispielsweise Änderungen in der Regulierung sein, auf die reagiert werden muss (reaktiv), oder neue Technologien, die genutzt werden, da sich mit deren Hilfe die Behandlung von Patienten verbessert (proaktiv). Interne Gründe können genauso entweder reaktiv sein, beispielsweise, wenn etwas geändert werden muss, um Probleme zu beseitigen, wie die Reduzierung von Verletzungen durch spitze oder scharfe Instrumente. Oder es soll etwas proaktiv verbessert werden, wie der Prozess bei der Patientenaufnahme, um die Patientenzufriedenheit zu steigern. In allen Fällen muss sorgfältig geprüft werden, ob das Projekt wirklich zum Erfolg der Organisation beiträgt und zur Strategie passt.

Übergreifend können die in Abb. 2.1 gezeigten vier Gründe genannt werden, warum ein Projekt im Gesundheitswesen ausgewählt wird. Sie sind nicht überschneidungsfrei, oft spielen mehrere Gründe eine Rolle bei der Entscheidung für ein Projekt.

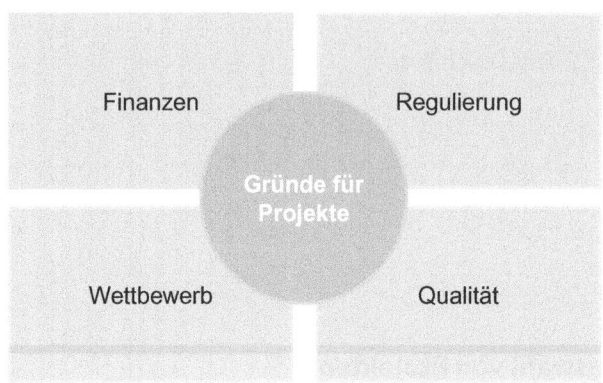

Abb. 2.1 Gründe für Projekte

Finanzen

Finanzielle Gründe spielen oft eine wesentliche Rolle bei der Entscheidung für ein Projekt. Entweder sollen der Umsatz und die Profitabilität erhöht werden oder es besteht der Druck Kosten einzusparen. Um Umsatz und Profitabilität zu steigern, kann beispielsweise ein Projekt aufgesetzt werden, um den Durchlauf der Patienten zu erhöhen und damit mehr Patienten behandeln zu können. Es kann auch in eine verbesserte technische Ausstattung investiert werden, die sich mittelfristig rechnet. Seit Jahren nimmt der Kostendruck zu und die wirtschaftliche Lage der deutschen Krankenhäuser verschlechtert sich. Die Organisationsstruktur eines Krankenhauses wird immer wichtiger, sie entscheidet sehr oft, ob ein Haus schwarze Zahlen schreibt oder nicht. Die Covid-19-Krise hat vor allem Großkrankenhäuser in Schwierigkeiten gebracht, da die gezahlten Freihaltepauschalen nicht ausreichen, um die Einnahmeausfälle zu kompensieren. In der Krankenhausstudie von Roland Berger (2020) werden ein Hinterfragen der Wachstumsstrategie, eine Flexibilisierung der Kostenstruktur, die Entwicklung und Ausweitung von Kooperationen sowie die Schließung der Digitalisierungslücken als Maßnahmen genannt, um die finanzielle Situation zu verbessern. Weitere typische Beispiele für Projekte zur Kostensenkung sind Einsparmaßnahmen in der Verwaltung, beispielsweise im Klinikeinkauf. Oder in einer Klinikgruppe soll die Buchhaltung zentralisiert und ein Shared Service Center geschaffen werden, um Kosten zu reduzieren und Synergien zu nutzen. Auch das Praxisbeispiel zur Krankenhausrestrukturierung Abschn. 6.3 beschäftigt sich mit diesem Thema.

2.1 Auswahl von Projekten

Regulierung

Änderungen in Gesetzen und Verordnungen können Einfluss auf die internen Prozesse haben und müssen gegebenenfalls in Projekten umgesetzt werden. Ein Beispiel ist die Einführung der DSGVO. Seitdem müssen Organisationen, die mit sensiblen Gesundheitsdaten umgehen, noch mehr organisatorische Vorkehrungen treffen, um den Schutz dieser Daten zu gewährleisten (BMWi, 2018). Auch Änderungen an den DRG (Diagnosis Related Groups), wie die Herausnahme der Pflegepersonalkosten, hat Auswirkungen auf das gesamte System und führt zu Umstellungen in den Krankenhäusern, die in Projekten umgesetzt werden (o. V., 2019).

Wettbewerb

Viele Projekte sollen der Organisation helfen besser im Wettbewerb zu bestehen. Beispiele sind Projekte, die die Einrichtung für die Patienten attraktiver machen und damit der Kundengewinnung und Umsatzsteigerung dienen, aber auch alle Bestrebungen, sich zu spezialisieren und damit den Marktanteil zu vergrößern. Auch die in Abschn. 1.3 bereits genannte Digitalisierung, mit der Nutzung von künstlicher Intelligenz zur Diagnose von Krankheiten und der schnelleren Entwicklung von Medikamenten oder Precision Medicine (personalisierte Medizin) bei der Behandlung und Prävention von Krankheiten, kann die Organisation wettbewerbsfähiger machen. Neue Produkte und Dienstleistungen, die auf diesen Technologien basieren, können angeboten werden, entsprechend müssen aber auch die Prozesse in der Organisation angepasst werden. Gleichzeitig findet dieser Wettbewerb im Gesundheitswesen in einem hochregulierten Umfeld statt. Viele Projekte im Gesundheitswesen beziehen sich deshalb auf die Entwicklung von Strategien vor dem Hintergrund eines sich verengenden regulatorischen Rahmens, in dem Preise meist nicht als Wettbewerbsparameter zur Verfügung stehen.

Qualität

Projekte zur Reduktion von Wartezeiten oder Maßnahmen, um eine erhöhte Patientenzufriedenheit zu erreichen, sind Beispiele für eine kontinuierliche Qualitätsverbesserung. Auch Sicherheit ist ein Qualitätsmerkmal. Sicherheit für die Allgemeinheit, die Mitarbeiter oder die Patienten. Ein Projekt, das die Prozesse mit biogefährdendem Material sicherer macht, betrifft beispielsweise alle drei genannten Gruppen. Sicherheit hat auch immer einen Zusammenhang mit finanziellen Themen – zum einen aufgrund der damit verbundenen Kosten, zum anderen aber auch, weil unterlassene Sicherheitsmaßnahmen negative Effekte auf Stakeholder, Versicherungen und Reputation haben können (Shirley, 2020). Und unter dem Aspekt Qualität können auch alle Personalthemen zur Rekrutierung und Mitarbeiterbindung, aber auch Mitarbeiterzufriedenheit subsummiert werden. Nur mit ausreichendem Personal, das motiviert ist, kann die Qualität sichergestellt werden. Das Institut für Qualitätssicherung und Transparenz im Gesundheitswesen (IQTIG) ist das zentrale Institut für die gesetzlich verankerte Qualitätssicherung im Gesundheitswesen in Deutschland. Darüber hinaus definiert das Krankenhausstrukturgesetz (KHSG) Aufgaben des IQTIG in der qualitätsorientierten Steuerung des Gesundheitswesens (IQTIG, o. D.).

Projektauswahl
In einer Organisation gibt es meistens eine Vielzahl möglicher Projekte, die umgesetzt werden könnten. Im ersten Schritt muss definiert werden, welches Ziel verfolgt werden soll. Im zweiten Schritt ist zu entscheiden, mit welchem Projekt das Ziel erreicht werden kann. Es gibt fast immer verschiedene Möglichkeiten und Projekte, um ein Ziel zu erreichen.

Wenn beispielsweise die Patientenzufriedenheit gesteigert werden soll, dann muss die Ursache für die Unzufriedenheit verstanden und dann der passende Ansatz gewählt werden. Hierbei kann es sich um die Steigerung der wahrgenommenen Qualität der Leistung handeln oder administrative Prozesse, die zu langen Wartezeiten führen, müssen optimiert werden. Um zu entscheiden, welches Projekt letztendlich durchgeführt werden soll, können verschiedene Methoden genutzt werden, beispielsweise die in Abschn. 3.2 genannte Priorisierung. Bei der Priorisierung wird analysiert, welches Projekt die vordefinierten Kriterien am besten erfüllt.

Viele Organisationen nutzen jedoch kein systematisches, objektives Vorgehen, um zu entscheiden, welches Projekt umgesetzt werden soll. Die Projektauswahl fällt oft schwer, da Stakeholder sehr unterschiedliche Interessen haben, die sie gerne durchsetzen möchten. Es wird dann eher subjektiv entschieden, wenn ein Stakeholder ein persönliches Interesse an einem Thema hat und sich aufgrund seines Einflusses durchsetzen kann.

Bei der Entscheidung, ob ein Projekt durchgeführt werden soll und welcher Ansatz gewählt wird, sollte auch geprüft werden, ob ausreichend Ressourcen vorhanden sind. Oft werden viele Projekte gestartet um ambitionierte Ziele zu erreichen. Das benötigte Leistungsvolumen parallellaufender Projekte ist dann oft größer als die verfügbaren Ressourcenkapazitäten. Dann behindern sich die einzelnen Projekte aufgrund des Ressourcenmangels gegenseitig (Keller, 2010). Gerade wenn Mitarbeiter zusätzlich zu ihrer normalen Tätigkeit in Projekten eingebunden werden, kommt es schnell zu einer Überlastung. Aufgaben werden immer wieder aufgeschoben. Das Projekt bekommt vielleicht noch ganz am Anfang die erforderliche Aufmerksamkeit, später wird immer weniger Zeit investiert, die Produktivität sinkt und der Zeitplan wird nicht mehr eingehalten. Eine sinnvolle Durchführung des Projekts kann so nicht erfolgen. Erst wenn das Projekt kurz vor dem Abschluss steht, kommt es wieder mehr in den Fokus, wenn wichtige Stakeholder mit der Umsetzung nicht einverstanden sind und die Implementierung blockieren. Sollten in der Phase bereits neue Projekte gestartet werden, bekommen sie auch wieder zu wenig Aufmerksamkeit, da alle noch mit der Korrektur der alten Projekte beschäftigt sind, die eigentlich schon längst fertig sein sollten. Damit startet ein negativer Kreislauf, bei dem ständig zu wenig Zeit und Energie in Projekte gesteckt wird, die Mitarbeiter noch mehr an der Überlastungsgrenze agieren und die Projekte die gesetzten Ziele nur unzureichend erfüllen.

Für den Projektmanager ist es wichtig zu verstehen, warum ein Projekt auswählt wurde, um das Projekt entsprechend auszurichten, die Unterstützung der Stakeholder zu bekommen, ausreichend Ressourcen zur Verfügung zu haben und das Projekt zum Erfolg zu führen.

2.2 Zielfindung

Voraussetzung für den Projekterfolg ist eine gute Planung, denn Planung und Projekterfolg stehen in einem engen Zusammenhang. Ohne eine gute Projektplanung besteht die Gefahr, dass es zu Verzögerungen kommt, Budgets überzogen werden und die erwartete Qualität nicht erreicht wird. Wenn die Projektentscheidung gefallen ist und der Projektsponsor Abschn. 6.2 bestimmt wurde, geht es darum, das Projekt zu konkretisieren und auszugestalten.

Der Projektmanager muss mit dem Projektsponsor, der sein Auftraggeber ist, das Projektziel und die Vorgehensweise genau abstimmen. Sonst besteht die Gefahr, dass bereits gleich am Anfang Missverständnisse auftreten, die erst später erkannt werden und nur noch mit großem Aufwand korrigiert werden können. Ziel ist ein gemeinsames Verständnis zu entwickeln, warum das Projekt benötigt wird und was mit dem Projekt erreicht werden soll.

Ausgangspunkt ist die genaue Definition des Ziels. Neben dem Projektsponsor sollte es auch mit anderen wichtigen Stakeholdern abgestimmt werden. Eine präzise Formulierung stellt sicher, dass alle die gleiche Vorstellung von dem Projekt haben und das auch nachträglich das Projektziel nicht „uminterpretiert" werden kann.

In einer Projektbeschreibung (auch Projektcharter genannt) wird definiert, um was es bei dem Projekt genau gehen soll. Es wird gemeinsam festgelegt, was erreicht werden soll (das Ziel und die Ergebnisse) und wie es erreicht werden soll (dazu gehören die Organisationsstruktur und Verantwortlichkeiten, benötigte Ressourcen wie Budget, aber auch Personal). Darauf aufbauend erfolgt dann letztlich die Zeitplanung mit Meilensteinen. Auch eine Abgrenzung zu anderen Projekten oder Fachabteilungen wird definiert und etwaige Einschränkungen benannt. Die Zielformulierung und die Projektplanung liefern später auch die Grundlage für das Projektcontrolling Kap. 5.

Bei sehr neuen Aufgabenstellungen kann es sein, dass das Ziel noch nicht hinreichend konkretisiert werden kann, da noch Unsicherheit herrscht, was erreichbar ist. Dennoch sollte versucht werden, so gut wie möglich das Ziel zu definieren und entsprechend in den ersten Projektphasen die Konkretisierung des Ziels als weitere Aufgabe mit aufzunehmen (Wegmann & Winklbauer, 2006).

Um das Projektziel genau und operationalisierbar festzulegen, wird oft der Begriff SMART verwendet, der beschreibt, welche Qualität ein solches Ziel haben sollte Abb. 2.2.

SMART steht für

- **Specific** (spezifisch): Das Ziel sollte präzise formuliert, vollständig (was gehört dazu – was nicht) und widerspruchsfrei sein.
- **Measurable** (messbar): Das Ziel sollte messbar sein, d. h. die Ergebnisse sind quantifizierbar, so dass die Zielerreichung klar festgestellt werden kann.
- **Action-oriented** (handlungsorientiert): Es sollte konkretisiert werden, was zu tun ist, welche Aufgaben erledigt werden müssen, um das Ziel zu erreichen.

Specific	Spezifisch: Ziel präzise, vollständig und widerspruchsfrei
Measurable	Messbar: Zielerreichung kann festgestellt werden
Action-oriented	Handlungsorientiert: Konkrete Aufgaben, um das Ziel zu erreichen
Realistic	Realistisch: Ziel anspruchsvoll aber erreichbar
Terminable	Terminiert: Genauer Termin, an dem das Ziel erreicht sein soll

Abb. 2.2 Projektziel SMART

2.2 Zielfindung

- **Realistic** (realistisch): Das Ziel sollte anspruchsvoll, aber erreichbar sein. Ist es nicht anspruchsvoll, wirkt es ebenso demotivierend wie ein Ziel, von dem keiner glaubt, dass es erreicht werden kann.
- **Terminable** (terminiert): Es sollte einen genauen Termin geben, an dem das Ziel erreicht sein soll.

Zum Teil werden die Buchstaben auch anders definiert, so steht das A auch mal für akzeptiert, anspruchsvoll, erreichbar (achievable) oder vereinbart (agreed), das R für relevant, angemessen (reasonable) oder zugehörig zum Projektziel (related) (siehe für viele: APM, 2019; Litke et al., 2018).

Zwei Beispiele für „smarte" Projektziele:
„Die Wartezeit für die Bestellpatienten wird bis Ende dieses Jahres auf maximal 15 min reduziert."

- S – spezifisch: Die Wartezeit für die Bestellpatienten
- M – messbar: 15 min, diese Zahl kann überprüft werden
- A – handlungsorientiert: Maßnahmen, um die Wartezeit zu reduzieren
- R – realistisch: Eine Wartezeit von maximal 15 min basiert auf Erfahrungen und erscheint möglich
- T – terminiert: Ende dieses Jahres

„Die Kosten des Klinikeinkaufs werden bis Ende des kommenden Jahres um 500.000 € gesenkt."

- S – spezifisch: Kosten des Einkaufs (es muss allen klar sein, welche Kosten damit gemeint sind)
- M – messbar: 500.000 €, diese Zahl kann überprüft werden
- A – handlungsorientiert: Maßnahmen zur Kostensenkung
- R – realistisch: 500.000 € sind für die Klinik im Beispiel eine realistische Größe
- T – terminiert: Bis Ende des kommenden Jahres

Manchmal wird SMART auch zu SMARTER, wobei das ER für Environmentally Responsible steht. Hiermit ist gemeint, dass beachtet wird, dass das Projekt umweltfreundlich ist, z. B. umweltfreundliche Materialien verwendet werden oder ein Produkt eine hohe Haltbarkeit ausweist (Shirley, 2020).

Bezogen auf das Fallbeispiel Abschn. 1.4, die Rekrutierung der ausländischen Pflegekräfte, kann das Ziel wie folgt festgelegt werden:

„Ab dem nächsten Jahr werden jährlich 7–10 Pflegekräfte im Ausland über den besten möglichen Weg rekrutiert".

Eine Ergänzung, dass sie mindestens 4–5 Jahre in der Klinik verbleiben, ist zwar wünschenswert, sie kann aber nicht für das Projekt genutzt werden, da das Projekt mit der ersten Rekrutierung endet und die Aufgabe an die Personalabteilung übergeben wird.

- S – spezifisch: Rekrutierung von Pflegekräften
- M – messbar: 7–10 Pflegekräfte, diese Zahl kann überprüft werden
- A – handlungsbezogen: Der Weg ist noch nicht definiert, insofern ist die erste Handlung festzustellen, welcher Weg am geeignetsten (d. h. bestmöglich) ist – über die Zentrale Arbeitsvermittlung ZAV, mit Hilfe einer Recruiting Agentur (spezialisierter Headhunter), oder die Klinik knüpft eigenständig Kontakte im Ausland.
- R – realistisch: 7–10 Pflegekräfte ist eine realistische Größe, entsprechende Kosten wurden im Budget berücksichtigt
- T – terminiert: Ab dem nächsten Jahr (Die Fortsetzung über die nächsten Jahre ist dann nicht mehr Teil des Projekts).

Wie wichtig eine genaue Zieldefinition ist, zeigt auch das Praxisbeispiel zu den digitalen Assistenzsystemen Abschn. 3.3, bei dem erst einmal definiert werden musste, was die Senioren überhaupt brauchen. Genauso im Projekt zur Krankenhausstrukturierung Abschn. 6.3, wo am Anfang die wesentlichen Handlungsfelder definiert werden.

2.3 Projektstrukturplan

2.3.1 Erstellen eines Projektstrukturplans

Wenn das Projektziel und die gewünschten Ergebnisse definiert wurden, erfolgt eine ausführliche Projektstrukturplanung, in der das Projekt ausdetailliert und in kleinere Aufgaben zerlegt wird. Dazu wird ein Projektstrukturplan (PSP, Work Breakdown Structure, WBS) verwendet. Je nach Projekt kann das eine sehr umfangreiche Aufgabe sein. Auf der einen Seite muss der Projektstrukturplan ausführlich genug sein, um die weitere Planung zu ermöglichen – auf der anderen Seite sollte er nicht zu detailliert werden, damit die später im Projekt involvierten Mitarbeiter und Experten ihr Arbeitspaket selbst spezifizieren können.

2.3 Projektstrukturplan

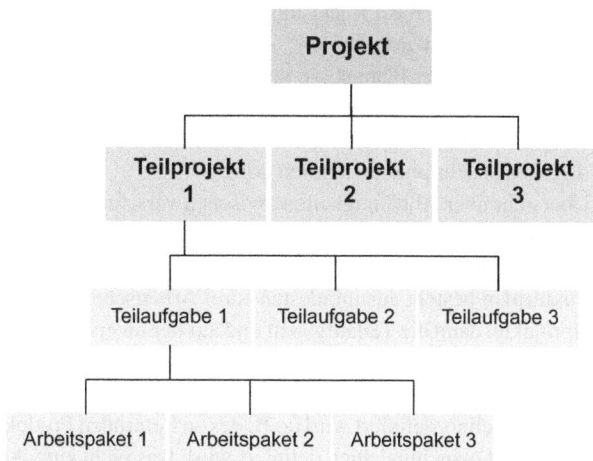

Abb. 2.3 Projektstrukturplan

Projektstrukturplan

Der Projektstrukturplan (PSP) Abb. 2.3 ist eine hierarchische Zerlegung der Gesamtaufgaben in überschaubare Teilaufgaben, die durch das Projektteam auszuführen sind, um das Projektziel zu erreichen. Der PSP organisiert und definiert die Aufgaben im Projekt. Mit ihm wird die Arbeit festgelegt, die entsprechend der Beschreibung des Projektinhalts und -umfangs vorgesehen ist. Die Teilaufgaben werden dann weiter in Arbeitspakete gegliedert. Die Arbeitspakete bilden die Basis für alle nachfolgenden Planungs- und Kontrollaktivitäten. Deshalb müssen die Arbeitspakete sehr sorgfältig definiert werden. Die Arbeitspakete dürfen nicht zu umfangreich werden. Je kürzer ein Arbeitspaket ist, desto leichter ist der Status im Projekt zu ermitteln, die Schätzung des voraussichtlichen Aufwands ist einfacher und Risiken sind eher zu erkennen. Auch Planänderungen sind leichter und mit geringerem Aufwand durchführbar, weil nur eine kleine, klar abgegrenzte Einheit im Projektstrukturplan geändert werden muss. Der fertige Projektstrukturplan stellt dann quasi den „Fahrplan" für das Projekt dar (Fiedler, 2020; Project Management Institute, 2017).

Eine detaillierte Strukturierung des Projekts mit einem Projektstrukturplan hat viele Vorteile (Litke et al., 2018; Wegmann & Winklbauer, 2006). Der Projektstrukturplan

- gibt einen Überblick über das Projekt mit allen Aufgaben und hilft dabei, dass keine Aufgabe vergessen wird.
- hilft die Vollständigkeit der Planung zu überprüfen.
- vereinfacht die Planung von Ressourcen, Zeit und Kosten. Für einen sehr umfangreichen Projektstrukturplan ist eine genaue Planung aber nur für Teilaufgaben möglich, da es sonst sehr unübersichtlich wird.
- gibt eine Übersicht über Abhängigkeiten zwischen verschiedenen Aufgaben.
- unterstützt die Planung der Projektorganisation.

Ein Projektstrukturplan besteht aus mindestens drei Arbeitsebenen: Auf der ersten Ebene die Teilprojekte, dann die Teilaufgaben und auf der untersten Ebene befinden sich die Arbeitspakete. Charakteristisch für ein Arbeitspaket ist, dass

- ein genaues Endergebnis definiert wird (z. B. des zu liefernden Produkts oder der Dienstleistung) und manchmal auch definiert wird, was nicht zum Arbeitspaket gehört, um sicherzustellen, dass das Arbeitspaket sauber abgegrenzt ist und nicht nachträglich noch Aufgaben hinzugefügt werden.
- die Verantwortung für das Arbeitspaket einer Person (seltener einer Gruppe) zugewiesen werden kann.
- die Arbeitspakete, die in naher Zukunft bearbeitet werden sollen, stärker detailliert sind, als die Arbeitspakete, die erst zu einem späteren Zeitpunkt bearbeitet werden sollen.
- das Arbeitspaket überschaubar ist. In der Regel dauert ein Arbeitspaket 2–6 Wochen. Die Dauer eines einzelnen Arbeitspakets kann sich auch an der Berichtshäufigkeit orientieren – wenn alle vier Wochen berichtet wird, sollte die Dauer eines Arbeitspakets sechs Wochen nicht übersteigen.
- sie unabhängig von anderen Arbeitspaketen sind. Es darf keine Überschneidungen, aber auch keine Lücken geben.
- ihnen ein Zeitraum (wie lange), ein Zeitpunkt (ab wann), Ressourcen und Meilensteine (zur Erfolgsmessung) zugewiesen werden können.

Erstellung Projektstrukturplan
Um einen Projektstrukturplan zu erstellen empfiehlt sich die folgende Vorgehensweise. In der Praxis werden oft auch einzelne Schritte zusammengefasst, um den Prozess zu beschleunigen (Larson & Gray, 2011; Wegmann & Winklbauer, 2006) Abb. 2.4:

1. **Zieldefinition:** Ausgangspunkt für die Erstellung eines Projektstrukturplan ist die Zieldefinition, das heißt, was durch das Projekt erreicht werden soll. Dieses

2.3 Projektstrukturplan

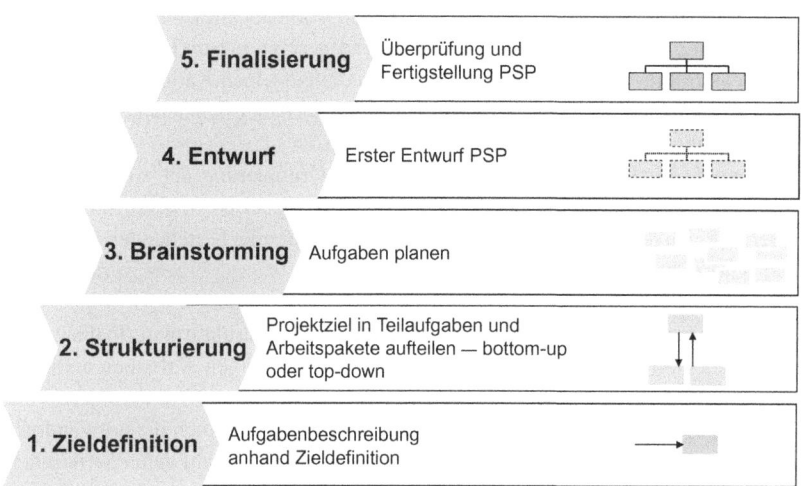

Abb. 2.4 Erstellung eines Projektstrukturplans (PSP)

Projektziel muss möglichst genau beschrieben werden, damit alle Beteiligten ein gemeinsames Verständnis haben.

2. **Strukturierung:** Der nächste Schritt ist die Entscheidung über die Vorgehensweise. Wie soll das Projektziel in Teilaufgaben und Arbeitspakete zerlegt werden? Dies kann induktiv („bottom-up") erfolgen, in dem zunächst die einzelnen Aufgaben gesammelt werden und dann höher aggregiert werden. Dies empfiehlt sich, wenn noch kein genauer Überblick über das Projekt vorhanden ist, aber schon viele einzelne Teilaufgaben bekannt sind. Alternativ kann deduktiv („top-down") vorgegangen werden, wenn es bereits einen guten Überblick über die Aufgabe gibt und davon ausgehend die Teilaufgaben abgeleitet werden können. Oft wird auch eine Kombination aus beiden Methoden gewählt.
3. **Brainstorming:** In diesem Schritt planen die bereits verfügbaren Mitarbeiter des Projekts die notwendigen Aufgaben, die für das Projekt erforderlich sind. Dies kann ganz analog als Kartenabfrage durchgeführt werden, aber natürlich gibt es mittlerweile auch die passende digitale Unterstützung. Entsprechend der Strukturierung wird induktiv oder deduktiv vorgegangen. Die Logik ist in beiden Fällen die Gleiche: Bei der deduktiven Strukturierung fängt man an, den Projektstrukturplan von oben zu entwickeln. Dabei ist es hilfreich, wenn bereits eine Struktur vorgeben wird. Dann werden einzelne Karten mit den Aufgaben und Teilaufgaben geschrieben, die immer weiter ausdetailliert werden, bis hin zu

den Arbeitspaketen. Auch bei der induktiven Vorgehensweise werden per Kartenabfrage Arbeitspakete und Teilaufgaben aufgeschrieben und sie dann in einem Projektstrukturplan zusammengeführt. Um die einzelnen Karten zu gruppieren können verschiedene Kriterien genutzt werden, so bietet sich beispielsweise eine Gliederung nach Objekten oder Funktionen an.

4. **Entwurf:** Nach dem Brainstorming und der Gruppierung der Aufgaben liegt ein erster Entwurf des Projektstrukturplans vor. Dabei ist sicherzustellen, dass der PSP von der vorhandenen Organisationsstruktur oder bestehenden Prozessen losgelöst ist. Der PSP muss so entwickelt werden, dass er ergebnisorientiert ist und sich auf die Zielerreichung konzentriert.
5. **Finalisierung:** In der letzten Phase wird der Projektstrukturplan finalisiert. Er wird noch einmal überprüft, ob wirklich alle notwendigen Aufgaben enthalten sind und es keine Überschneidungen gibt. Der finalisierte PSP umfasst jetzt vollständig alle Aufgaben, Teilaufgaben und Arbeitspakete. Auch die notwendigen Zeiten und Ressourcen pro Arbeitspaket können basierend auf dem PSP definiert werden.

Was jetzt noch fehlt ist die Planung, in welcher Reihenfolge die Arbeitspakete abgearbeitet werden müssen. Damit wird dann die Gesamtdauer des Projekts bestimmt. Denn einige Arbeitspakete können – je nach Ressourcen – parallel bearbeitet werden, während andere voneinander abhängig sind und ein Arbeitspaket erst dann angefangen werden kann, wenn das Ergebnis des vorherigen feststeht. Die Vorgehensweise wird im Kap. 4 Projektplanung beschrieben.

Eine übliche Form, den Projektstrukturplan abzubilden, ist die in Abbildung Abb. 2.3 gezeigte hierarchische Darstellung als Organigramm. Diese visuelle Darstellung ist sehr übersichtlich, solange das Projekt nicht zu komplex und damit unüberschaubar ist. Alternativ gibt es die Listendarstellung (wie das Inhaltsverzeichnis eines Fachbuches), die auch gut bei der Zeitplanung in ein Gantt-Diagramm Abb. 4.6 überführt werden kann. Bei der Listendarstellung können auch sehr umfangreiche Projektstrukturpläne abgebildet werden, allerdings fehlt die Übersichtlichkeit, die eine graphische Darstellung bietet. Manchmal wird auch eine Mindmap oder ein Cluster verwendet. In der Mitte steht das Ziel, davon ausgehend werden die Aufgaben, die Teilaufgaben und die Arbeitspakete abgezweigt. Eine Mindmap ist ein sehr kreativer und flexibler Weg beim Brainstorming, um alle Aufgaben zu sammeln. Eine Mindmap ist jedoch ab einer gewissen Komplexität nicht mehr übersichtlich und sollte deshalb in ein Organigramm oder eine Liste überführt werden, die dann auch die Hierarchie der Aufgaben deutlich macht.

2.3 Projektstrukturplan

Fallbeispiel Rekrutierung ausländischer Pflegekräfte
Bezogen auf das Fallbeispiel Abschn. 1.4, die Rekrutierung der ausländischen Pflegekräfte, kann der Projektstrukturplan wie folgt definiert werden: Der PSP folgt einer funktionalen Gliederung. Teilprojekte sind Recruiting, Training und Organisation.

Das Recruiting umfasst fünf Teilaufgaben. Der erste Punkt ist die Bedarfsplanung und die Erstellung eines Anforderungsprofils. Solange nicht klar ist, wie viele Pflegekräfte mit welcher Qualifikation gebraucht werden, kann die Ausschreibung nicht zielgerichtet erfolgen. Bei der Auswahl des Sourcing Kanals geht es darum, ob die Rekrutierung über die Zentrale Arbeitsvermittlung ZAV, mit Hilfe einer Recruiting Agentur (spezialisierter Headhunter) oder durch eigenständige Kontakte im Ausland erfolgen soll. Hierbei ist auch zu überlegen, ob in Europa oder auch im außereuropäischen Ausland und in welchen Ländern rekrutiert werden soll. Einer einfacheren Administration in Europa steht das höhere Risiko gegenüber, dass die Pflegekräfte leichter wieder in ihre Heimatländer zurückkehren. Auch ethische Faktoren sind zu berücksichtigen, da auf Grundlage des WHO Global Code of Practice nicht in Ländern rekrutiert werden darf, die selbst unter Fachkräftemangel leiden (World Health Organization, 2010). Mit der Vorauswahl und dem Interview erfolgen typische Schritte für den Rekrutierungsprozess, nur mit der Besonderheit, dass die Kandidaten aufgrund der räumlichen Entfernung nicht im persönlichen Gespräch kennengelernt werden können. Der letzte Schritt ist der Arbeitsvertrag.

Beim **Training** geht es um die Vorbereitung der vorhandenen Führungskräfte und Mitarbeiter, denen ein interkulturelles Training angeboten werden soll, um die Akzeptanz und das Verständnis für die neuen Kollegen zu erhöhen. Die ausländischen Pflegekräfte sollen einen Sprachkurs bekommen und ein Training zur fachlichen Einarbeitung.

Unter **Organisation** fällt die Teilaufgabe Unterbringung – meistens eine Voraussetzung, um eine Aufenthaltserlaubnis zu bekommen. Zudem sollen die neuen Pflegekräfte bei der Administration unterstützt werden. Dazu gehört auch Hilfe bei der Anerkennung der ausländischen Qualifikation, die gegebenenfalls an bestimmte zusätzliche Qualifizierungsmaßnahmen geknüpft ist. Jede ausländische Pflegekraft soll zudem einen Mentor für die ersten Wochen bekommen, der sie nicht nur fachlich unterstützt, sondern auch bei der Integration und beim „Ankommen" hilft (Abb. 2.5).

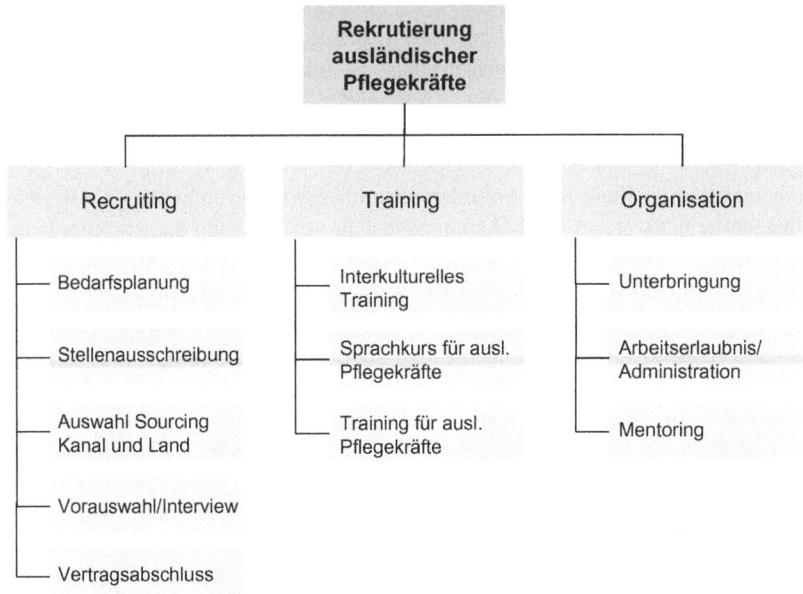

Abb. 2.5 Projektstrukturplan Fallbeispiel Rekrutierung ausländischer Pflegekräfte

2.3.2 Besondere Herausforderungen

Im Englischen gibt es den schönen Begriff „project creeps", der sich nur unzureichend ins Deutsche übersetzen lässt. Creeps steht für Fieslinge oder Schleicher und beschreibt das Thema eigentlich sehr gut. Es gibt vier Creeps, die der besonderen Aufmerksamkeit des Projektmanagers bedürfen (Clements und Gido, 2012; Larson und Larson, 2009; Shirley, 2020) Abb. 2.6:

Scope Creep
Der Scope Creep ist eine schleichende Erweiterung des Projektumfangs, bei der zusätzliche Anforderungen nachträglich in das Projekt aufgenommen werden, ohne das Zeit, Kosten und Ressourcen angepasst werden. Dies kann passieren, wenn die Stakeholder nur unzureichend eingebunden wurden und die Abstimmung nicht ausreichend war. Sie können dann auf diesem Wege versuchen, ihre Interessen

2.3 Projektstrukturplan

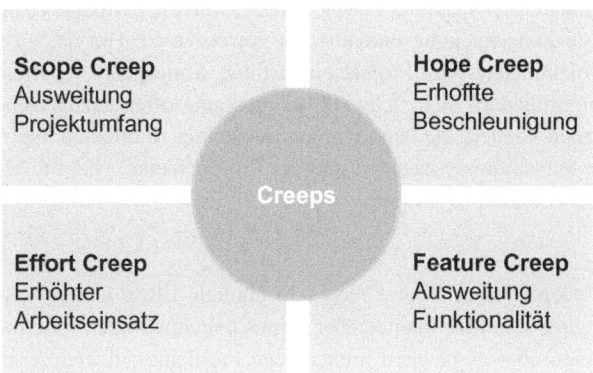

Abb. 2.6 Überblick Creeps

noch durchzusetzen. Oder wenn der Umfang des Projekts nicht genau genug definiert wurde und damit noch Spielräume für eine Erweiterung bestehen. Um das zu verhindern wird auch manchmal im Arbeitspaket definiert, was nicht dazugehört.

Ein anderer Grund sind sehr lang laufende Projekte, bei denen immer wieder neue Ideen aufkommen, bis keiner mehr weiß, was am Anfang eigentlich vereinbart wurde. Die Folge des Scope Creeps ist, dass der geplante Zeitrahmen überschritten wird, das genehmigte Budget nicht eingehalten werden kann, der Kommunikationsaufwand steigt und die Qualität leidet. Ein proaktiver Ansatz ist, den Projektumfang sehr genau zu dokumentieren und genehmigen zu lassen, um damit nachträgliche Erweiterungen einfacher ablehnen zu können. Der reaktive Ansatz ist ein Change Request Management System Abschn. 9.1 einzuführen, um Änderungswünsche besser managen zu können und die Konsequenzen von Änderungen transparent zu machen.

Hope Creep
Von Hope Creep spricht man, wenn Projektteammitglieder hinter dem Zeitplan zurückbleiben, dieses aber nicht zugeben, weil sie hoffen, dass sie es noch innerhalb der geplanten Zeit schaffen können. Das eigentliche Problem ist nicht, dass Teammitglieder den Zeitplan nicht erfüllen, sondern das sie es geheim halten. Wenn es dann offensichtlich wird, kann es oft schon zu spät sein, um noch etwas zu retten. Der Grund für dieses Verhalten ist oft, dass die Teammitglieder Angst haben, die Verzögerung zuzugeben. Sie fürchten, dann Nachteile zu erleiden und als ungeeignet für die Tätigkeit angesehen zu werden. Dies passiert vor allem in einem Umfeld,

in dem ein hoher Druck herrscht, beispielsweise, weil die Zeitpläne zu optimistisch waren und die Zielerreichung unrealistisch geworden ist. Um das zu verhindern muss der Projektmanager im Projekt eine offene Atmosphäre schaffen, in denen es den Teammitgliedern nicht schwerfällt, Probleme offen anzusprechen und sie darauf vertrauen können, die benötigte Unterstützung zu erhalten. Nur so werden sie offen die Versäumnisse zugeben und der Projektmanager hat die Möglichkeit, frühzeitig gegensteuern zu können.

Effort creep
Der Effort Creep ist dem Hope Creep sehr ähnlich. Effort Creep entsteht, wenn ein Teammitglied sehr hart arbeitet, aber dennoch nicht wirklich weiterkommt. Der Aufwand steigt, aber es tauchen immer neue Probleme auf und der Mitarbeiter kommt zu keinem Ergebnis. Die Ursachen können sowohl im Projekt liegen, beispielsweise, dass Arbeitspakete schlecht geplant wurden, aber auch in der Person des Mitarbeiters selbst. Das bedeutet längere Arbeitszeiten, Projektverzögerungen, Kostenüberschreitungen und viel Frust und Stress im Team. Im Unterschied zum Hope Creep hat das Teammitglied hier nicht mehr die Hoffnung, den Zeitplan noch einhalten zu können. Auch in diesem Fall ist es sehr wichtig, eine vertrauensvolle Atmosphäre im Projekt zu haben, damit das Projektmitglied sein Problem offen ansprechen kann, bevor es zu einem Risiko für das Projekt wird.

Feature Creep
Feature Creep ist die fortlaufende Erweiterung oder das Hinzufügung neuer Funktionen zu einem Produkt, beispielsweise einer Software, nachdem schon mit der Entwicklung begonnen wurde. Im Unterschied zum Scope Creep gibt es beim Feature Creep aber keinen Druck von außen. Die häufigste Ursache für Feature Creep ist der Wunsch, dem Kunden ein nützlicheres oder noch besseres Produkt anzubieten – ohne sich zu überlegen, welche Konsequenzen das für das Gesamtprojekt hat. Die Lösung hier ist zum einen den Teammitgliedern die Konsequenzen eines solchen „gold-plating" deutlich zu machen, zum anderen aber auch die konsequente Nutzung eines Change Request Management System Abschn. 9.1.

Creeps gibt es im Gesundheitswesen nicht nur in Projekten. So ist vom DRG Creep die Rede, wenn Leistungserbringer Patienten absichtlich in ressourcenintensivere DRG-Klassifikationen umgruppieren, damit sich dadurch die dokumentierte durchschnittliche Fallschwere der Patienten erhöht, um die Einnahmen des Krankenhauses zu steigern.

Literatur

APM. (2019). *Body of Knowledge, Association for Project Management (APM)* (7. Aufl.). Buckinghamshire.
Berger, R. (2020). Krise in der Krise: Deutschlands Krankenhäuser zwischen wirtschaftlicher Sanierung und Covid-19 (Krankenhausstudie). https://www.rolandberger.com/de/Insights/Publications/Covid-19-versch%C3%A4rft-wirtschaftliche-Situation-deutscher-Kliniken.html. Zugegriffen: 25. Sept. 2021.
Bundesministerium für Wirtschaft und Energie (BMWi). (2018). Orientierungshilfe zum Gesundheitsdatenschutz. https://www.bmwi.de/Redaktion/DE/Dossier/orientierungshilfen-gesundheitswirtschaft.html. Zugegriffen: 15. Febr. 2021.
Clements, J. P., & Gido, J. (2012). *Effective project management* (5. Aufl.). Cengage Learning.
Fiedler, R. (2020). *Controlling von Projekten. Mit konkreten Beispielen aus der Unternehmenspraxis – Alle Aspekte der Projektplanung, Projektsteuerung und Projektkontrolle* (8. Aufl.). Springer.
IQTIG. (o. D.). Das IQTIG. https://iqtig.org/das-iqtig/. Zugegriffen: 4. Mai 2021.
Keller, U. (2010). Critical Chain Project Management: Die Kritische Kette – kritische Anmerkungen aus der Praxis. In Projektmagazin. https://www.projektmagazin.de/artikel/die-kritische-kette-kritische-anmerkungen-aus-der-praxis_996704. Zugegriffen: 21. Febr. 2021.
Larson, E. W., & Gray, C. F. (2011). *Project Management. The managerial process*. McGraw-Hill International Edition.
Larson, R., & Larson, E. (2009). *Top five causes of scope creep ... and what to do about them. Paper presented at PMI® Global Congress 2009—North America, Orlando, FL*. Project Management Institute.
Litke, H. D., Kunow, I., & Schulz-Wimmer, H. (2018). *Projektmanagement*. Haufe Lexware.
o. V. (2019). DRG-Umbau: Auswirkungen werden erheblich sein, Aerzteblatt.de 22. März 2019. https://www.aerzteblatt.de/nachrichten/101862/DRG-Umbau-Auswirkungen-werden-erheblich-sei. Zugegriffen: 15. Febr. 2021.
Project Management Institute. (2017). *A guide to the project management body of knowledge (PMBOK Guide), 6. Ausgabe*. Project Management Institute.
Shirley, D. (2020). *Project management for healthcare*. Taylor and Francis.
Wegmann, C., & Winklbauer, H. (2006). *Projektmanagement für Unternehmensberatungen*. Gabler.
World Health Organization. (2010). *WHO global code of practice on the international recruitment of health personnel. Sixty-third World Health Assembly – WHA63.16*. World Health Organization.

Analyse Techniken 3

Um Projekte erfolgreich durchzuführen, ist ein klares Verständnis, warum ein Projekt überhaupt gemacht werden soll, sehr wichtig. In diesem Kapitel werden verschiedene Methoden vorgestellt, wie definiert werden kann, warum ein Projekt gemacht werden soll, welcher Projektansatz am vielversprechendsten ist, wie die Vorgehensweise und mögliche Lösungen definiert werden können – und wie am besten priorisiert wird Abb. 3.1.

3.1 Definition und Strukturierung

3.1.1 Das „Why Statement"

Wenn Projekte nicht erfolgreich abgeschlossen werden, gibt es meistens eine Vielzahl von Gründen die aufgeführt werden. Dann werden beispielsweise divergierende Interessen genannt, eine schlechte Projektplanung oder eine fehlerhafte Durchführung. Oft genug ist aber einfach das falsche Projekt gemacht worden und es ist gar nicht mehr klar, warum man sich genau für diesen Ansatz und dieses Projekt entschieden hat und welches Problem damit gelöst werden sollte. Ein überzeugendes „Why Statement" hilft, die richtige Entscheidung zu treffen, die Genehmigung für das Projekt zu bekommen und es richtig zu planen. Es hilft aber auch, im Verlauf des Projekts immer wieder zu überprüfen, ob alle Arbeitspakete das ursprüngliche Problem adressieren. Stakeholder verlieren im Laufe eines Projekts auch schon mal das Interesse an dem Thema, das „Why Statement" hilft dabei, sie zu fokussieren, ihnen immer wieder die Vorteile deutlich zu machen und weiter ihre Unterstützung zu bekommen.

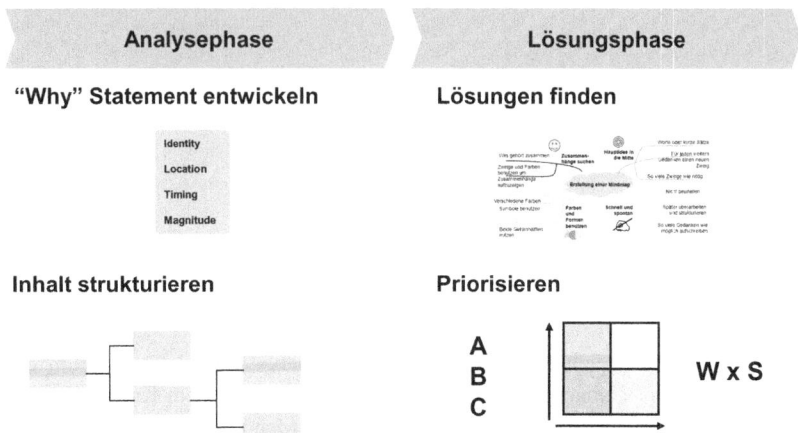

Abb. 3.1 Übersicht Analyse Techniken

Es gibt viele Gründe, warum der Projektmanager und sein Team, aber auch der Projektsponsor und der Steuerkreis sich nicht die Zeit nehmen, ein Problem gründlich zu analysieren und ein klares „Why Statement" zu formulieren. Brown et al. (2013) nennen verschiedene Ursachen:

- **Schnelle Lösung:** Das Projektteam startet gleich mit einer möglichen Lösung, ohne der Ursache wirklich auf den Grund zu gehen oder weitere Optionen zu überprüfen. Gerade Experten tendieren dazu, eine Lösung zu wählen, die sie gut kennen und die bisher immer funktioniert hat. Hinzu kommt oft der Zeitdruck in Projekten, schnell anzufangen um das Projekt auch zügig abzuschließen.
- **Einseitige Betrachtung:** Eine einzelne Ursache wird für das Problem verantwortlich gemacht, dabei kann es zu einem sogenannten „fundamentalen Attributionsfehler" kommen. Das bedeutet, dass einer Person die Schuld für etwas gegeben wird und ihre Handlungen als Ursache des Problems angesehen werden, während die Situation gleichzeitig unterbewertet wird.
- **Konflikte oder Hintergedanken:** Es gibt verschiedene Vorstellungen, welches Problem mit dem Projekt gelöst werden soll, die oft aber nie wirklich offen angesprochen und geklärt werden. Auch können Stakeholder verborgene Hintergedanken haben (Hidden Agenda) und deswegen das Projekt in eine bestimmte, in ihrem Interesse liegende Richtung schieben wollen.

3.1 Definition und Strukturierung

- **Ablenkung:** Im Projektverlauf kommen neue Anforderungen oder auch neue Möglichkeiten auf, die plötzlich berücksichtigt werden sollen, die aber eigentlich vom vereinbarten Projektziel ablenken.

Einige Beispiele zu den genannten Ursachen:

- **Schnelle Lösung:** Die Klinik leidet unter extremem Fachkräftemangel – nicht nur bei den Pflegekräften, sondern auch bei den Angestellten in der Verwaltung. Schnell kommt die Idee auf, mit einer gut angelegten Personalmarketingkampagne auf sich aufmerksam zu machen. Es scheint auch zu funktionieren, die Zahl der Bewerbungen steigt. Dennoch wird das Problem nicht gelöst, die Personalauswahlprozesse wurden nicht angepasst und sind immer noch extrem „zäh", zudem sind die Arbeitsbedingungen schwierig, die Stimmung unter den Mitarbeitern schlecht und das Führungsverhalten verbesserungswürdig. Kein Bewerber unterschreibt einen Arbeitsvertrag und wenn doch, verlässt er die Klinik bereits in der Probezeit.
- **Einseitige Betrachtung:** Im Klinikalltag sind Verletzungen durch spitze oder scharfe Instrumente (beispielsweise Kanülen von Spritzen, Skalpelle oder Injektionsnadeln) nicht ungewöhnlich. Die Annahme, dass es die Schuld der Mitarbeiter ist, die sich nicht an die Vorgaben halten, ist aber ein fundamentaler Attributionsfehler. Aufgrund dieser Annahme werden vielleicht noch strengere Regeln eingeführt. Das löst aber nicht das Problem, wenn die Ursache eher in den Arbeitsbedingungen, zum Beispiel Zeitdruck und Hektik oder bei Instrumenten ohne Schutzmechanismen liegt. Der Manager weist dann die Schuld den Mitarbeitern zu, ohne seinen eigenen Einfluss zu berücksichtigen und die Arbeitsbedingungen zu verbessern.
- **Hintergedanken:** Eine neue, hochmoderne Technologie wird angeschafft, sie soll zeigen wie modern und zukunftsfähig die Klinik ist. Das beste Gerät bringt aber nichts, wenn die Mitarbeiter nicht oder nur ungern damit arbeiten wollen, weil das Gerät nur schlecht zu bedienen ist und auf ein entsprechendes Training aus Kostengründen verzichtet wird.
- **Ablenkung:** In einem Projekt sollen die Arbeitsbedingungen von Pflegekräften verbessert werden. Eine Änderung des DRG-Systems führt aber zu einer Arbeitsverdichtung und zunehmenden Dissonanzen zwischen Normen und beruflichem Alltag. Die Klinik ist mit der Umsetzung der neuen Regeln beschäftigt, das eigentliche Ziel des Projekts gerät in Vergessenheit.

Brown et al., (2013) stellen vier „Why" Fragen und beziehen sich in ihrer Methode auf Kepner und Tregoe (1981) Abb. 3.2.

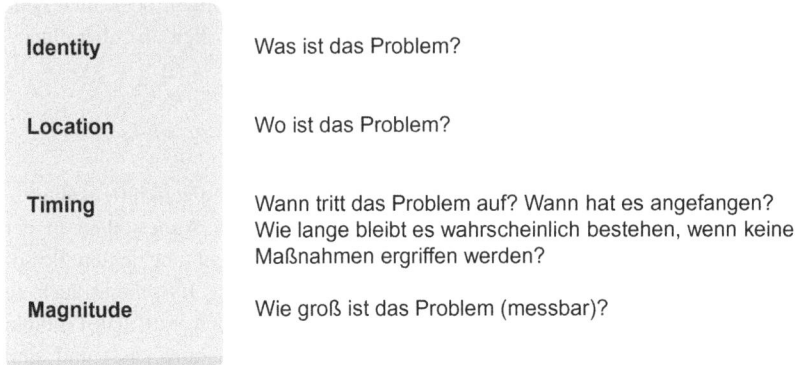

Abb. 3.2 Das „Why Statement"

- **Identity** (Identität): Was ist das Problem? Es geht hier nicht um eine mögliche Lösung des Problems, sondern um den Unterschied zwischen der aktuellen und der gewünschten Situation.
- **Location** (Position): Wo ist das Problem? Das kann ein Kunde, ein Produkt, ein Prozess oder ein Ort sein.
- **Timing** (zeitliche Koordinierung): Wann tritt das Problem auf, wann hat es angefangen und wie lange wird es wahrscheinlich bestehen bleiben, wenn keine Maßnahmen ergriffen werden?
- **Magnitude** (Größenordnung): Wie groß ist das Problem in messbaren Begriffen?

Die **Identity** verlangt, dass das Problem klar definiert wird und deutlich gemacht wird, warum es wichtig ist. Es geht um das Problem, das gelöst werden soll und nicht um die Ursachen oder eine mögliche Lösung. Es soll eine neue Software für die IT-gestützte Patientenverwaltung eingeführt werden. Aber löst die neue Software wirklich das Problem der Überlastung der Mitarbeiter oder ist es eher die zu knappe Personaldecke, die das Problem verursacht und auch mit der Einführung einer neuen Software nicht verbessert wird?

Die **Location** beschreibt die Position, wo das Problem ist. Das kann ein physischer Ort sein, ein Fachbereich, ein Produkt, ein technisches Gerät oder einen Prozessschritt – oder eine Kombination mehrerer Punkte. So kann ein Problem in der Intensivmedizin liegen, weil dort die erbrachten Leistungen nicht vollständig und korrekt abgerechnet werden.

3.1 Definition und Strukturierung

Die Frage nach dem **Timing** kann dabei helfen, Ursachen für das Problem zu finden. Wann tritt das Problem auf oder seit wann ist das Problem da? Das Problem existiert seit 6 Monaten – was hat sich zu dem Zeitpunkt geändert, dass es das Problem verursacht haben könnte? Wenn das Problem ein Personalengpass ist – was ist vor 6 Monaten passiert? Vielleicht sind zu dem Zeitpunkt einige Mitarbeiter zu einem Personaldienstleister für Pflegekräfte gewechselt. Was passiert, wenn wir das Problem nicht angehen – wird es von alleine wieder besser (weil sich die Rahmenbedingungen wieder ändern) oder wird es schlechter und wir müssen reagieren? Müssen wir damit rechnen, dass noch weitere Kollegen zu dem Personaldienstleister wechseln?

Magnitude (Größenordnung): Wie groß ist das Problem in messbaren Begriffen? Die Größenordnung verdeutlicht auch, wie dringend das Problem gelöst werden muss. In die Notaufnahme kommen Patienten, die in Lebensgefahr schweben und absolute Priorität genießen. Aber es gibt auch „normale" Notfälle wie einen Beinbruch oder Patienten, die mit kleineren Beschwerden in die Notaufnahme kommen, statt einen Termin bei ihrem Hausarzt zu machen. Für letztere kann die Wartezeit schon einmal sehr lange werden. Der Punkt Größenordnung beschreibt, ob die Wartezeit akzeptabel ist. Wenn die Wartezeit immer mehr als 6 h beträgt, dies als nicht akzeptabel angesehen wird und es nicht nur ein Ausnahmefall ist, kann ein Projekt aufgesetzt werden, um das Problem zu lösen, diese Patienten schneller zu behandeln und die Notaufnahme zu entlasten. Die Größenordnung, dass es regelmäßig vorkommt und die Patientenzufriedenheit sinkt, macht deutlich, dass es relevant ist.

Bezogen auf das Fallbeispiel, Abschn. 1.4, die Rekrutierung ausländischer Pflegekräfte, sieht das „Why Statement" wie folgt aus:

- **Identity** (Identität): In der Klinik im Fallbeispiel besteht ein Fachkräftemangel bei Pflegekräften. Jedes Jahr werden zusätzliche Pflegekräfte benötigt, die bisher nicht rekrutiert werden konnten.
- **Location** (Position): Das Problem besteht in der gesamten Klinik, da sie in einer Region mit einer hohen Anzahl von Krankenhäusern liegt und in einem starken Wettbewerb am Arbeitsmarkt steht.
- **Timing** (zeitliche Koordinierung): Das Problem wird seit ein paar Jahren immer größer. Die Fluktuation steigt, Mitarbeiter wollen in Teilzeit arbeiten, verlassen die Klinik, weil sie lieber für einen Personaldienstleister arbeiten oder ein akademisches Studium anfangen.
- **Magnitude** (Größenordnung): Es fehlen rund 100 Pflegekräfte.

Die Beantwortung der vier Fragen hilft dem Projektmanager, dem Projektteam und allen Stakeholdern Klarheit zu schaffen. Mögliche Ursachen und Zusammenhänge werden umfassend erkannt und darauf aufbauend kann ein klares Projektziel definiert und alle möglichen Lösungen des Problems können berücksichtigt werden. Wichtig ist, das „Why Statement" gleich am Anfang mit dem Projektsponsor zu diskutieren und mit allen Beteiligten abzustimmen.

3.1.2 Strukturierung und Lösungsfindung

Ist das Problem hinreichend beschrieben, besteht die Aufgabe darin, das Problem zu strukturieren, um eine Lösung zu finden. Zwei verbreitete Problemlösungstechniken, die beispielsweise die Unternehmensberatung McKinsey als fundamentale Prinzipien bezeichnet (Davis et al., 2007), sind der Hypothesenbaum (hypothesis tree) und der Diagnosebaum (issue tree). Bei beiden Varianten wird ein Problem in seine Einzelteile zerlegt, um die Komplexität zu reduzieren. Komplizierte Sachverhalte können so besser analysiert und graphisch dargestellt werden. Am Ende können Arbeitspakete definiert werden, die weiter bearbeitet und auch zum Aufbau des Projektstrukturplans genutzt werden können.

Hypothesenbaum und Diagnosebaum sind sich sehr ähnlich, unterscheiden sich aber in ihrer Herangehensweise an das Problem und setzen ein unterschiedliches Vorwissen voraus (siehe auch Chevallier, 2016; Davis et al., 2007).

Hypothesenbaum
Der Ausgangspunkt des Hypothesenbaums ist die Problemstellung. Darauf aufbauend wird eine Hypothese formuliert. Manchmal ist schon klar, wie ein Problem, eine Aufgabe, gelöst werden kann. Beispielsweise, weil schon ein ähnliches Projekt erfolgreich durchgeführt wurde und entsprechende Erfahrungen vorliegen. Dennoch muss diese Hypothese überprüft werden. Denn sonst passiert schnell das, was im vorangegangenen Kapitel „Why Statements" eine „schnelle Lösung" genannt wurde: Es wird eine bekannte Lösung genutzt, ohne zu überprüfen, ob sie in dem aktuellen Projekt auch wirklich die beste Lösung ist und andere Optionen werden nicht weiter überprüft.

Beim Hypothesenbaum wird die grundlegende Hypothese in weitere Annahmen gegliedert, die direkt überprüft werden können Abb. 3.3. Die Hypothese wird mit „warum?" hinterfragt. Aus den Antworten auf diese Frage ergeben sich dann die Annahmen. Alternativ können weitere (Sub-)Hypothesen gebildet werden, die auch wiederum mit der „warum"-Frage hinterfragt werden müssen. Darauf aufbauend können dann wieder Annahmen formuliert werden, die ihrerseits überprüft werden

3.1 Definition und Strukturierung

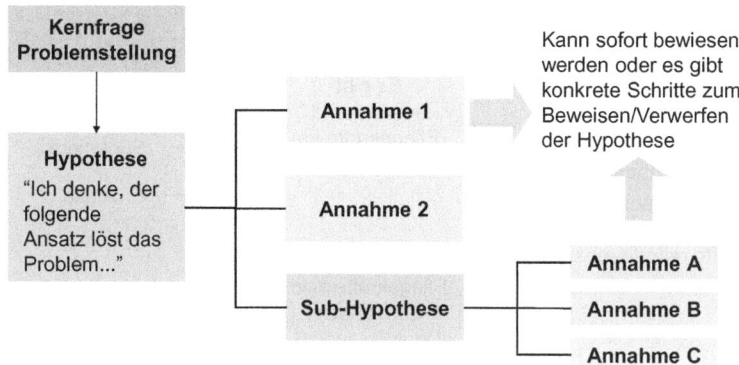

Abb. 3.3 Hypothesenbaum

können. Aus den Annahmen werden dann konkrete Arbeitspakete formuliert und weiter analysiert. Diese Annahmen können anschließend durch eine weitergehende Analyse bewiesen oder verworfen werden – und damit auch die Hypothese.

Es ist nicht immer ganz einfach, eine gute Hypothese aufzustellen. Sie muss überprüfbar sein, belegt oder widerlegt werden können und eine Diskussion ermöglichen. Wenn jeder die Hypothese sofort akzeptiert bringt sie die Analyse nicht weiter. Die Hypothese muss kritisch hinterfragt werden und es sollte auch nach Gegenargumenten gesucht werden, um sicherzustellen, dass die richtige Hypothese aufgestellt und analysiert wird.

Eine Herausforderung kann auch sein, dass Stakeholder, die mit dieser Methode nicht vertraut sind, diese Vorgehensweise ablehnen. Sie haben den Eindruck, es würde eine vorgefertigte Lösung präsentiert und nicht das Problem erst einmal grundlegend verstanden und analysiert.

Bezogen auf das Fallbeispiel, Abschn. 1.4, die Rekrutierung ausländischer Pflegekräfte, sieht der Hypothesenbaum wie folgt aus Abb. 3.4. Ausgangspunkt ist die Hypothese, dass die Rekrutierung der Pflegekräfte im Ausland den Mangel an Pflegekräften im Klinikum behebt.

Diagnosebaum

Die zweite Methode ist der sogenannte Diagnosebaum (issue tree). Er wird verwendet, wenn noch keine ausreichenden Informationen vorliegen, um eine Hypothese aufzustellen. Das Problem wird dann dadurch strukturiert, dass die Problemstellung in verschiedene Lösungsansätze aufgegliedert wird, die an den Ursachen des

Abb. 3.4 Hypothesenbaum Fallbeispiel Rekrutierung ausländischer Pflegekräfte

Problems ansetzen Abb. 3.5. Alle möglichen Wege zu einer Lösung werden aufgelistet. Im nächsten Schritt werden diese dann weiter konkretisiert und können als Arbeitspakete weiter analysiert werden. Die Problemstellung wird in der Regel

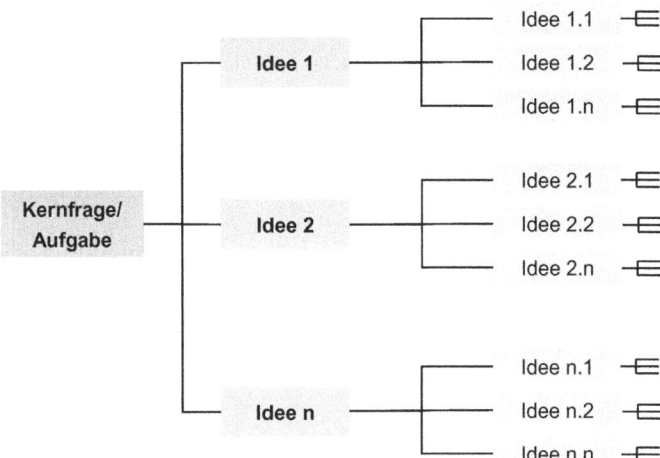

Abb. 3.5 Diagnosebaum

3.1 Definition und Strukturierung

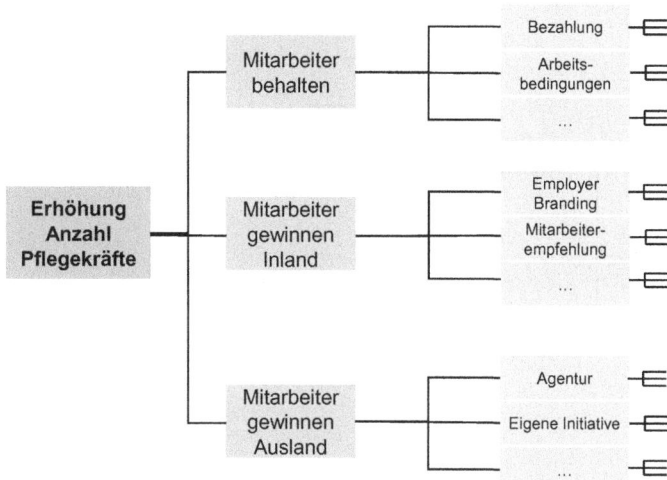

Abb. 3.6 Diagnosebaum Fallbeispiel Rekrutierung ausländischer Pflegekräfte

als „Wie" oder „Warum"-Frage gestellt, die durch die Lösungsansätze beantwortet wird.

Bezogen auf das Fallbeispiel, Abschn. 1.4, die Rekrutierung ausländischer Pflegekräfte, sieht der Diagnosebaum wie folgt aus Abb. 3.6. Hier wird, im Gegensatz zum Hypothesenbaum, die Frage offen gestellt: Wie kann der Mangel an Pflegekräften im Klinikum behoben werden?

Bei beiden Techniken gilt, dass die Subhypothesen und Annahmen (Hypothesenbaum) bzw. Lösungsansätze (Diagnosebaum) sich nicht überschneiden dürfen (sich also gegenseitig ausschließen) und vollständig beschrieben sind, d. h. alle Punkte abdecken. Dieser Punkt wird nach einer Formulierung von McKinsey oft „MECE" genannt und steht für „mutually exclusive and collectively exhaustive" (Davis et al., 2007).

Wenn das Problem strukturiert wurde, können die Arbeitspakete definiert werden Abb. 3.7. Danach geht es darum, Lösungsmöglichkeiten zu finden. Hierbei können Brainstorming und Mind Mapping helfen. Manchmal gehen die Strukturierung und die Lösungsfindung auch ineinander über, da auch beim Diagnosebaum bereits mit Lösungsansätzen gearbeitet wird.

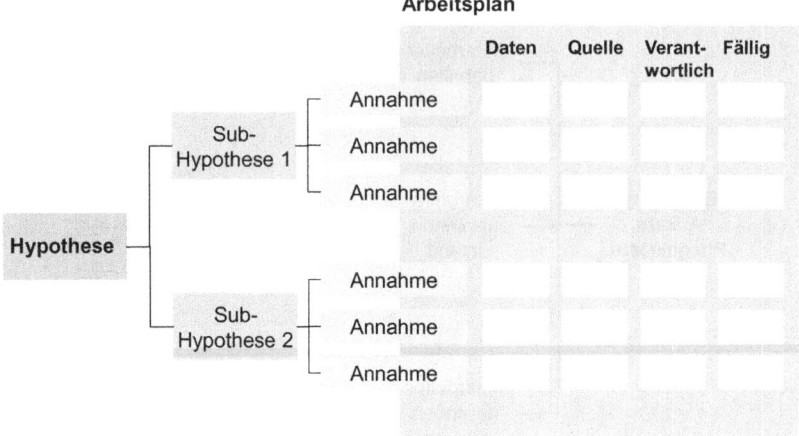

Abb. 3.7 Hypothesenbaum und Arbeitsplan. (In Anlehnung an Wegmann & Winklbauer, 2006)

Brainstorming
Eine sehr bekannte Methode, kreativ Lösungen zu entwickeln, ist das Brainstorming. Hier geht es darum, möglichst viele Ideen zu kreieren, die gerne auch ausgefallen sein dürfen. Während des Brainstormings dürfen diese Ideen nicht kritisiert werden. Ideen können aber weiter ausgebaut und kombiniert werden.

Mind Mapping
Eine weitere bekannte kreative Methode ist das Mind Mapping von Tony Buzan (Buzan & Buzan, 2012). In der Mitte wird die Problemstellung dargestellt. Abb. 3.8. Von der Problemstellung gehen Zweige mit Oberbegriffen ab, die mit weiteren Zweigen und Begriffen ausdetailliert werden. Da durch diese Technik alle Fähigkeiten des menschlichen Gehirns genutzt werden sollen, können auch Bilder, Grafiken, Symbole und Farben genutzt werden.

3.2 Priorisierung

Die hier vorgestellten Priorisierungsmethoden finden immer dann Anwendung, wenn aus verschiedenen Optionen eine beste Option ausgesucht werden soll. Die Logik ist immer die gleiche: Es werden Kriterien definiert, basierend auf

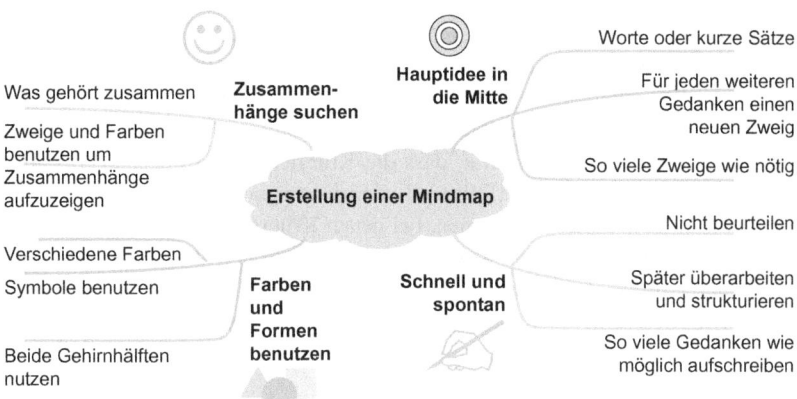

Abb. 3.8 Mindmapping. (In Anlehnung an Buzan & Buzan, 2012)

denen die Auswahl getroffen wird. Sie können sowohl bei der Projektauswahl Abschn. 2.1 genutzt werden, als auch bei der Frage, welche Hypothesen oder Lösungsansätze weiter untersucht werden sollen oder welche Lösung unter mehreren verwendet werden soll.

3.2.1 ABC-Analyse

Die ABC-Analyse hat ihren Ursprung bei der Ordnung bzw. Klassifizierung großer Datenmengen. Sie teilt die Daten in die Klassen A, B und C nach absteigender Bedeutung. Ihre Stärke ist die Komplexitätsreduzierung bei großen Datenmengen und eine einfache Anwendung ohne Abhängigkeit von spezifischen Inhalten der Analyseelemente (Schawel & Billing, 2014). Ein Beispiel für die Analyse großer Datenmengen ist die Nutzung der ABC Analyse um Probleme beim Medikamenteneinsatz zu identifizieren, Kosten zu reduzieren und die Effizienz im pharmazeutischen Versorgungssystem zu verbessern (MSH und WHO, 2007; Quick, 1997; Yevstigneev, 2015).

Aufgrund der einfachen Logik eignet sie sich aber nicht nur für eine große Anzahl von Daten, sondern auch für die Auswahl unter wenigen Optionen. Ein Beispiel mit wenigen Daten ist die Auswahl einer geeigneten Software für die Online-Rekrutierung von Auszubildenden für Gesundheits- und Pflegeberufe in einem großen Klinikum. Dafür müssen die Kriterien, nach denen ausgewählt werden soll, definiert werden. Es können beispielsweise die Kosten der Software sein, der technische Support nach der Implementierung 24 h/7 Tage pro Woche, die Benutzerfreundlichkeit und ein gutes Training des Providers vor der Nutzung. Dann wird bewertet, wie weit die verschiedenen Softwareprogramme diese Kriterien erfüllen. A steht dann dafür, dass die Kriterien alle erfüllt sind, B dafür, dass nicht alle Kriterien voll erfüllt sind oder dass es noch Unklarheiten gibt, C beschreibt die schlechtesten Optionen, bei denen Kriterien nicht erfüllt sind.

Ein anderes Beispiel ist die Rekrutierung ausländischer Pflegekräfte aus dem Fallbeispiel, Abschn. 1.4. Nachdem die Entscheidung, Pflegekräfte aus dem Ausland zu rekrutieren, gefallen ist, gibt es vier mögliche Optionen, in Kontakt zu den potentiellen Pflegekräften zu kommen.

1. Vermittlung durch die **Zentrale Auslands- und Fachvermittlung (ZAV)**. Die ZAV ist eine Fachabteilung der Bundesagentur für Arbeit und bietet verschiedene Programme zur Vermittlung von ausländischen Fachkräften an deutsche Arbeitgeber an. Sie akquiriert vor allem Pflegepersonal in EU-Ländern.
2. **Rekrutierungsagenturen:** Im privaten Sektor gibt es eine Reihe von Personalvermittlungsagenturen, die sich auf das Gesundheitswesen spezialisiert haben.
3. **Eigene Initiative:** Die Klinik wird selbst im Ausland aktiv und kontaktiert potentielle Bewerber.
4. **Warten auf Initiativbewerbungen:** Die Klinik wartet darauf, dass sich ausländische Pflegekräfte initiativ bewerben. Nicht nur Bewerbungen von im Ausland lebenden Pflegekräften sind relevant, sondern auch von bereits in Deutschland lebenden und arbeitenden ausländischen Pflegekräften.

Dann werden die Kriterien aufgestellt, anhand der die Optionen bewertet werden. Eine vereinfachte Darstellung findet sich in Abb. 3.9. Vier Kriterien werden der Auswahl zugrunde gelegt. Durch das gewählte Verfahren sollen qualifizierte Bewerber gefunden werden, die Rekrutierung soll zügig vonstattengehen, ausreichend Bewerber sollen gewonnen werden und die Kosten überschaubar sein. Während eine Rekrutierung über die ZAV alle vier Kriterien erfüllt, und damit mit A bewertet wird, wird die Rekrutierungsagentur als zu teuer eingeschätzt. Auf eigene Initiative im Ausland Pflegekräfte zu suchen, wird als zu langsam eingestuft, da die Klinik sich erst einmal mit den Möglichkeiten vor Ort vertraut machen muss. Deshalb werden beide Optionen mit C bewertet. Die Option einer passiven Strategie, das Warten auf Initiativbewerbungen, wird als B eingestuft,

3.2 Priorisierung

Kriterien	ZAV	Rekrutierungs-agentur	Eigene Initiative	Warten auf Bewerbungen
Qualifizierte Bewerber	✓	✓	✓	✓
Schnelle Rekrutierung	✓	✓	-	?
Ausreichende Anzahl	✓	✓	✓	✓
Überschaubare Kosten	✓	-	✓	✓
	A	C	C	B

Definition der Kategorien:
A: Erfüllt alle Kriterien
B: Ein oder mehrere Kriterien noch zweifelhaft
C: Ein Kriterium wird nicht erfüllt

Abb. 3.9 ABC Analyse Fallbeispiel Rekrutierung ausländischer Pflegekräfte

da hier schlecht eingeschätzt werden kann, ob sich ausreichend Bewerber melden und wie schnell die gewünschten Rekrutierungszahlen erreicht werden können.

Die ABC Analyse stellt eine einfache und schnelle Vorauswahl dar, deren Ergebnis dann weiter überprüft werden muss. Die Kriterien sollten sorgfältig gewählt werden, da sie alle die gleiche Gewichtung haben und eine Option nicht an einem unwichtigen Kriterium scheitern sollte.

3.2.2 Priorisierungsmatrix

Eine weitere Methode, verschiedene Optionen zu bewerten und übersichtlich darzustellen, ist die Priorisierungsmatrix (Davis et al., 2007). Üblicherweise wird eine 2 × 2 Matrix gewählt, an deren Achsen die Kriterien abgetragen werden Abb. 3.10. Welche Kriterien gewählt werden, hängt von der notwendigen Entscheidung ab. Häufig genutzt werden Impact (Wirkung), Machbarkeit, Kosten oder Einsparpotential. Es sind in einer Matrix immer nur zwei Kriterien möglich. Die einzige Möglichkeit, ein drittes Kriterium zu nutzen, ist die Größe der Punkte für die Option zu verändern. So könnten in einem Projekt Impact und Machbarkeit an den Achsen gewählt werden und die Kosten für die Option durch die Größe der Punkte dargestellt werden.

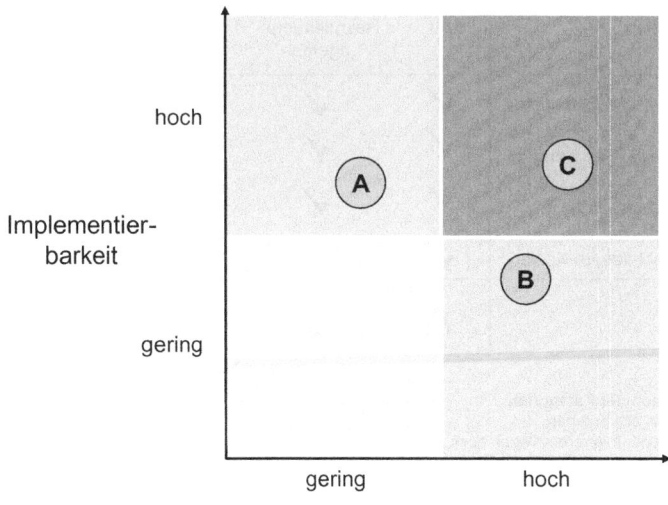

Abb. 3.10 Priorisierungsmatrix

Wenn die verschiedenen Optionen bewertet wurden, werden die Optionen ausgewählt, die die höchsten Bewertungen in den Kriterien bekommen, also im rechten oberen Quadranten liegen. Gerade bei begrenzten Ressourcen sollten wirklich nur die Optionen weiterverfolgt werden, die die höchste Priorität bekommen haben. Sollten sich in diesem Quadranten zu viele Optionen befinden wurde die Matrix falsch konstruiert. Dann muss der obere rechte Quadrant weiter unterteilt werden. Die Optionen, die sich dann wiederum in der rechten oberen Ecke befinden, haben die höchste Priorität. Auch ist zu überprüfen, ob die Kriterien richtig gewählt wurden. Wenn ein Kriterium durch alle Optionen erfüllt wird, hilft es nicht bei der Priorisierung.

Die Einschätzung, wo in der Priorisierungsmatrix eine Option eingetragen wird, kann manchmal zu längeren Diskussionen führen. Sobald ein Kriterium quantifizierbar ist, lässt sich die Stelle, an der die Option eingezeichnet wird, noch relativ einfach lokalisieren. Bei eher qualitativen Kriterien sind es genau diese intensiven Diskussionen, vor allem auch mit den Stakeholdern, die verschiedene Perspektiven haben, die helfen, zu einem guten Ergebnis zu kommen.

3.2.3 Scoring Modell

Die letzte Priorisierungsmethode ist das Scoring Modell, auch Nutzwertanalyse genannt. Viele Entscheidungen, die in Projekten im Gesundheitswesen getroffen werden, sind nicht nur mit einem, sondern mit mehreren Zielen verbunden. Beim Scoring Modell können viele Zielkriterien festgelegt werden, anhand derer die Optionen bewertet werden und die auch unterschiedlich gewichtet werden können. Daraus ergibt sich dann ein Score bzw. Nutzwert, auf dessen Grundlage eine Priorisierung getroffen werden kann (siehe für viele Fiedler, 2020; Gansen, 2020; Zirkler et al., 2019) Abb. 3.11:

1. **Kriterien definieren:** Im ersten Schritt werden die Zielkriterien identifiziert. Sie sollten frei von Überschneidungen und vollständig sein (siehe „MECE" Abschn. 3.1.2). Für eine Bewertung sollten nicht nur quantifizierbare Kriterien wie Kosten oder Rentabilität genutzt werden. Auch qualitative Einflussgrößen wie Bedeutung oder Dringlichkeit sind relevant. Die Anzahl der Kriterien liegt im Ermessen des Projektteams, sie muss aber noch handhabbar sein und der Aufwand darf den Nutzen nicht übersteigen.

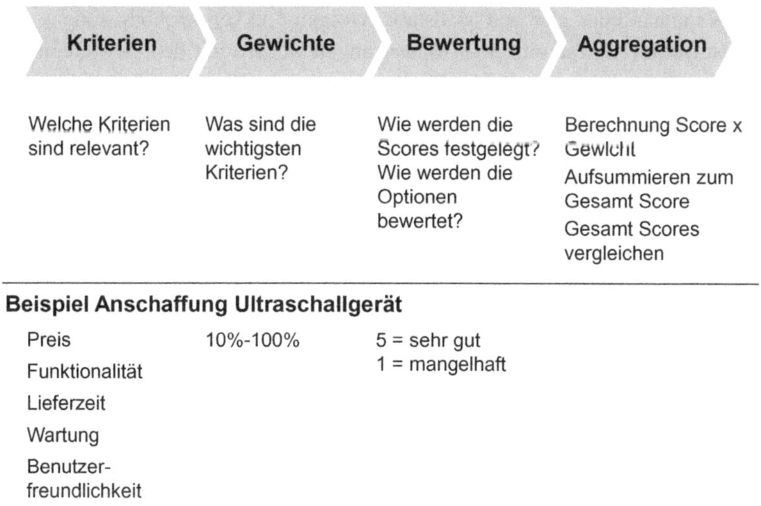

Kriterien	Gewichte	Bewertung	Aggregation
Welche Kriterien sind relevant?	Was sind die wichtigsten Kriterien?	Wie werden die Scores festgelegt? Wie werden die Optionen bewertet?	Berechnung Score x Gewicht Aufsummieren zum Gesamt Score Gesamt Scores vergleichen

Beispiel Anschaffung Ultraschallgerät

Preis	10%-100%	5 = sehr gut
Funktionalität		1 = mangelhaft
Lieferzeit		
Wartung		
Benutzer-freundlichkeit		

Abb. 3.11 Scoring Prozess

2. **Gewichte definieren:** Während bei den beiden bisher vorgestellten Methoden jedes Kriterium das gleiche Gewicht hat, bietet das Scoring Modell die Möglichkeit, die Kriterien zu gewichten. Dabei wird die Bedeutung jedes Kriteriums durch ein Gewicht (Weighting) ausgedrückt. Der Gewichtungsfaktor hat eine große Bedeutung für das Ergebnis und sollte danach bestimmt werden, welche Bedeutung das Kriterium für die Zielerreichung hat. Je bedeutsamer das Kriterium für die Erreichung des Hauptziels ist, desto höher wird dieses gewichtet. Entweder wird jedem Kriterium ein Multiplikator zugeordnet oder eine Prozentzahl, wobei sich dann alle Prozentzahlen zu 100 % aufsummieren lassen müssen. Die Gewichtung ist die größte Schwierigkeit bei der Anwendung des Scoring Modells, da diese rein subjektiv erfolgt. Das Ergebnis des Scorings hängt von der Einschätzung der Gewichtung der einzelnen Kriterien ab.
3. **Scores festlegen und bewerten:** Im nächsten Schritt werden die Optionen nach der Erfüllung der Kriterien bewertet und damit der Wert (Score) pro Kriterium festgelegt. Beispielsweise von 1–5, wobei 1 das schlechteste und 5 das beste Ergebnis darstellt. Was genau eine 1 bei einem Kriterium bedeutet und was eine 2, 3, 4 oder 5 bedeutet, kann in einer Metrik definiert werden, die die Regeln für die Bewertung der Kriterien beschreibt. Gerade wenn viele Optionen bewertet werden müssen, stellt die Metrik sicher, dass die Bewertungen immer anhand des gleichen Maßstabs erfolgen und vergleichbar sind.
4. **Aufsummieren:** Die einzelnen Bewertungen werden mit den Gewichten multipliziert und der Endwert (die Punktgesamtsumme) berechnet. Auf Basis der ermittelten Endwerte kann abschließend eine Rangfolge der Optionen erstellt und zur Entscheidungsfindung herangezogen werden.

Dadurch, dass mehrere Kriterien gewählt werden können, die zudem gewichtet sind, kann eine genauere Entscheidung erfolgen. Gleichzeitig ist die Methode deutlich aufwendiger, vor allem wenn eine genaue Metrik definiert wird, in der für jedes Kriterium die Bedeutung der Scores beschrieben wird. Die Auswahl der Kriterien, die Gewichtung und letztlich die Vergabe der Scores kann zu viel Diskussionsbedarf führen. Und obwohl die Methode sehr genau erscheint, kann sie sehr subjektiv sein und die Auswahl der Kriterien und die Gewichtung auch so erfolgen, das das gewünschte Ergebnis erreicht wird. Deswegen ist es wichtig, dass möglichst viele Stakeholder bei der Entwicklung des Scoring Modell dabei sind, um Transparenz und Objektivität sicherzustellen.

Die Anschaffung eines neuen Ultraschallgerätes für die Innere Medizin durch die Medizintechnik ist hier als Beispiel für das Scoring Modell dargestellt (in Anlehnung an Gansen, 2020).

3.2 Priorisierung

Im ersten Schritt werden die folgenden fünf Kriterien ausgewählt:

1. Preis
2. Funktionalität (3D- und 4D-Aufnahmen, die Dokumentation der Ultraschallaufnahmen über eine DICOM-Schnittstelle)
3. Lieferzeit
4. Wartungsaufwand
5. Benutzerfreundlichkeit

Natürlich gibt es weitere mögliche Kriterien wie die Kompatibilität mit vorhandenen Geräten (z. B. Anschlussmöglichkeit für bereits vorhandene Ultraschallsonden), Möglichkeit einer Probestellung vor Ort, Lieferumfang (z. B. Anzahl und Art der mitgelieferten Sonden) oder weitere Funktionen (z. B. Eindringtiefe, Farb-Doppler). Um das Scoring Modell handhabbar zu machen, wurden aber nur die fünf als besonders wichtig definierten Kriterien genutzt.

Im zweiten Schritt wird dann die Gewichtung erstellt und die Scores bzw. die Metrik festgelegt Abb. 3.12. Die Kriterien müssen gewichtet werden. Ist der Preis das entscheidende Kriterium und es wird akzeptiert, dass dann vielleicht einige Funktionalitäten nicht gegeben sind? Oder ist vor allem die Lieferzeit kritisch, weil vielleicht das alte Gerät nicht mehr zuverlässig funktioniert? Was sind

Kriterien	Gewicht (W)	Scores S				
		1	2	3	4	5
Preis	10%	>25.000€	24.999€-20.000€	19.999€-15.000€	14.999€-10.000€	< 10.000€
Funktionalität	30%	mangelhaft	ausreichend	befriedigend	gut	sehr gut
Lieferzeit	20%	> 3 Monate	3 Monate	2 Monate	1 Monat	sofort
Wartung	10%	> 2 mal pro Jahr	2 mal pro Jahr	1 mal pro Jahr	Alle 2 Jahre	Alle 5 Jahre
Bedienungsfreundlichkeit	30%	sehr schlecht	schlecht	akzeptabel	gut	sehr gut

Abb. 3.12 Metrik Scoring Modell Beispiel Anschaffung Ultraschallgerät. (In Anlehnung an Gansen, 2020)

Kriterien	W	Gerät A		Gerät B		Gerät C	
		S	W x S	S	W x S	S	W x S
Preis	10%	4	0,4	4	0,4	2	0,2
Funktionalität	30%	5	1,5	1	0,3	3	0,9
Lieferzeit	20%	3	0,6	2	0,4	4	0,8
Wartung	10%	2	0,2	1	0,1	5	0,5
Bedienungsfreundlichkeit	30%	2	0,6	3	0,9	2	0,6
Gesamtscore			3,3		2,1		3,0

W = Gewicht
S = Score

Abb. 3.13 Beurteilungsbogen Scoring Modell Beispiel Anschaffung Ultraschallgerät

die besten Scores bezogen auf die fünf Kriterien, die einen Wert von 5 Punkten bekommen sollen?

Es gibt drei Geräte, die in die engere Wahl kommen, aber sehr unterschiedliche Spezifikationen haben (Gerät A, B und C). In Abb. 3.13 wurden die einzelnen Geräte bewertet und ein Gesamtwert ermittelt. Demnach erfüllt Gerät A die gewählten Kriterien am besten.

Auch beim Praxisbeispiel zu den digitalen Assistenzsystemen Abschn. 3.3 wurde eine Priorisierung bzw. Nutzwertanalyse vorgenommen. Verschiedene Plattformen für das Internet of Things wurden ausführlich analysiert und anhand von 27 Kriterien bewertet. Genauso im Praxisbeispiel mit dem Bekleidungsraum Abschn. 9.3 als eine Priorisierung den Bekleidungsraum als beste Alternative gegenüber anderen Optionen herauskristallisierte.

3.3 Praxisbeispiel: Digitale Assistenzsysteme

Digitalisierung als Antwort auf demographischen Wandel und Pflegekräftemangel

Dr. Bettina Horster
Vorstand
VIVAI Software AG

VIVAI Care ist ein digitales Assistenzsystem, das Senioren ermöglicht, länger in der eigenen Wohnung zu leben. Sie bekommen bedarfsgerechte individuelle Unterstützung bezogen auf die grundlegenden Bedürfnisse älterer Menschen. Dazu gehören

- ein Sturzsensor, der ohne Kamera auskommt,
- eine Überwachung der Vitalwerte,
- eine Alarmierungskette, bei der zu benachrichtigende Personen oder Dienste festgelegt werden,
- eine Erinnerungsfunktion für die regelmäßige Medikamenteneinnahme und Trinkerinnerung sowie
- eine Sprachassistenz.

Der Kern von VIVAIcare ist eine technische Plattform, die mit unterschiedlichen Geräten, wie Bewegungsmelder und Sensoren, in der Wohnung verbunden ist und die erhaltenen Daten zusammenfasst, auswertet und bei Veränderungen sehr schnell reagieren kann.

VIVAIcare basiert auf Künstlicher Intelligenz: Internet of Things, Machine Learning, Natural Language Processing und User Modeling. Die Künstliche Intelligenz bezieht sich auf die täglichen Tagesabläufe der Senioren und ist gleichermaßen diagnostisches Instrument, als auch Sicherheitstool.

Herausforderungen für das Projekt gab und gibt es sowohl bei der Entwicklung des Produkts als auch bei der nachfolgenden Implementierung:

- **Zieldefinition:** Bei der Entwicklung musste zunächst einmal definiert werden, was die Senioren überhaupt brauchen – eine Frage, die sie selbst meist nicht beantworten können. Entsprechend detailliert mussten die Use Cases definiert werden, die die Funktionalität des Systems aus Sicht eines Nutzers beschreiben. Dabei kristallisierte sich eine Unterstützung bei den grundlegenden Bedürfnissen älterer Menschen wie Sicherheit, Essen und Trinken, Medikamenteneinnahme oder den Erhalt der kognitiven Fähigkeiten als zentraler Punkt heraus.
- **Nutzwertanalyse:** Die nächste große Herausforderung zum Start des Projekts (2016) war es, die passende Plattform für das Internet of Things zu finden. In einer ausführlichen Analyse mussten die infrage kommenden Systeme untersucht und anschließend priorisiert werden. 27 Kriterien, wie unter anderem Ort der Datenlagerung, Back-up Rechenzentren in der EU und Backward Migration bei einem möglichen Anbieterwechsel wurden der Analyse zugrunde gelegt. Ein besonderes zu berücksichtigender Punkt war nicht nur, welche Plattform zum Zeitpunkt der Untersuchung die Anforderungen erfüllt, sondern auch, welche Plattform sich künftig etablieren wird. Die Entscheidung, Microsoft Azure zu nutzen, erwies sich im Nachhinein als die richtige Entscheidung, da nicht alle damaligen IoT-Plattformen sich durchgesetzt haben.
- **Datenschutz:** Eine weitere Herausforderung war der Datenschutz der Gesundheitsdaten. Dabei ging es nicht nur darum, wo die hochsensiblen, personenbezogenen Daten gesammelt, vernetzt und ausgewertet werden, sondern auch, wer welche Daten einsehen kann. Eine Sorge der Senioren war es, überwacht zu werden. Auch wollten die meisten nicht, dass genaue Daten an die Familienmitglieder weitergeleitet werden. Neben der Erfüllung aller notwendigen Datenschutzanforderungen

und entsprechenden Zertifizierungen musste eine Lösung für ein individuelles Datenschutzkonzept gefunden werden. Die Senioren können jetzt entscheiden, welche Daten in welchem Umfang wem zugänglich gemacht werden. Angehörige bekommen oft nur die Nachricht, dass mit dem Senior alles in Ordnung ist, was über eine grüne Ampel vereinfacht dargestellt wird. Eine gelbe Ampel steht für einen leichten Vorfall und eine rote Ampel für einen Notfall. Der Hausarzt hingegen kann auf Wunsch des Bewohners auch alle tiefergehenden Informationen, wie beispielsweise Gewicht oder Blutdruck, einsehen.

- **Stakeholder Management:** Die größte Herausforderung des Projekts liegt immer noch in der Implementierung. Viele Stakeholder, wie die Sozialwirtschaft, die Wohnungswirtschaft und Kommunen müssen überzeugt werden. Während die Senioren oft sehr aufgeschlossen sind, und den Sprachassistenten „VIVI" wie ein menschliches Wesen behandeln, obwohl sie genau wissen, dass es sich um einen Computer handelt, gibt es bei anderen Stakeholdern Widerstände. So sind Pflegedienste oft sehr skeptisch, was digitale Assistenzsysteme betrifft und sehen sie als eine Art Konkurrenz. Baugesellschaften, die Servicewohnen oder ambulant betreutes Wohnen anbieten, tun sich genauso schwer damit, wie die Politik und die Krankenversicherungen, die die Kostenübernahme unterstützen müssen. Nach der Entwicklung des Produkts ist im Projekt deshalb ein sehr intensives Stakeholder-Management erforderlich. Für die Implementierung ist eine detaillierte Kommunikationsstrategie und viel Überzeugungsarbeit notwendig, um das Projekt umzusetzen.

Literatur

Brown, K. A., Hyer, N. L., & Ettenson, R. (2013) The question every project team should answer. *MIT Sloan Management Review, 55*(1), 49–57 (September 2013).

Buzan, T., & Buzan, B. (2012). *Das Mind-Map-Buch*. MVG-verlag.

Chevallier, A. (2016). *Strategic thinking in complex problem solving* (1. Aufl.). Oxford University Press.

Davis, I., Keeling, D., Schreier, P., & Williams, A. (2007). *The McKinsey Approach to problem solving*. In McKinsey Staff Paper No.66, July 2007.

Fiedler, R. (2020). *Controlling von Projekten. Mit konkreten Beispielen aus der Unternehmenspraxis – Alle Aspekte der Projektplanung, Projektsteuerung und Projektkontrolle* (8. Aufl.). Springer Vieweg.

Gansen, F. (2020). Nutzwertanalyse. In W. Rogowski (Hrsg.), *Management im Gesundheitswesen. Fallstudien, Aufgaben und Lösungen.* Springer Gabler.

Kepner, C. H., & Tregoe, B. B. (1981). *The new rational manager.* Princeton Research Press.

Management Sciences for Health (MSH) and World Health Organization (WHO). (2007). *Drug and Therapeutics Committee Training Course.* Submitted to the U.S. Agency for International Development by the Rational Pharmaceutical Management Plus Program. Management Sciences for Health.

Quick, J. D., Hogerzeil, H. V., Rankin, J. R., Dukes, M. N. G., & Laing, R. et al. (1997). Managing drug supply: The selection, procurement, distribution, and use of pharmaceuticals. Management sciences for health in collaboration with the World Health Organization. In Jonathan D. Quick ... [et al.], (Hrsg.), (2nd ed., rev. and expanded). Kumarian Press.

Schawel, C., & Billing, F. (2018). *Top 100 Management Tools. Das wichtigste Buch eines Managers Von ABC-Analyse bis Zielvereinbarung* (6. Aufl.). Springer Gabler.

Wegmann, C., & Winklbauer, H. (2006). *Projektmanagement für Unternehmensberatungen.* Gabler.

Yevstigneev, S. V., Titarenko, A. F., Abakumova, A. R., Alexandrova, E. G., Khaziakhmetova, V. N., & Ziganshina, L. E. (2015). Towards the rational use of medicines. *International Journal of Risk & Safety in Medicine, 27*(2015), 59–60.

Zirkler, B., Nobach, K., Hofmann, J., & Behrends, S. (2019). *Projektcontrolling: Leitfaden für die betriebliche Praxis,* (1. Aufl.). Springer Gabler.

Projektplanung 4

Das Rückgrat eines Projekts ist eine gute Projektplanung, deren Einhaltung anschließend auch entsprechend überwacht wird. Gleichzeitig muss verhindert werden, dass genau das in einer zu starken Bürokratisierung des Projekts ausartet, bei der die Methodik die Inhalte dominiert und Ressourcen verschlungen werden. Zudem ist Flexibilität gefragt, ein Projektplan ist nicht in Stein gemeißelt, sondern muss auch immer wieder angepasst werden. Gerade während eines größeren und länger laufenden Projekts werden immer wieder neue Erfahrungen gemacht und neue Informationen kommen hinzu, die eine Abänderung der Planung ratsam machen können (Lauer, 2020). Der Projektmanager und sein Team müssen diese Gratwanderung hinbekommen: Auf der einen Seite sauber zu planen und damit das Projekt zu strukturieren, auf der anderen Seite aber auch flexibel genug zu bleiben, um auf Änderungen reagieren zu können.

4.1 Zeitplanung

4.1.1 Planung der benötigten Zeit

Nach der Entwicklung des Projektstrukturplans kann noch keine Aussage über die Projektdauer getroffen werden. Während der Erstellung des Projektstrukturplans kann einzelnen Arbeitspaketen bereits eine Dauer zugeordnet werden, die Abfolge der einzelnen Arbeitspakete – welche nacheinander, welche parallel erfolgen können – steht dann aber noch nicht fest.

Deshalb ist der nächste wichtige Schritt im Projekt die Zeitplanung basierend auf dem Projektstrukturplan festzulegen, bei der die Abfolge der einzelnen Arbeitspakete bestimmt wird. Sofern noch nicht erfolgt, muss spätestens jetzt bei jedem Arbeitspaket geplant werden, wie viel Zeit benötigt wird. Um die gesamte Projektdauer zu planen, sind zusätzlich die Abhängigkeiten zwischen den verschiedenen Arbeitspaketen zu berücksichtigen: Manche Arbeitspakete können erst gestartet werden, wenn die Ergebnisse aus anderen Arbeitspaketen vorliegen. Bezogen auf das Fallbeispiel Abschn. 1.4, die Rekrutierung der ausländischen Pflegekräfte, können das Training und die Sprachkurse für die ausländischen Pflegekräfte erst dann stattfinden, wenn sie in Deutschland angekommen sind.

Es ist nicht immer ganz einfach für das Projektteam und den Projektmanager einzuschätzen, wie viel Zeit für ein Arbeitspaket gebraucht wird. Gleichzeitig ist ein gut definierter Zeitplan ein ganz wesentliches Element im Projekt, von dem auch die Zielerreichung abhängt.

Idealerweise kann auf vorhandene Erfahrungen aus einem vergleichbaren Projekt zurückgegriffen werden. Im besten Fall hat der Projektmanager oder ein Projektteammitglied bereits eine ähnliche Aufgabe in der Vergangenheit übernommen. Oder im Rahmen des Wissensmanagements Abschn. 14.1 wurden vergleichbare Arbeitspakete dokumentiert. Auch besteht die Möglichkeit, Experten zu befragen, die ähnliche Arbeitspakete oder Projekte durchgeführt haben.

Zeitschätzung

Wenn dies nicht möglich ist, muss der Zeitbedarf abgeschätzt werden. Eine hilfreiche Technik ist die sogenannte 3-Punkt Schätzung. Hierbei verwendet das Projektteam Informationen über die Art und den Umfang der Aufgabe und berücksichtigt etwaige Beschränkungen. Um Schätzungsunsicherheiten zu minieren, werden drei Punkte definiert (Project Management Institute, 2017):

- Die wahrscheinlichste Dauer (tM – time most likely): Hier wird die Dauer basierend auf den vorhandenen Ressourcen, deren Produktivität, Abhängigkeiten und möglichen Unterbrechungen geschätzt.
- Die optimistischste Dauer (tO – time optimistic): Die Dauer des Arbeitspakets wird aufgrund der Analyse eines bestmöglichen Falls geschätzt – wenn alles optimal läuft.
- Die pessimistischste Dauer (tP – time pessimistic): Die Dauer des Arbeitspakets wird aufgrund der Analyse des ungünstigsten Falls geschätzt.

Darauf basierend kann die erwartete Dauer (tE) berechnet werden. Die Formel dafür ist:

$$tE = (tO + tM + tP)/3$$

Diese Formel wird angewendet, wenn es keine ausreichenden Erfahrungswerte gibt. Bei der 3-Punkt Schätzung müssen drei Szenarios geplant und entsprechend berücksichtigt werden. Damit ist sie präziser als alle Schätzungen, die eher aus einem „Bauchgefühl" erfolgen.

Eine Erweiterung der 3-Punkt Schätzung ist die 6-Punkt Schätzung, bei der die wahrscheinlichste Dauer (tM – time most likely) mit dem Faktor 4 gewichtet wird und die Summe dann entsprechend durch 6 geteilt wird. Die 6-Punkt Schätzung macht aber nur Sinn, wenn es ausreichende Erfahrungen gibt, welche Dauer am wahrscheinlichsten ist.

$$tE = (tO + 4tM + tP)/6$$

Auch wenn alle Details des Projektumfangs am Anfang möglicherweise noch nicht vollständig vorliegen, sollte der Umfang des Projekts möglichst genau definiert und Annahmen zu etwaigen Unsicherheiten gemeinsam im Projektteam getroffen werden. Ansonsten machen die Projektmitglieder ihre Schätzungen auf der Grundlage ihrer eigenen, inkonsistenten Annahmen und kommen zu unrealistischen, sich widersprechenden Ergebnissen.

Zeitaufwand ungleich Vorgangsdauer
Genauso muss der Zeitaufwand klar definiert und von der Dauer abgegrenzt werden, um Missverständnisse zu vermeiden. Zeitaufwand fünf Tage heißt nicht unbedingt, dass es auch in einer Woche erledigt sein kann, wenn der Mitarbeiter auch noch andere Aufgaben zu übernehmen hat und nur zu 50 % dem Projekt zur Verfügung steht. Gerne werden aber Zeitaufwand und Vorgangsdauer gleichgesetzt und für den Vorgang tatsächlich nur eine Woche angesetzt, obwohl der Mitarbeiter realistisch 2 Wochen zur Erledigung der Aufgabe brauchen wird.

Korrekturfaktor
Gerade wenn die Unsicherheit, wie lange ein Arbeitspaket dauern wird, sehr groß ist, kann die Tendenz bestehen, einen Korrekturfaktor (fudge factor) einzubauen und vorsichtshalber etwas mehr Zeit für eine Aufgabe anzusetzen, um die unvermeidlichen Überraschungen abzudecken, die bei jedem Projekt auftreten. In der Literatur gibt es dazu zwei kontroverse Meinungen:

Einige Autoren sehen in dem eher unkontrollierten Addieren von Pufferzeiten zu jedem Arbeitspaket ein großes Risiko (Fiedler, 2020; Goldratt, 1997; Shirley, 2020). Sie sehen es als zwar nachvollziehbar, aber auch ungünstig für das Projekt an, wenn in jedem Arbeitspaket ein „unsichtbarer" Korrekturfaktor eingebaut wird, da dann die gesamte Projektdauer unnötig aufgebläht wird. Wenn jedes Teammitglied seine Aufgabenkalkulation eigenständig macht, kann es passieren, dass jeder einen Puffer einbaut – und der Projektmanager zur Sicherheit dann auch noch einmal einen Puffer oben draufsetzt, ohne zu wissen, was bereits eingerechnet wurde. Der sich summierende Effekt dieser Puffer kann die Glaubwürdigkeit des Projektplans zerstören und die des Projektmanagers, der ihn einreicht. Sie empfehlen hingegen, am Ende einen sichtbaren Puffer einzubauen. Der Vorteil ist, dass es einen Puffer gibt, der, wenn alles glatt läuft, aufgelöst wird und sich keiner daran stören wird, wenn das Projekt schneller beendet werden kann als geplant (Fiedler, 2020; Goldratt, 1997; Shirley, 2020).

Andere Autoren zweifeln daran, dass wirklich so viele Sicherheitspuffer eingebaut werden. Neben der genannten fehlerhaften Gleichsetzung Zeitaufwand gleich Dauer, die die Projektlaufzeit unrealistisch verkürzt, gibt es oft auch einen vom Projektsponsor definierten Abgabetermin, der erreicht werden muss. Entsprechend wird das Projekt eher optimistisch geplant, um den Abgabetermin zu schaffen. Auch werden Risiken und Probleme gerne ausgeblendet. Kommt es zu Verzögerungen kann der Termin nicht eingehalten werden. Denn natürlich gibt es in jedem Projekt Unwägbarkeiten und Risiken, die dann nicht berücksichtigt wurden (Keller, 2010; Zirkler et al., 2019).

Auch die Idee, am Ende einen sichtbaren Puffer einzubauen, ist umstritten. Die Herausforderung, wenn man so einen sichtbaren Puffer einbaut, kann sein, dass es keine Akzeptanz beim Auftraggeber oder bei anderen Stakeholdern gibt, die eine solche zusätzliche Pufferzeit und damit „künstliche Verlängerung" der Projektlaufzeit ablehnen. Dann bleibt dem Projektmanager nichts Anderes übrig, als entweder den Puffer in der Planung hinter einer unauffälligen Vorgangsbezeichnung zu verstecken (Keller, 2010) oder doch für wesentliche Risiken kleinere Puffer in die Vorgänge einzubauen. Dies sollte bei den Vorgängen erfolgen, bei denen die Wahrscheinlichkeit des Risikoeintritts und die Größenordnung der Risikoauswirkungen am größten sind. Dies betrifft wird vor allem die Arbeitspakete auf dem kritischen Pfad Abschn. 4.1.2.

Ressourcenverfügbarkeit
Ein weiterer wichtiger Punkt, um die Zeit genau zu planen, sind die vorhandenen Ressourcen. Sind wirklich alle geplanten Projektmitarbeiter verfügbar – auch gleich zu Beginn des Projekts oder auch zu einem konkreten späteren Zeitpunkt, wenn sie erst später gebraucht werden? Oder müssen Wartezeiten eingeplant werden? Die Qualifikation der Projektmitarbeiter spielt auch eine wichtige Rolle: Haben alle die erforderliche Qualifikation, die im Projekt benötigt wird? Oder sind noch Trainings erforderlich oder dauert das Arbeitspaket durch ein „Training-on-the Job" (eine Weiterbildung am Arbeitsplatz) länger?

Zwei weitere Aspekte, die das Project Management Institute (2017) hervorhebt, beziehen sich auf die Mitarbeitermotivation. Der Projektmanager soll auch auf das sogenannte „Schülersyndrom" achten (manchmal auch Studentensyndrom genannt), eine Verzögerungstaktik, bei der Mitarbeiter erst im letzten Moment vor dem Abgabetermin mit der Arbeit beginnen. Der zweite Aspekt ist das Parkinsonsche Gesetz, das besagt, dass sich die Arbeit auf die Dauer ausdehnt, die für ihre Erledigung zur Verfügung steht. Wobei hier zu hinterfragen ist, ob es wirklich ein freiwilliges „Vertrödeln" gibt (was sich auch die wenigsten Studenten noch erlauben können). Oder führt eher die Überlastung der Projektmitarbeiter, die gleichzeitig ihre normale Arbeit und zusätzlich die Arbeit im Projekte erledigen müssen dazu, dass den Projektmitarbeitern gar nichts anderes übrigbleibt, als einige Aufgaben erst einmal liegen zu lassen (Keller, 2010)?

4.1.2 Netzplan

Die DIN 69 900-1 (2009) definiert einen Netzplan als eine „grafische oder tabellarische Darstellung einer Ablaufstruktur, die aus Vorgängen bzw. Ereignissen und Anordnungsbeziehungen besteht". Ein Netzplan stellt also einzelne Ereignisse, Vorgänge und die Vorgangsdauer dar und macht die zeitliche Anordnung sowie bestehende Abhängigkeiten deutlich.

Im Projektmanagement kann ein Netzplan genutzt werden, um die Reihenfolge der einzelnen, im Projektstrukturplan definierten Arbeitspakete abzubilden und damit die gesamte Projektdauer zu planen. Die Auswirkungen einer Veränderung in der Dauer eines Arbeitspaketes auf die Gesamtprojektdauer können einfach visualisiert und durchgespielt werden.

Netzpläne enthalten nur drei Elemente (Larson & Gray, 2011; Project Management Institute, 2017; Wegmann & Winklbauer, 2006) Abb. 4.1.

- **Ereignisse:** Ereignisse sind der Start- oder Endpunkt eines Projekts, aber auch Meilensteine während des Projekts, wenn mehrere Vorgänge abgeschlossen sind. Ereignisse haben keine Dauer. Sie werden als Rechteck dargestellt, oft mit einem betonten Rand, manchmal zur Unterscheidung von Vorgängen aber auch als Kreise.
- **Vorgänge:** Ein Vorgang (oder Arbeitspaket) sind die Aufgaben, die erledigt werden müssen, um das Projekt erfolgreich abzuschließen. Sie werden als Rechteck dargestellt und ihnen wird eine Vorgangsdauer zugeordnet.
- **Vorgangsdauer:** Die Vorgangsdauer ist die Zeit, die benötigt wird, um den Vorgang, das Arbeitspaket, zu erledigen. Die Dauer wird in der Regel durch

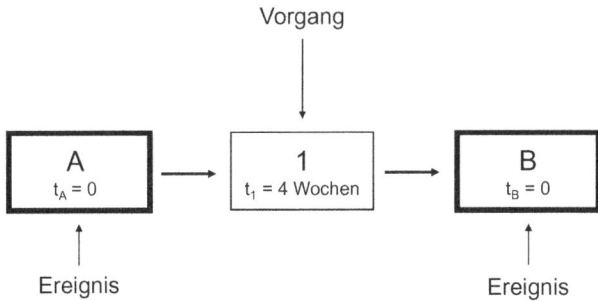

Abb. 4.1 Elemente eines Netzplans. (In Anlehnung an Wegmann & Winklbauer, 2006)

den Buchstaben t ausgedrückt. Die Vorgangsdauer ist abhängig vom Einsatz der Ressourcen. Wenn mehr Projektmitglieder an einem Arbeitspaket arbeiten kann die Vorgangsdauer reduziert werden. Die Erhöhung der Anzahl der Projektmitglieder reduziert die Dauer aber nicht immer im gleichen Umfang, da zusätzlich die erforderliche Koordination, Wissenstransfer etc. den Aufwand wieder erhöhen.

Vorgangsknoten-Netzplan-Methode
Um die genannten Elemente graphisch darzustellen, wird oft die Vorgangsknoten-Netzplan-Methode (Precedence Diagramming Method – PDM) genutzt. Sie stellt die Ereignisse, Vorgänge und deren Dauer sowie die logische Abfolge, in der sie durchgeführt werden müssen, graphisch dar. Die meiste Projektplanungs-Software beruht auf der Vorgangsknoten-Netzplan-Methode.

Die Basis, um einen Vorgangsknoten-Netzplan zu entwickeln, ist der Projektstrukturplan.

Es gibt drei einfache Regeln:

1. Ein Netzplan wird von links nach rechts gelesen
2. Um einen neuen Vorgang zu starten, müssen alle Vorgänge, die mit einem Pfeil zum neuen Vorgang führen, beendet sein.
3. Wenn ein Vorgang beendet ist, kann der nächste Vorgang entsprechend dem Pfeil gestartet werden.

Wenn ein Netzplan erstellt werden soll, wird mit dem Ereignis „Start" links begonnen. Er endet rechts mit dem Ereignis „Ende". Es ist grundsätzlich möglich, vom Anfang zum Ende oder vom Ende zum Anfang zu planen. Bei der sogenannten Rückwärtsplanung (Backward Planning) wird ein Plan am Endziel begonnen und dann die erforderlichen Schritte in umgekehrter chronologischer Reihenfolge abgearbeitet. Studien zeigen, dass die Rückwärtsplanung einige Vorteile hat. Menschen unterschätzen häufig die Zeit, die sie für die Erledigung von Aufgaben benötigen. Durch die ungewohnte Perspektive der Rückwärtsplanung wird die benötigte Vorgangsdauer meistens länger geschätzt, damit aber auch deutlich realistischer (Wiese et al., 2016).

Für die Planung muss man die im Rahmen des Projektstrukturplans ermittelten Arbeitspakete in die richtige logische Reihenfolge bringen. Es wird dargestellt, welche Arbeitspakete wann bearbeitet werden können und welche Abhängigkeiten bestehen – d. h. wann ein Arbeitspaket erst begonnen werden kann, wenn ein anderes abgeschlossen wurde. Hierbei sollten aber wirklich nur zwingend notwendige Abhängigkeiten berücksichtigt werden, da sonst die Flexibilität unnötig eingeschränkt wird. Zwingend sind Abhängigkeiten, die gesetzlich oder vertraglich vorgeschrieben sind oder sich aus der sachlichen Notwendigkeit ergeben. Dazu gehören beispielsweise die Zustimmung des Betriebsrates, die Freigabe der Investition durch ein Gremium oder das bereits erwähnte Training für die ausländischen Pflegekräfte, das erst durchgeführt werden kann, wenn sie auch in Deutschland angekommen sind. Frei wählbare Abhängigkeiten beruhen oft auf Erfahrungen, dass eine bestimmte Abfolge erfolgversprechender ist und damit das Gesamtprojektrisiko senkt. Da sie subjektiv und willkürlich sind, müssen frei wählbare Abhängigkeiten vollständig dokumentiert werden, da sie die Optionen für die spätere Terminplanung stark einschränken können (Project Management Institute, 2017; Wegmann & Winklbauer, 2006).

Der Projektmanager wird gemeinsam mit den Projektteammitgliedern, basierend auf dem Projektstrukturplan, den Netzplan entwickeln. Diejenigen, die auch später für die Arbeitspakete verantwortlich sind, können dann bereits ihre Expertise einbringen.

Die Abb. 4.2 stellt einen einfach Netzwerkplan dar. Es gibt ein Ereignis *Start* und ein Ereignis *Ende,* gekennzeichnet durch den betonten Rand. Dazwischen sind die verschiedenen Vorgänge, denen jeweils eine Dauer zugeordnet ist. Es gibt drei Pfade in dem Projekt, die zum Ende führen: A-B-C-H, A-D-H und A-E-F-G. Alle Pfade starten nach dem Vorgang A. Der Pfad A-B-C-H dauert 13 Wochen, A-D-H dauert 10 Wochen und A-E-F-G dauert 11 Wochen. Entsprechend den Regeln kann H erst gestartet werden, wenn C und D erfüllt wurden.

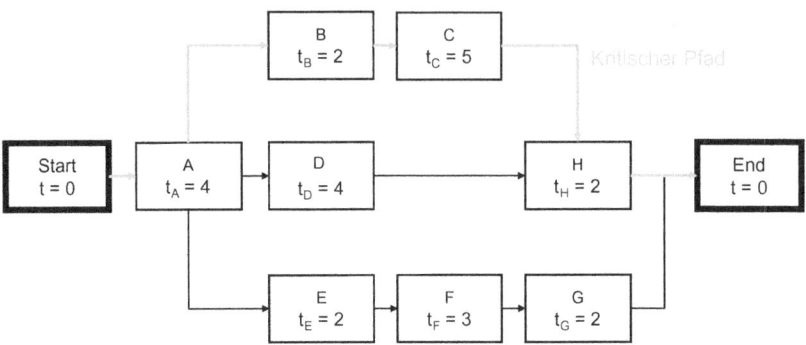

Abb. 4.2 Netzplan

Der kritische Pfad ist der Pfad durch das Projekt, der den frühestmöglichen Endzeitpunkt definiert. Dies ist der Pfad A-B-C-H, der am längsten dauert. Gibt es bei den Arbeitspaketen auf dem kritischen Pfad eine Verzögerung, dann verzögert sich auch das Ende des Projekts. Die anderen Pfade haben einen Puffer – so bleiben beim Pfad A-D-H 3 Wochen Puffer, da der erste Pfad nach A für B und C 7 Wochen braucht, während D nur 4 Wochen benötigt. Kommt es hier zu einer Verzögerung, wirkt sich das nicht direkt auf den frühestmöglichen Endzeitpunkt aus. Sollte D hingegen eine deutliche Verzögerung beispielsweise von 5 Wochen haben, wird der Pfad A-D-H zum kritischen Pfad und es kommt zu einer Verzögerung des Projektabschlusses. Auch der Pfad A-E-F-G hat einen Puffer von 2 Wochen, da er weniger Zeit braucht als der kritische Pfad.

Auch hier soll das Fallbeispiel Abschn. 1.4, die Rekrutierung der ausländischen Pflegekräfte in einer vereinfachten Form genutzt werden. Erst wenn die Auswahl getroffen wurde, die Verträge unterzeichnet und die neuen Kollegen bald nach Deutschland kommen, macht es Sinn, die vorhandenen Führungskräfte und Mitarbeiter zu schulen. Erst dann weiß man auch, aus welchen Kulturen die Pflegekräfte kommen und kann entsprechend ein interkulturelles Training planen. Dieses Training ist auch die Voraussetzung für das Mentoring. Die Administration kann bereits etwas früher die notwendigen Prozesse vorbereiten. Für die Arbeitserlaubnis ist ein Aufenthaltstitel erforderlich, dafür muss der Nachweis des Wohnsitzes in Form eines Mietvertrages erfolgen. Will der Arbeitgeber den ausländischen Pflegekräften Wohnungen zur Verfügung stellen, können diese bereits angemietet werden. Der Sprachkurs und das Training der ausländischen Pflegekräfte kann erst stattfinden, wenn sie in Deutschland angekommen sind. Danach

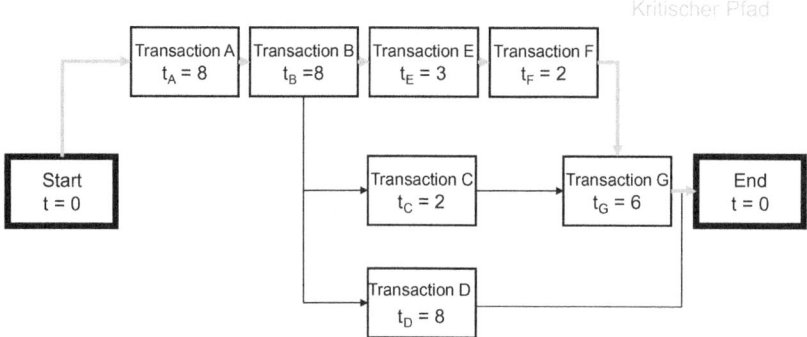

Abb. 4.3 Netzplan Fallbeispiel Rekrutierung ausländischer Pflegekräfte

startet dann das Mentoring, dass die neuen Kollegen in der Anfangszeit unterstützt Abb. 4.3.

A. Personalplanung
B. Auswahl und Vertragsabschluss
C. Interkulturelles Training für vorhandene Mitarbeiter
D. Administrative Unterstützung (z. B. Unterkünfte anmieten)
E. Sprachkurs
F. Training ausländische Pflegekräfte
G. Mentoring

Der Vorgangsknoten-Netzplan ist eine sehr leistungsfähige Methode, um die Übersicht über die zeitliche Abfolge der Arbeitspakete zu bekommen und auch entsprechend graphisch zu kommunizieren. Er kann noch weiter detailliert werden. Zu jedem Vorgang können Informationen zur Dauer, dem frühesten und spätesten Anfangs- und Endzeitpunkten sowie den Pufferzeiten hinzugefügt werden (Fiedler, 2020; Larson & Gray, 2011; Wegmann & Winklbauer, 2006) Abb. 4.4. Darauf abbauend kann eine Vorwärts- und Rückwärtsrechnung gemacht und am Ende die Pufferzeiten bestimmt werden. Basierend auf dem Beispiel in Abb. 4.2 sieht es dann wie folgt aus Abb. 4.5.

Zunächst bestimmt man durch die Vorwärtsrechnung den FAZ (frühsten Anfangszeitpunkt) und den FEZ (frühsten Endzeitpunkt). Dafür werden alle Vorgänger, die mit dem betrachteten Knoten verknüpft sind, bestimmt. Durch

Frühster Startzeitpunkt   Frühster Endzeitpunkt

FAZ	Dauer	FEZ

Nummer:		
Beschreibung:		
SAZ	Puffer	SEZ

Spätester Startzeitpunkt   Spätester Endzeitpunkt

Abb. 4.4 Informationen zum Vorgang (Wegmann & Winklbauer, 2006)

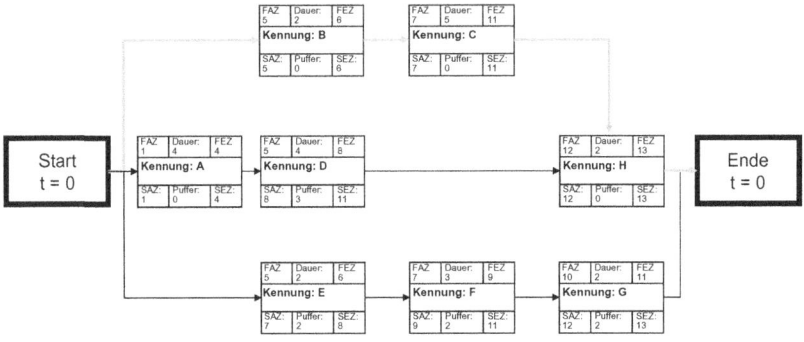

Abb. 4.5 Netzplan mit Vorwärts- und Rückwärtsrechnung

die Rückwärtsrechnung werden SEZ (späteste Endzeitpunkt) und SAZ (frühster Anfangszeitpunkt) festgelegt.

Beim kritischen Pfad, bei dem es keinen Puffer gibt, ist der früheste (FAZ) und der späteste Anfangszeitpunkt (SAZ) und der früheste (FEZ) und der späteste Endzeitpunkt (SEZ) identisch. Bei den anderen Vorgängen kann der Puffer ausgerechnet werden, in dem der früheste (FAZ) vom spätesten Anfangszeitpunkt (SAZ) abgezogen wird oder der früheste (FEZ) vom spätesten Endzeitpunkt (SEZ). Für Vorgang E entspricht beispielsweise der Puffer 2 Wochen (7–5 bzw. 8–6). Die Vorgänge D, E, F und G haben alle einen Puffer.

4.1 Zeitplanung

Für die Projektplanung heißt das, dass Mitarbeiter, die in den Vorgängen mit Pufferzeiten eingesetzt werden sollen, auch zusätzlich andere Aufgaben übernehmen können, beispielsweise in Vorgängen auf dem kritischen Pfad. Alternativ können die Vorgänge mit Pufferzeiten später starten. Dabei muss aber berücksichtigt werden, dass damit der Puffer aufgelöst wird. Kommt es wider Erwarten in den Projektvorgängen D, E, F und G doch zu Verzögerungen gegenüber der ursprünglich geplanten Dauer, dann wird sich das gesamte Projekt verzögern.

Projektbeschleunigung
Manchmal werden die Projektresultate schneller erwartet, als es die Planung hergibt. Der Projektmanager hat dann zwei Möglichkeiten, die Erwartungen der Stakeholder zu erfüllen: Das sogenannte Crashing (Verdichtung) und das Fast Tracking (Überlappung von Vorgängen) (Project Management Institute, 2017):

- Beim **Crashing** wird die Projektdauer verkürzt, indem zusätzliche Ressourcen hinzugefügt werden. Der Projektinhalt und der Projektumfang bleiben gleich. Diese zusätzlichen Ressourcen sind vor allem für den kritischen Pfad wichtig, der über keine Pufferzeiten verfügt. Kommt es hier zu Verzögerungen, verzögert sich das gesamte Projekt. Entsprechend kann durch den Einsatz zusätzlicher Ressourcen auf dem kritischen Pfad oft die Projektdauer verkürzt werden. Zusätzliche Ressourcen können einfach Überstunden sein, die die Projektmitarbeiter leisten müssen, oder es werden Leistungen fremdvergeben, um damit zusätzliche Kapazität zu bekommen. Es können auch zusätzliche Projektteammitglieder eingesetzt werden. Wie bei der Vorgangsdauer erwähnt, kann die Anzahl der Projektmitglieder jedoch nicht beliebig erhöht werden, da eine zusätzliche Koordination, Wissenstransfer oder physische Ressourcen erforderlich sein können, die den Aufwand wiederum erhöhen. Crashing ist nicht immer eine brauchbare Alternative, zumal es ein erhöhtes Risiko und/oder mehr Kosten nach sich ziehen kann.
- Anders als beim Crashing wird beim **Fast Tracking** die Projektdauer verkürzt, indem auf dem kritischen Pfad Vorgänge, die üblicherweise sequentiell erfolgen, ganz oder teilweise parallel durchgeführt werden. Es wird schon mit einem Arbeitspaket begonnen, obwohl der Vorgänger noch nicht abgeschlossen ist. Fast Tracking kann nur dann gemacht werden, wenn es überhaupt möglich ist, Vorgänge parallel zu bearbeiten. Hier besteht das Risiko, dass es zu Nacharbeiten kommt, zudem steigt in der Regel der Koordinationsaufwand, es kommt zu einem höheren Qualitätsrisiko und kann auch zu höheren Projektkosten führen.

Beide Möglichkeiten haben gravierende Nachteile und nicht immer ist es überhaupt möglich, mit Crashing oder Fast tracking die Projektdauer zu verkürzen. Es hängt sehr vom Projekt und der Aufgabe ab, ob in einem Vorgang zusätzliche Ressourcen oder eine Parallelisierung von Vorgängen wirklich möglich ist.

Bei allen nachträglichen Anpassungen, die am Projektplan vorgenommen werden, muss auch immer das „magische Dreieck" Abb. 1.1 berücksichtigt werden: Jede Veränderung der Zeitdauer hat Auswirkungen auf die Kosten (für die zusätzlichen Ressourcen, den erhöhten Koordinationsaufwand) oder die Qualität (was gerade im Gesundheitswesen besonders riskant sein kann). Zusätzlich steigt das Risiko, dass das Projekt nicht nur nicht beschleunigt wird, sondern es durch die Anpassungen insgesamt sogar zu einer Verlängerung der Projektdauer kommt.

Kommunikation des Zeitplans
Ist der Vorgangsknoten-Netzplan fertiggestellt, kann er entsprechend kommuniziert werden. So übersichtlich ein Netzplan bei der Planung ist, für die Kommunikation ist er eher weniger geeignet. Die übliche Darstellung ist ein Gantt Diagramm, das nach seinem Erfinder Henry L Gantt (1861–1919) benannt wurde und den Projektplan übersichtlich abbildet. Die Informationen entsprechen genau dem Vorgangsknoten-Netzplan: die einzelnen Vorgänge werden untereinander in einer Tabelle dargestellt, dahinter folgt die Zeitachse, auf der die Dauer der einzelnen Vorgänge durch Balken eingetragen wird. Auch Meilensteine können mit einem genauen Termin im Gantt Diagramm Abb. 4.6 eingetragen werden, hier durch eine Raute dargestellt. Moderne Softwareprogramme erlauben es auch, Urlaubszeiten und Feiertage bei der Zeitplanung zu berücksichtigen, ansonsten müssen diese Daten manuell eingepflegt werden.

Im Folgenden findet sich ein Gantt Diagramm für das Beispiel Abb. 4.2.

Zeitplan anpassen
Eine letzte wesentliche Entscheidung bei der Zeitplanung ist, ob und wie oft sie im Projektverlauf angepasst werden soll. Der ursprünglich entwickelte Zeitplan wird sich im Laufe des Projekts verändern – Vorgänge brauchen länger als geplant oder werden schneller erledigt. Auch die Aufgaben können sich verändern, weil neue Erkenntnisse zur Vorgehensweise gewonnen werden. Durch eine ständige Anpassung des Projektplans kann schnell der Überblick verloren gehen und die ursprünglich geplante Projektdauer in Vergessenheit geraten. Gleichzeitig ist es aber wenig sinnvoll, mit einem Projektplan zu arbeiten, der nicht mehr aktuell ist. Es gibt keine eindeutige Empfehlung, wie mit diesem Dilemma umgegangen werden soll, es hängt vom Projekt ab und den notwendigen Änderungen und liegt im

4.2 Ressourcenplanung

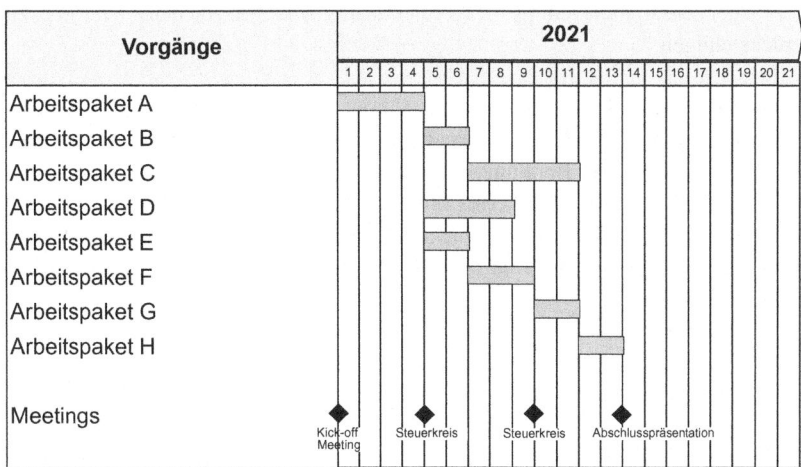

Abb. 4.6 Gantt Diagramm

Ermessen des Projektmanagers. In der Regel wird der Projektplan aktualisiert, mindestens monatlich, manchmal sogar wöchentlich. Bei komplexeren Projekten ist es nur durch entsprechende Planungssoftware möglich, den Projektplan ohne großen Aufwand regelmäßig zu aktualisieren. Wichtig ist, dass größere Änderungen im Change Request Management System entsprechend dokumentiert und abgestimmt werden Abschn. 9.1.

4.2 Ressourcenplanung

4.2.1 Personalressourcen

Das Projektteam setzt sich aus den Personen zusammen, die im Projekt verschiedenen Rollen und Verantwortlichkeiten übernehmen, um das Projekt erfolgreich umzusetzen (Project Management Institute, 2017). Projektmanagement ist „people business", es ist entscheidend, die richtigen Mitarbeiter zu haben. Deswegen sollte der Projektmanager viel Sorgfalt in die Zusammenstellung seines Teams stecken. Dennoch sind permanenter Ressourcenmangel, der Weggang wichtiger Projektmitarbeiter und eine nicht ausreichende Unterstützung durch das Management alltägliche Probleme eines Projektmanagers (Keller, 2010).

Bei der Zusammenstellung des Projektteams sind verschiedene Faktoren zu berücksichtigen:

- **Anzahl und Verfügbarkeit:** Die Anzahl der benötigten Mitarbeiter je Projektphase. Sind die Mitarbeiter vorhanden oder müssen sie erst rekrutiert werden? Gibt es eine externe Beratung, die die Mitarbeiter stellt? Zu welchem Anteil stehen die Mitarbeiter zur Verfügung – Vollzeit oder Teilzeit? Wichtig ist auch der Zeitpunkt, wann welche Projektmitarbeiter mit einer bestimmten Qualifikation benötigt werden. Sind die Mitarbeiter zum benötigten Zeitpunkt dann auch verfügbar?
- **Qualifikation:** Die Qualifikation der Mitarbeiter, die erforderlich ist. Hier ist vor allem das Fachwissen bedeutsam. Zu überprüfen ist, ob die Mitarbeiter bereits über die notwendige Qualifikation verfügen oder spezielle Trainings notwendig sind. Je nach Projekt kann aber auch Diversität eine große Rolle spielen – die Zusammenstellung von Mitarbeitern mit sehr unterschiedlichem Background, sowohl vom Fachwissen, ihrer Erfahrung, aber auch beispielsweise mit unterschiedlichem kulturellen Hintergrund. In dem Fallbeispiel Abschn. 1.4, der Rekrutierung ausländischer Pflegekräfte, sollte idealerweise ein Projektteammitglied aus dem Ausland kommen, um die entsprechenden Erfahrungen und das Wissen über mögliche Herausforderungen einzubringen.
- **Ort:** An welchem Ort findet das Projekt statt, müssen die Projektmitarbeiter vor Ort sein oder ist ein dezentrales, virtuelles Arbeiten möglich und akzeptiert?

Die Ressourcen werden basierend auf dem Projektstrukturplan geplant und dann müssen geeignete Mitarbeiter identifiziert und für das Projekt gewonnen werden. Natürlich sollte das Ziel eines Projektmanagers immer sein, die besten Mitarbeiter für sein Projekt zu gewinnen. Der Projektmanager muss aber auch damit rechnen, dass der Fachbereich nicht unbedingt seine besten Mitarbeiter in dem Projekt mitarbeiten lassen möchte, wenn sie – wie meistens – auch gerade in der Abteilung gebraucht werden. Erst recht, wenn das Projekt nicht von größtem Interesse für den Fachbereich ist. So ist es Aufgabe des Projektmanagers, um die besten Ressourcen zu verhandeln, die er für sein Projekt braucht. Bei der Kapazitätsplanung ist auch zu berücksichtigen, inwieweit der Projektmanager selbst in die Umsetzung von Aktivitäten eingebunden ist und wie hoch der Zeitanteil zur Führung des Projekts angesetzt wird. Dieser Führungsaspekt wird gerne vernachlässigt, darf aber in Angesicht der Vielzahl der Aufgaben eines Projektmanagers nicht unterschätzt werden.

4.2 Ressourcenplanung

Je früher die Mitarbeiter für das Projekt verfügbar sind, umso besser. So können sie auch während der Projektplanung und Entscheidungsfindung beteiligt werden. Durch die Beteiligung von Teammitgliedern fließt deren Fachwissen in den Prozess ein und es verstärkt ihr Engagement im Projekt (Project Management Institute, 2017).

Um die Ressourcenplanung graphisch darzustellen, werden oft Histogramme genutzt wie in Abb. 4.7 dargestellt. Ein Ressourcenhistogramm zeigt die Dauer, für die eine Ressource für Arbeiten eingeplant ist (Project Management Institute, 2017). Ausgehend vom aktuellen Zeitpunkt wird nach rechts auf der horizontalen x-Achse die Zeit (Dauer) abgetragen. Auf der vertikalen y-Achse wird der notwendigen Personalbedarf abgetragen. Die Flächen stellen die einzelnen Aufgaben mit Dauer/Ressourcenbedarf dar. Auch die verfügbare Kapazität wird hier vermerkt. Der Auslastungsgrad wird über das Verhältnis zwischen der verfügbaren Kapazität und dem Personalbedarf dargestellt. Damit kann visuell verdeutlicht werden, wo Kapazitäten fehlen oder noch frei sind, in der Abbildung rot oder grün hinterlegt.

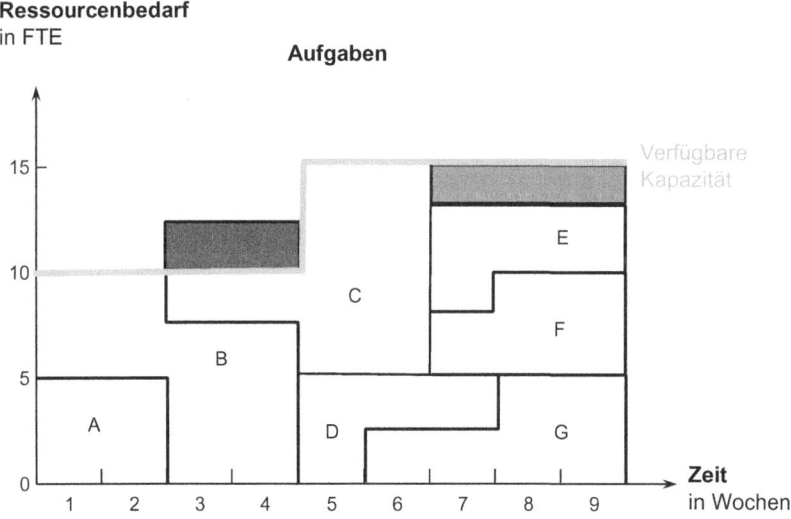

Abb. 4.7 Personalbedarf mit verfügbarer Kapazität

Neben der grundsätzlichen Kapazität sollten auch weitere Aspekte berücksichtigt werden, die die Kapazitäten der einzelnen Teammitglieder betreffen, wie beispielsweise Fehlzeiten durch eine Weiterbildung oder durch Urlaub.

Kapazitätsanpassung
Nicht immer passen Kapazitätsbedarf und die verfügbare Kapazität zusammen. Dann kann der Projektmanager versuchen eine Ressourcenoptimierung zu machen, um Angebot und Nachfrage anzupassen. Beispiele für Methoden zur Ressourcenoptimierung sind die Auslastungsglättung und die Ressourcenglättung (Larson & Gray, 2011; Project Management Institute, 2017):

- **Ressourcenglättung** (Resource Smoothing). Bei der Ressourcenglättung wird der verfügbare Puffer ausgenutzt und die Vorgänge, die einen Terminspielraums haben, werden verlängert. Der kritische Pfad wird nicht verändert und damit bleibt auch der Endtermin für das Projekt gleich. Eine Ressourcenglättung kann jedoch möglicherweise nicht alle Ressourcen optimieren.
- **Auslastungsglättung** (Resource Leveling). Bei der Auslastungsglättung steht die Verfügbarkeit der jeweiligen Ressourcen im Vordergrund. Eine Aufgabe wird nur dann zeitlich eingeplant, wenn der entsprechende Mitarbeiter verfügbar ist. Ist er nicht verfügbar, wird die betreffende Aufgabe zeitlich nach hinten verschoben. Bei der Auslastungsglättung wird auf den kritischen Pfad und das Projektende keine Rücksicht genommen, sie können sich verschieben. Der Fokus liegt auf der Ressource.

Aufgabenverteilung
Stehen die Projektteammitglieder als Ressourcen bereit und ist ihre Verfügbarkeit geklärt, können die Aufgaben zugeordnet werden. Wenn der Projektmanager die Aufgaben an seine Teammitglieder verteilt, sollte er die Anforderungen der speziellen Aufgabe und die Qualifikation, das Fachwissen und die Erfahrung der Teammitglieder berücksichtigen. Aber auch persönliche Präferenzen spielen eine Rolle, ebenso wie vorhandene Kenntnisse der Projektteammitglieder über Stakeholder und Organisationseinheiten oder das kulturelle Umfeld. Manchmal wird auch die Weiterentwicklung der Teammitglieder berücksichtigt, wenn ihnen Aufgaben übertragen werden, die sie für die nächsthöhere Stufe nach dem Projekt qualifizieren sollen.

Bei der Aufgabenverteilung gibt ein Projektmanager gerne die besonders herausfordernden Aufgaben an seine besten Teammitglieder. Es kann aber für gute Mitarbeiter frustrierend sein, immer die „Himmelfahrtskommandos" zu bekommen

4.2 Ressourcenplanung

– und für weniger erfahrene Teammitglieder frustrierend, wenn sie keine Herausforderungen übernehmen dürfen und sich nicht beweisen oder dazu lernen können (Larson & Gray, 2011). Der Projektmanager sollte beim Verteilen der Aufgaben sich als erstes mit den Projektteammitgliedern austauschen, um ihre Erwartungen, aber auch ihre Qualifikation zu klären. Im nächsten Schritt kann der Projektmanager dann die Projektteammitglieder den Aufgaben zuordnen. Die Aufgabenverteilung wird anschließend innerhalb des Projektteams und nach außen, zu den Stakeholdern, kommuniziert.

Skill-Will-Matrix
Eine sehr hilfreiche Methode für die Aufgabenverteilung ist die sogenannte Skill-Will-Matrix. Diese Matrix wird gerne im Projektmanagement verwendet und soll ursprünglich auf das situative Führungsmodell von Paul Hersey und Ken Blanchard zurückgehen (Hersey & Blanchard, 1982) Abschn. 11.2. Die Matrix hilft dabei, Teammitglieder in einem Projekt schnell einzuschätzen und die geeigneten Managementmaßnahmen zu bestimmen. Sie misst den Willen und die Fähigkeiten des Projektteammitglieds für eine bestimmte Aufgabe oder Rolle. „Will" steht für den Wunsch, die Zielstrebigkeit und die Entschlossenheit eines Teammitglieds seine Aufgaben zu erfüllen. „Skill" steht für das Talent und die Fähigkeit des Teammitglieds seine Aufgaben zu erfüllen. Daraus ergeben sich vier Quadranten Abb. 4.8.

- **Hohe Motivation und hohe Fähigkeiten:** Das sind die besten Mitarbeiter im Projekt, die Leistungsträger. Der Projektmanager kann ihnen volle Verantwortung übergeben und sie können auch helfen, jüngere und weniger erfahrene Teammitglieder anzuleiten. Wie bereits erwähnt sollten sie nicht immer nur die schwierigsten Aufgaben bekommen. Da sie sehr eigenständig arbeiten, muss der Projektmanager bewusst darauf achten, sich auch um sie zu kümmern und vor allem regelmäßig positives Feedback zu geben.
- **Hohe Motivation und geringe Fähigkeiten:** Hier gibt es zwei Varianten. Zum einen sind hier die Teammitglieder, die einfach noch ein bisschen mehr Erfahrung brauchen und für die ein Training oder ein Mentoring hilfreich ist. Der Projektmanager kann erwarten, dass sie sich das notwendige Wissen schnell aneignen und er dem Teammitglied zunehmend mehr Verantwortung übergeben kann. Zum anderen sind hier die Teammitglieder, die zwar motiviert sind, bei denen aber Zweifel bestehen, ob sie die notwendigen Fähigkeiten – auch mit Unterstützung – sich überhaupt aneignen können. Hier ist es wichtig, dass

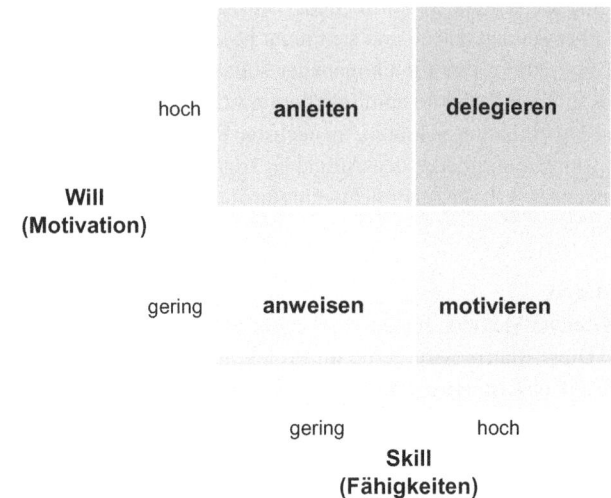

Abb. 4.8 Skill-Will-Matrix

der Projektmanager die Aufgaben ganz klar strukturiert und ihre Arbeit regelmäßig kontrolliert. Wichtig ist auch hier regelmäßiges, idealerweise positives, Feedback, um die Motivation zu erhalten.

- **Geringe Motivation und hohe Fähigkeiten:** Hier ist die entscheidende Aufgabe des Projektmanagers herauszufinden, warum das Teammitglied nicht motiviert ist, die Aufgabe zu machen, obwohl die Fähigkeiten vorhanden sind. Hat das Teammitglied das Gefühl, immer die „Himmelfahrtskommandos" zu bekommen und ist frustriert? Oder ist es eher unterfordert? Der Projektmanager sollte dem Teammitglied deutlich machen, warum die Aufgabe wichtig ist und warum der Mitarbeiter die beste Wahl ist. Spielen private Gründe eine Rolle oder gibt es Unstimmigkeiten im Team? Auch hier ist zu prüfen, wieweit der Projektmanager darauf Einfluss nehmen kann. Da der Mitarbeiter die notwendigen Fähigkeiten besitzt, sollte das Ziel sein, den Mitarbeiter durch geeignete Maßnahmen zu motivieren Abschn. 11.3.
- **Geringe Motivation und geringe Fähigkeiten:** Sogenannte „Low Performer" oder Schlechtleister sind in der Regel in ihrer aktuellen Rolle überfordert und haben eine negative Einstellung zu ihrer Tätigkeit, dem Projekt und oft auch zur Organisation. Das sind nicht die Mitarbeiter, die ein Projektmanager im Team haben möchte – idealerweise findet er eine Möglichkeit, diese Mitarbeiter zu

ersetzen. Nicht nur ist ihre Führung eher zeitaufwendig, ein Projektmitarbeiter in diesem Quadranten kann auch ein Störfaktor im Team sein und die gesamte Stimmung negativ beeinflussen. Besteht keine Möglichkeit, ihn auszutauschen, bleibt nur die Möglichkeit, ihn eng zu führen, weniger wichtige Aufgaben zu übergeben und diese engmaschig zu kontrollieren.

Larson und Gray (2011) weisen darauf hin, dass es nicht nur darauf ankommt, wer welche Aufgabe übernimmt, sondern auch, wer mit wem zusammenarbeitet.

- Projektmanager sollten Mitarbeiter aussuchen, die gut zusammenarbeiten können, sich aber auch gut ergänzen. Die Schwäche des einen ist die Stärke des anderen. So sollte beispielsweise jemand der gut darin ist, komplexe Probleme zu lösen, aber nachlässig in der Dokumentation, mit jemandem zusammenarbeiten, dem diese Detailarbeit liegt.
- Erfahrung spielt eine wesentliche Rolle – erfahrene Mitarbeiter sollten mit unerfahreneren Mitarbeitern zusammenarbeiten.
- Zukünftige Anforderungen sollten berücksichtigt werden: wenn zwei Mitglieder künftig zusammenarbeiten müssen, können sie auch gleich am Anfang bereits zusammenarbeiten, um sich kennenzulernen.

So hilfreich heterogene Fähigkeiten für die Projektarbeit sind, so bergen sie jedoch auch immer ein gewisses Konfliktpotential, wenn die Arbeitsweise und der Erfahrungshintergrund sehr unterschiedlich sind. Auch sollte der Projektmanager darauf achten, dass es nicht zu einer Wettbewerbssituation im Projekt kommt, wenn zwei Mitglieder versuchen, sich gegenseitig zu übertrumpfen, um mögliche Karrierechancen zu verbessern.

4.2.2 Physische Ressourcen

Das Management physischer Ressourcen konzentriert sich darauf, die im Projekt benötigten Materialien, Ausrüstung und Betriebsmittel bereitzustellen, die für den erfolgreichen Abschluss des Projekts benötigt werden. Je nach Projekt müssen die benötigten Ressourcen genau definiert werden, die entsprechenden Konfigurationen erstellt und deren Bereitstellung sichergestellt werden. Wenn physische Ressourcen nicht zeitgerecht und in der benötigten Qualität zur Verfügung stehen kann dies die erfolgreiche Fertigstellung des Projekts gefährden (Project Management Institute, 2017).

4.3 Kostenplanung

Das Projektbudget ist das Geld, das für das Projekt zur Verfügung steht, etwa für Personal, Sachmittel, Material, Fertigung, Dienstleistungen, Marketing und Reisekosten/Spesen sowie Arbeitsausstattung (Litke et al., 2018). Bei der Kostenplanung spielen verschiedene Kostenarten eine Rolle.

- **Einzelkosten** oder **direkte Kosten** sind direkt dem Projekt zuzurechnen. Beispiele sind: Personalkosten, Kosten für eine externe Beratung, für externe Dienstleistungen, Schulungen, Reisekosten, Sachkosten für Forschung oder Studien, Eingangsdaten, technisches Equipment, Software.
- Daneben gibt es noch **Gemeinkosten** oder **indirekte Kosten,** die dem Projekt nicht direkt zuzuordnen sind. Dazu gehören Kosten für die Räumlichkeiten, in denen das Projektteam arbeitet, oder Personalkosten für Mitarbeiter, die nur teilweise im Projekt eingesetzt werden oder Sachkosten für Büromaterial.

Die Kostenplanung baut, wie auch die Zeitplanung, auf dem Projektstrukturplan auf. Wie bei der Zeitplanung ist es eine Herausforderung für das Projektteam und den Projektmanager, einzuschätzen, welche Kosten durch das Projekt entstehen und welche finanziellen Ressourcen benötigt werden.

Es gibt zwei mögliche Ansätze (Wegmann & Winklbauer, 2006):

- Die Kosten können **top down** vorgegeben werden. Der Projektsponsor stellt ein bestimmtes Budget für das Projekt zur Verfügung. Beruht diese Vorgabe auf vergleichbaren Projekten, dann führt diese Vorgehensweise zu angemessenen Ergebnissen. Danach muss das Projektteam die Kosten weiter detaillieren, um festzustellen, wie die Kosten im Projekt verteilt werden und ob aufgrund knapper Mittel das Projekt gegebenenfalls angepasst werden muss, beispielsweise bestimmte zusätzliche Studien nicht möglich sind oder weniger Trainingstage eingeplant werden müssen.
- Eine Planung **bottom up** geht den umgekehrten Weg. Hier wird für jedes Arbeitspaket, das aus dem Projektstrukturplan abgeleitet wird, kalkuliert, welche Kosten anfallen. Die Summe der Kosten aller Arbeitspakete ergibt das benötigte Projektbudget. Diese Methode stellt sicher, dass das Projekt auch wie geplant umgesetzt werden kann. Eine Bottom-up-Planung der Projektkosten anhand der Arbeitspakete im Netzplan erlaubt auch später im laufenden Projekt eine leichtere Kontrolle der Einhaltung des Kostenbudgets. Diese detaillierte

4.3 Kostenplanung

Aufwandsschätzung anhand der Bottom-up Methode ist jedoch sehr arbeitsaufwendig. Deswegen erfolgt meistens nur eine grobe Abschätzung. Top-down Vorgabe und Bottom-up Planung werden dann mit dem Nutzen verglichen, den das Projekt bietet, um zu entschieden, ob das Projekt überhaupt durchgeführt werden soll. Erst nach Freigabe erfolgt eine detaillierte Schätzung der Kosten nach der Bottom-up-Methode.

Wie bei der Zeitplanung gibt es verschiedene Methoden, „bottom-up" die Kosten abzuschätzen. Eine gute Möglichkeit ist es, auf vorhandene Erfahrungen zurückzugreifen. Im besten Fall hat der Projektmanager oder ein Projektteammitglied bereits ein ähnliches Projekt in der Vergangenheit übernommen und kennt die relevanten Kosten. Oder im Rahmen des Wissensmanagements Abschn. 14.1 wurden vergleichbare Arbeitspakete dokumentiert und damit sind nicht nur die Zeitansätze, sondern auch das notwendige Budget nachvollziehbar. Auch besteht die Möglichkeit Experten zu befragen, die ähnliche Arbeitspakete oder Projekte durchgeführt haben.

Kostenschätzung

Wenn dies nicht möglich ist, müssen die Kosten für die Kostenplanung geschätzt werden. Eine Kostenschätzung ist die quantitative Bestimmung der wahrscheinlichen Kosten für die Ressourcen, die für das Projekt erforderlich sind. Es ist eine Vorhersage, die auf den Informationen basiert, die zu dem Zeitpunkt, an dem die Kostenschätzung gemacht wird, zur Verfügung stehen (Project Management Institute, 2017).

Die Genauigkeit von Kostenschätzungen kann erhöht werden, wenn Schätzunsicherheiten und -risiken berücksichtigt werden und drei Schätzungen verwendet werden, um den ungefähren Wertebereich für die Kosten eines Vorgangs zu bestimmen (Project Management Institute, 2017).

- Die wahrscheinlichsten Kosten (c_M - cost most likely): Die Kosten des Vorgangs auf der Basis realistischer Aufwandsschätzungen für die erforderlichen Arbeiten und prognostizierter Ausgaben.
- Die optimistischsten Kosten (c_O – cost optimistic): Die Kosten des Vorgangs auf der Basis der Analyse des bestmöglichen Falls für den Vorgang.
- Die pessimistischsten Kosten (c_P – cost pessimistic): Die Kosten des Vorgangs auf der Basis der Analyse des ungünstigsten Falls für den Vorgang.

Darauf basierend können die erwarteten Kosten (c_E) berechnet werden. Eine Formel dafür ist die sogenannte Dreiecksverteilung:

$$cE = (cO + cM + cP)/3$$

Eine Alternative ist die sogenannte Betaverteilung, bei der die wahrscheinlichsten Kosten höher gewichtet werden.

$$cE = (cO + 4cM + cP)/6$$

Bei Kosten gibt es noch eine weitere Möglichkeit zu genauen Zahlen zu kommen. Teile des Projekts können auch fremdvergeben werden, beispielsweise an eine Beratung oder einen IT-Dienstleister. Das konkrete Angebot, dass gemacht wurde, kann natürlich gleich mit in die Planung einbezogen werden. Eine ähnliche Methode der Kostenplanung ist die Alternativen-Analyse (Project Management Institute, 2017). Hierbei werden verschiedene Optionen geprüft, um die beste für das Projekt zu identifizieren. Ein Beispiel ist die Option Software zu kaufen, statt selbst zu entwickeln, oder eine Implementierung der Software extern zu vergeben, statt intern durchzuführen. Die Auswirkungen auf die Kosten, aber auch Zeitplanung, Qualität und Ressourcen können dann kalkuliert werden.

Auch wenn die Kosten sehr sorgfältig geplant wurden kann es passieren, dass die Kosten nachträglich angepasst werden müssen. Nicht alle Informationen sind zu Projektbeginn vollständig vorhanden und manche Kosten können noch nicht ausreichend eingeschätzt werden. Auch wenn Ressourcen im Projekt nicht wie geplant verfügbar sind, führt dies zu Mehrkosten, wenn deshalb später Aufgaben ausgelagert werden müssen, um den Zeitplan zu halten. Auch Veränderungen im Projektumfang oder den einzelnen Aufgaben, die sich Projektsponsor oder einzelne Stakeholder wünschen, können höhere Kosten verursachen. Letztlich können auch unerwartet Schwierigkeiten auftreten und beispielsweise Nacharbeiten erforderlich werden, die zusätzliche Kosten verursachen.

Wie bei der Zeitplanung ist zu überlegen, wie weit Puffer eingebaut werden sollen, um Kostenunsicherheiten zu berücksichtigen. Wenn das Projektbudget „Topdown" vorgegeben wird, erübrigt sich die Frage nach einem Zuschlag. Wenn es „Bottom-up" berechnet wird, kann beispielsweise pauschal 20 % der Kosten als Reserve für unerwartete Ausgaben hinzugerechnet werden. Es kann aber auch ein fester Betrag oder ein anderer Wert, der auf Methoden der quantitativen Analyse basiert, als Zuschlag genommen werden. Wie groß der Puffer sein sollte hängt vom Projekt und den weiteren Rahmenbedingungen ab.

Wenn genauere Daten über das Projekt verfügbar sind, wird dieser Zuschlag dann entsprechend angepasst. Der Puffer sollte aber als solcher gekennzeichnet werden und in der Kosten-Dokumentation eindeutig ausgewiesen werden und nicht hinter unauffälligen Bezeichnungen in anderen Kostenpositionen „versteckt" werden. Mit dem Projektsponsor sollte offen über die Kostenplanung gesprochen werden und sowohl das bestmögliche Ergebnis ohne Nutzung des Puffers als auch die Kostenplanung mit Zuschlägen dargestellt werden. Das Ziel des Projektmanagers sollte es sein nicht auf den Puffer zurückgreifen zu müssen. Manchmal wird auch der nicht oder nur teilweise genutzte Puffer als Prämie den Projektmitarbeitern ausgezahlt.

Die Kostenschätzungen sollten im Laufe des Projekts immer wieder überprüft und, wenn möglich, konkretisiert werden. Mit dem Fortschreiten des Projekts wird die Kostenschätzung immer präziser (Project Management Institute, 2017).

Literatur

Deutschen Industrie Norm DIN 69901-01:2009-01. (2009). *Projektmanagement – Projektmanagementsysteme – Teil 1 Grundlagen.*
Fiedler, R. (2020). *Controlling von Projekten. Mit konkreten Beispielen aus der Unternehmenspraxis – Alle Aspekte der Projektplanung, Projektsteuerung und Projektkontrolle* (8. Aufl.). Springer.
Goldratt, E. M. (1997). *Critical chain.* The North River Press Publishing Corporation.
Hersey, P., & Blanchard, K. (1982). *Management and organizational behavior: Utilizing human resources* (4. Aufl.). Prentice-Hall.
Keller, U. (2010). Critical Chain Project Management: Die Kritische Kette – kritische Anmerkungen aus der Praxis. In Projektmagazin https://www.projektmagazin.de/artikel/die-kritische-kette-kritische-anmerkungen-aus-der-praxis_996704. Zugegriffen: 21. Febr. 2021.
Larson, E. W., & Gray, C. F. (2011). *Project Management The Managerial Process.* McGraw-Hill International Edition.
Lauer, T. (2020). *Change Management. Grundlagen und Erfolgsfaktoren* (3. Aufl.). Springer Gabler.
Litke, H. D., Kunow, I., & Schulz-Wimmer, H. (2018). *Projektmanagement.* Haufe Lexware.
Project Management Institute. (2017). *A guide to the project management body of knowledge (PMBOK Guide)* (6. Ausgabe). Project Management Institute, Newtown Square, PA
Shirley, D. (2020). *Project management for healthcare.* Taylor and Francis.
Wiese, J., Buehler, R., & Griffin, D. (2016). Backward planning: Effects of planning direction on predictions of task completion time. *Judgment and Decision Making, 11*(2, March 2016), 147–167.
Wegmann, C., & Winklbauer, H. (2006). *Projektmanagement für Unternehmensberatungen.* Gabler.
Zirkler, B., Nobach, K., Hofmann, J., & Behrends, S. (2019). *Projektcontrolling: Leitfaden für die betriebliche Praxis, 1.* Springer Gabler Verlag.

Projektcontrolling 5

Obgleich der Begriff des Controllings in der modernen Betriebswirtschaftslehre fest verankert ist, gibt es keine einheitliche Definition des Begriffs. Allen Definitionen ist jedoch gemein, dass sie unter Controlling eine Steuerungs- und Koordinationskonzeption verstehen (Zirkler et al., 2019). Auch der Begriff des Projektcontrollings ist nicht eindeutig definiert. Während im deutschsprachigen Raum der Fokus auf der Kontrolle der Abläufe liegt, um das Projektziel zu erreichen, umfasst der Begriff „Controlling" im Englischen auch die Steuerung des Projekts. Auch gibt es verschiedene Auffassungen, ob die Projektplanung Teil des Controllings ist oder davon separiert.

Das Deutsche Instituts für Normung definiert Projektcontrolling nach DIN 69901 als die Sicherung des Erreichens der Projektziele durch Soll-Ist-Vergleich, Feststellung der Abweichungen, Bewerten der Konsequenzen und Vorschläge für Korrekturmaßnahmen, sowie Mitwirkung bei der Maßnahmenplanung und Kontrolle der Durchführung.

Fiedler (2020) beschreibt, dass Projektcontrolling sich um die grundlegende Gestaltung der Strukturen und Prozesse kümmert, die für eine effiziente Projektabwicklung erforderlich sind. Dafür sind die Planungs- und Kontrollaufgaben festzulegen. Außerdem müssen verantwortliche Stellen bestimmt werden, die für diese Aufgaben zuständig sind. Letztlich muss geklärt werden, mit welchen Instrumenten Projekte abgewickelt werden und welche Informationen bereitzustellen sind.

Im Folgenden wird Projektcontrolling als Kontroll- und Steuerungsfunktion verstanden. Das Projektcontrolling startet dann, wenn die Planung abgeschlossen und mit der Projektdurchführung begonnen wurde sowie erste Arbeitsergebnisse vorliegen. Die Werte aus der Planung werden mit den Ist-Werten verglichen.

Werden Abweichungen festgestellt, so müssen die Ursachen analysiert und geeignete Maßnahmen ausgewählt werden, die zum einen die Ursachen beheben und zum anderen die Folgen der Abweichungen minimieren oder sogar eliminieren. Sind Abweichungen durch die Projektsteuerung nicht korrigierbar, müssen diese Änderungen durch eine Anpassung der Projektplanung berücksichtigt und kommuniziert werden. Die neuen, angepassten Soll-Werte werden nach der Genehmigung durch den Projektsponsor und die relevanten Stakeholder im weiteren Projektverlauf als Basis für die Projektüberwachung verwendet. Ursachen für Abweichungen können Planungsfehler, unvorhersehbare Ereignisse im Projektverlauf oder Fehler bei der Planausführung sein (Zirkler et al., 2019).

Im Fokus des Projektcontrollings sind die drei Themen, die auch vorher bei der Planung berücksichtigt wurden:

- Zeitplan
- Personaleinsatz/Ressourcen
- Kosten

Trotz detaillierter Planung scheitern Projekte oftmals in der Phase der Umsetzung (Zirkler et al., 2019). Eine Ursache kann ein fehlendes Projektcontrolling sein, es wird oft vernachlässigt oder erfolgt nur informell. Damit wird ein wichtiges Instrument zur Kontrolle und Steuerung des Projekts und zum frühzeitigen Erkennen von Problemen schon im Anfangsstadium nicht genutzt.

Das Zusammenspiel zwischen Projektplanung und Projektcontrolling zeigt die Abb. 5.1. Ausgangspunkt jeden Projekts ist immer die Zieldefinition. Darauf aufbauend folgt die Projektplanung. Nur was geplant wurde kann im nächsten Schritt auch kontrolliert werden. Sollte es zu Abweichungen kommen, folgt im nächsten Schritt eine Steuerung und Anpassung. Sollte es nicht möglich sein, die geplanten Ziele zu erreichen, muss auch die Zieldefinition überdacht werden.

5.1 Projektstatusbericht

Der Projektstatusbericht gibt eine aktuelle Übersicht über den Stand des Projekts. Es ist eine kurze, schriftliche Übersicht, die sowohl innerhalb des Projektteams genutzt werden kann, um das Projekt zu steuern, als auch außerhalb des Projektteams, um den Stakeholdern den Projektstatus zu kommunizieren.

Zu bestimmten Terminen trifft sich das Projektteam mit dem Projektmanager, um den Status des Projekts zu diskutieren. Hierbei wird besprochen, ob alles nach Plan verläuft oder ob es Verschiebungen, Änderungsbedarf oder sonstige

5.1 Projektstatusbericht

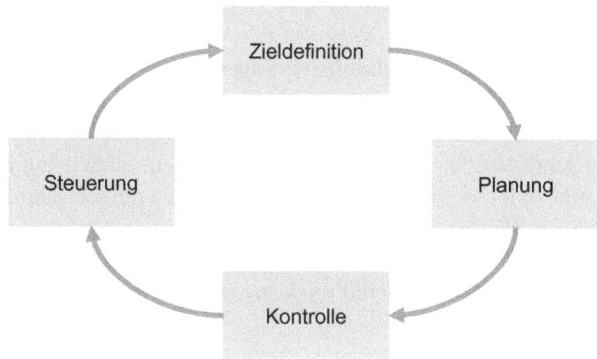

Abb. 5.1 Zusammenspiel Projektplanung und Projektcontrolling

Probleme gibt. Für den Projektmanager ist es nicht nur wichtig zu erfahren, was bisher gelaufen ist, sondern vielmehr auch mit dem Projektteam zu besprechen, was die nächsten Schritte sind, wo mögliche Probleme oder Herausforderungen auf das Projekt zukommen und wie damit umgegangen werden soll.

Der Projektstatusbericht dient aber auch dazu, die Stakeholder und insbesondere den Projektsponsor über den Fortgang des Projekts zu informieren. Dabei ist es besonders wichtig, klar, präzise und strukturiert zu kommunizieren (siehe auch das Kapitel Schriftliche Kommunikation Abschn. 10.2). Es sollte vorab mit den wichtigsten Stakeholdern geklärt werden, welche Informationen sie benötigen. Wenn die Interessen sehr unterschiedlich sind, kann auch überlegt werden, verschiedene Versionen des Statusberichts zu erstellen, ohne allerdings den Aufwand zu sehr zu steigern. Auch muss geklärt werden, wie die Stakeholder informiert werden wollen. Statt regelmäßig E-Mails zu verschicken, die in der Flut der eingehenden E-Mails untergehen, kann es sinnvoll sein, die Statusberichte in einer Datenbank (beispielsweise MS Teams) zu speichern, auf die alle zugreifen können. Der Statusbericht für die Stakeholder sollte nicht alleine vom Projektmanager erstellt werden. Gemeinsam mit dem Projektteam und basierend auf dem Statusbericht, den das Projektteam für den Projektmanager erstellt hat, wird der Statusbericht für die Stakeholder geschrieben.

Der Projektstatusbericht sollte max. 1–2 Seiten umfassen. Zum einen zwingt es Projektmanager und Projektteam dazu, sich auf die wesentlichen Punkte zu beschränken, zum anderen erhöht es die Akzeptanz bei der Kommunikation mit den Projektverantwortlichen. Neben einem kurzen Bericht über die Aktivitäten der Woche ist das Hauptziel eines Statusberichts, Risiken und Probleme zu eskalieren und die Leistungen des Projektteams sichtbar zu machen (Clements & Gido, 2012; Swanson, 2014). Der Statusbericht sollte immer schriftlich erfolgen, um eine gewisse Verbindlichkeit des Reportings sicherzustellen und nachhalten zu können, was kommuniziert wurde. Eine einheitliche, immer wieder verwendete Struktur macht es den Stakeholdern einfacher, die enthaltenen Informationen schnell aufnehmen zu können. Es gibt eine Vielzahl von Vorlagen für einen Projektstatusbericht im Internet. Letztlich hängt es von der Art des Projekts, aber auch der üblichen Kommunikation in der Organisation ab, wie genau er ausgestaltet wird.

Die wesentlichen Punkte, die ein Projektstatusbericht umfassen sollte, sind:

- Ergebnisse, Zwischenergebnisse
- Zeit, Ressourcen, Kosten – Einhaltung und weitere Prognose
- Meilensteine
- Probleme
- Änderungsbedarf
- Nächste Schritte

Um die Übersichtlichkeit zu erhöhen, werden gerne auch graphische Elemente, wie stilisierte Ampeln, verwendet. Dabei bedeutet grün, dass alles innerhalb der Planung ist, gelb, dass es Probleme gibt und rot entsprechend größere Probleme, die die Einhaltung der Projektplanung zum gegenwärtigen Zeitpunkt unrealistisch erscheinen lassen und eine sofortige Intervention erfordern. Zur Anzeige des Projektfortschrittes werden auch oft Kreise genutzt, die zu einem Viertel, zur Hälfte, zu Dreiviertel oder ganz gefüllt sind. Sie zeigen übersichtlich den Projektfortschritt an, zeigen aber nicht den Vergleich zwischen Plan und Ist. Abb. 5.2 zeigt einen typischen Projektstatusbericht.

5.2 Controlling der Zeitplanung

Der Faktor Zeit ist oft sehr erfolgskritisch in Projekten. Beispielsweise wenn das Projekt knapp geplant und auf ausreichende Puffer verzichtet wurde, um den Wunschtermin des Stakeholders zu erfüllen. Kommt es dann zu Verzögerungen, hat dies sofort Auswirkungen auf die nachfolgenden Arbeitspakete und, durch die Abhängigkeiten, schnell auch auf das gesamte Projekt. Zudem ergeben sich, basierend auf dem Magischen Dreieck Abb. 1.1 meistens höhere Kosten. Deswegen muss die Kontrolle der Zeitplanung regelmäßig erfolgen, um etwaigen Abweichungen frühzeitig zu erkennen und entsprechend gegensteuern zu können.

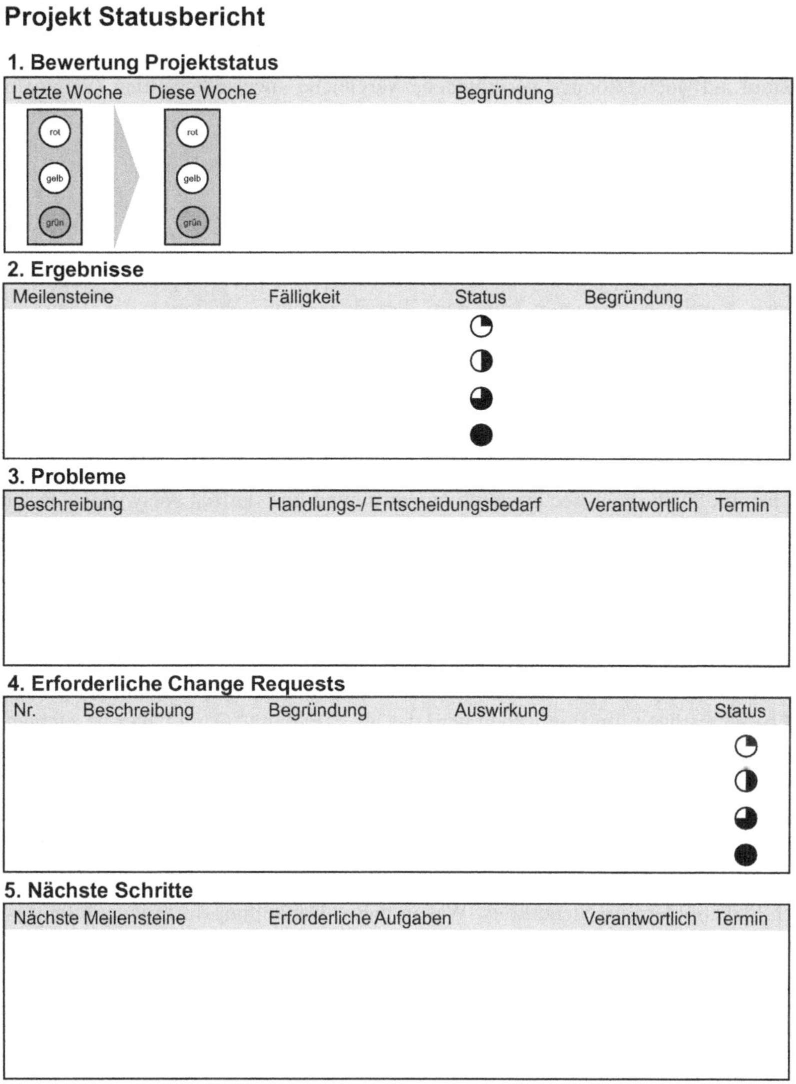

5.2 Controlling der Zeitplanung

Projekt Statusbericht

1. Bewertung Projektstatus

Letzte Woche	Diese Woche	Begründung
rot / gelb / grün	rot / gelb / grün	

2. Ergebnisse

Meilensteine	Fälligkeit	Status	Begründung
		◐	
		◐	
		◕	
		●	

3. Probleme

Beschreibung	Handlungs-/ Entscheidungsbedarf	Verantwortlich	Termin

4. Erforderliche Change Requests

Nr.	Beschreibung	Begründung	Auswirkung	Status
				◐
				◐
				◕
				●

5. Nächste Schritte

Nächste Meilensteine	Erforderliche Aufgaben	Verantwortlich	Termin

Abb. 5.2 Projektstatusbericht

Die Grundlage für das Controlling der Zeitplanung ist der Projektzeitplan, der auf Basis des Projektstrukturplans und des Netzplans erstellt wurde Abschn. 4.1. Darauf aufbauend können verschiedene Vergleiche angestellt werden (Wegmann & Winklbauer, 2006):

- Fortschritt im Projekt. **Plan versus Ist**
- Restlaufzeit des Projekts: **Plan versus Forecast**
- Projektlaufzeit insgesamt: **Plan versus Forecast**

Diese Vergleiche basieren auf dem Projektzeitplan. Während der Plan der ursprünglichen Planung entspricht, berücksichtigt der Forecast die bereits gemachten Erfahrungen, wann nach heutigem Stand des Wissens mit dem Projektabschluss gerechnet werden kann und wie lange damit die gesamte Projektdauer wird. Einzelne Arbeitspakete können zum Beispiel schneller oder langsamer vorangehen als geplant. Oder die Rahmenbedingungen haben sich geändert, Daten stehen plötzlich nicht wie erwartet zur Verfügung und das hat Auswirkungen auf die Zeitplanung, wenn diese Verzögerung bei der Erstellung der Planung noch nicht absehbar war.

Tracking Gantt Chart

Eine ganz einfache graphische Übersicht des Vergleichs von Plan versus Ist-Fortschritt kann mit dem bereits bei der Planung verwendeten Gantt Diagramm Abb. 5.3 erfolgen. Im Englischen wird das als „Tracking" Gantt Chart bezeichnet. Im Diagramm wird entweder die Farbe der vorhandenen Balken geändert, um den Projektfortschritt anzuzeigen, eine Linie eingefügt oder es wird ein parallel laufender Balken ergänzt. In der Abbildung wird deutlich, dass die Arbeitspakete A, B, E und F nach Plan gelaufen sind, es aber zu Verzögerungen bei C und D kommt. Diese sehr übersichtliche Darstellung eignet sich vor allem gut für die Kommunikation mit den Stakeholdern im Steuerkreis. Was in dieser Darstellungsform jedoch fehlt ist eine Aussage über den Forecast – bis wann werden die Arbeitspakete erledigt sein? Dies ist besonders wichtig für den Vorgang C, da er auf dem kritischen Pfad liegt und sich damit die gesamte Projektlaufzeit verlängern kann. Entsprechend müssen in einem Steuerkreis Aussagen dazu getroffen werden und auch erklärt werden, wie damit umgegangen werden soll.

5.2 Controlling der Zeitplanung

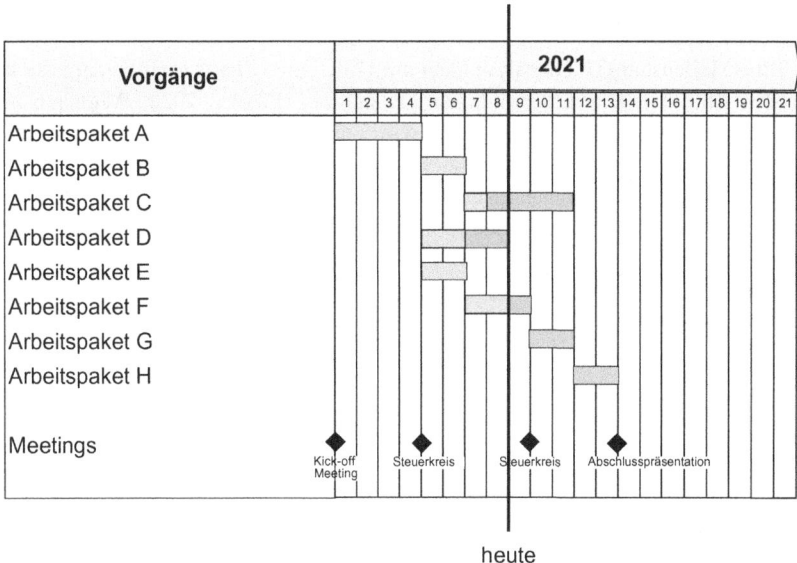

Abb. 5.3 Tracking Gantt Chart

Meilenstein-Trendanalyse
Eine andere Methode ist die sogenannte Meilenstein-Trendanalyse. Meilensteine wurden bereits bei der Planung definiert, sie sind eindeutige, überprüfbare Ergebnisse, beispielsweise ein bestimmter Termin. Termine können sich aus der Logik der Abwicklung ergeben (technische Meilensteine) oder aus organisatorischen Gründen, dann sind es Termine an denen Entscheidungen gefällt werden, beispielsweise Steuerkreis-Termine. Meilensteine helfen den Ablauf logisch zu strukturieren, regelmäßig verbindliche Ergebnisse zu verlangen und durch konkrete Ziele zu motivieren (Zirkler et al., 2019).

Auch bei der bereits erwähnten Präsentation des Statusberichts im Projektteam, aber auch gegenüber den Stakeholdern, geht es darum, über die Meilensteine, insbesondere die, die den kritischen Pfad betreffen, zu berichten. Hier muss über die Einhaltung der Meilensteine, aber auch mögliche Terminverschiebungen und deren Konsequenzen gesprochen werden.

Bei einer Meilenstein-Trendanalyse wird die Erreichung der einzelnen Meilensteine im Laufe des Projekts übersichtlich in einer Grafik dargestellt. An jedem

Berichtzeitpunkt wird dokumentiert, inwieweit die Meilensteine im Projektverlauf erreicht wurden.

Eine Meilenstein-Trendanalyse kann mit Hilfe eines Charts grafisch dargestellt werden Abb. 5.4. Bei dieser üblichen Darstellung (Fiedler, 2020; Wegmann & Winklbauer, 2006; Zirkler et al., 2019) wird nur die Erreichung der Meilensteine dargestellt. Es wird ein Gitter genutzt, dessen Achsen Kalenderdaten sind. Ob die Aufteilung in Tagen, Monaten, Kalenderwochen oder Perioden erfolgt hängt vom Projekt ab. Durch die Symmetrie des Charts entsteht von links unten nach rechts oben eine Verbindungslinie im 45°-Winkel.

An der Y-Achse werden die im Projektplan festgelegten Meilensteine in zeitlich aufsteigender Folge dargestellt (in der Abbildung als weiße Rauten). Die X-Achse

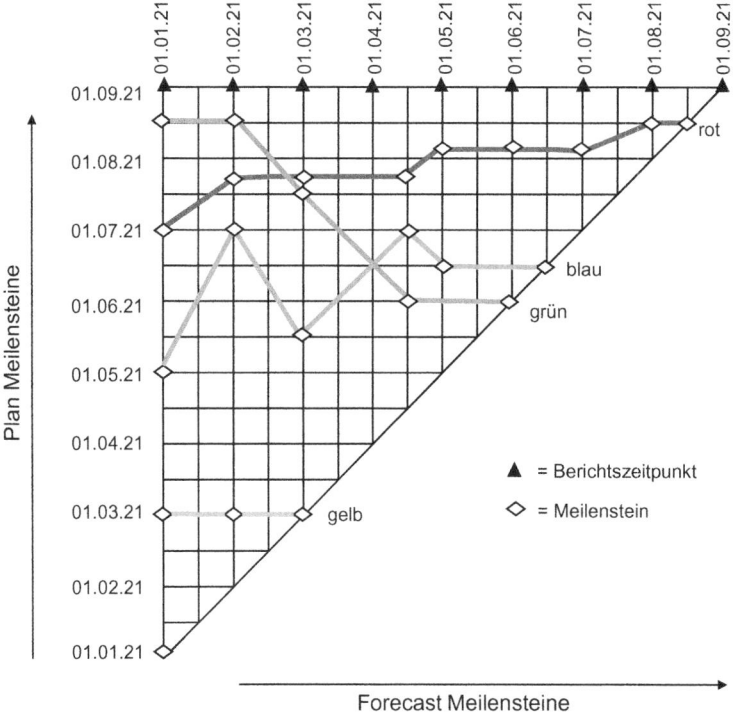

Abb. 5.4 Meilenstein-Trendanalyse (Fiedler, 2020; Wegmann & Winklbauer, 2006; Zirkler et al., 2019)

läuft von links nach rechts in zeitlich aufsteigender Reihenfolge im gleichen Maßstab wie die Y-Achse. Auf der X-Achse werden die vereinbarten Berichtszeitpunkte eingetragen (in der Abbildung schwarze Dreiecke). Bei Erreichen des jeweiligen Berichtszeitpunkts wird der aktuelle Stand der Meilensteinentwicklung in das Chart eingetragen, die Linie fortgeführt und die Trendanalyse weiter vervollständigt. Entspricht der Forecast noch dem Plan, so ist diese Linie waagerecht. Weicht der Forecast vom geplanten Meilensteinende ab, wird dieses grafisch durch eine Aufwärtsbewegung (Verzögerung) oder Abwärtsbewegung (schneller als geplant) dargestellt. So ist graphisch auf den ersten Blick zu erkennen, ob der Forecast vom Plan abweicht.

Die rote Linie in Abb. 5.4 zeigt eine Verzögerung. Die Gründe dafür sind nur durch eine weitergehende Analyse herauszufinden. Es kann eine zu optimistische Terminplanung gewesen sein oder unerwartete Probleme sind aufgetreten. In dem Beispiel war der Termin für den 1.7.2021 vorgesehen. Dieser Termin musste mehrfach nach hinten geschoben werden, sodass der Meilenstein erst Mitte August erreicht wurde.

Die grüne Linie zeigt eine Abwärtsbewegung, die bedeutet, dass der Meilenstein schneller als geplant finalisiert werden kann. Ursprünglich war geplant, dass dieser Meilenstein erst Mitte August fertiggestellt wird. Doch bereits vorher ist der Trend erkennbar, dass die Erfüllung des Meilensteins bereits zum 1.6.2021 erfolgt. Auch hier muss die Ursache für die schnellere Erledigung separat analysiert werden. Vielleicht wurden zu große Puffer eingeplant oder die Zeitschätzungen waren zu pessimistisch.

Die blaue Linie zeigt einen abwechselnd steigenden und fallenden Verlauf. Dies bedeutet, dass es viel Unsicherheit bezüglich der Termine gibt. Vielleicht gab es schwerwiegende Probleme am Anfang, danach konnte eine Lösung gefunden werden oder Gegenmaßnahmen implementiert werden. Der erneute Anstieg deutet aber daraufhin, dass sie nicht nachhaltig gewirkt haben. Die gelbe Linie ist horizontal. Hier stimmen die Ist- mit den Plan-Werten überein. Die ursprüngliche Terminplanung konnte eingehalten werden.

Die Darstellung zeigt, dass sich nicht alle Meilensteine mit Sicherheit planen lassen, sondern sich auch verzögern können. Da Projekte immer umfangreicher werden und eine hohe Komplexität haben, ist auch die Planungsunsicherheit und das Risiko sehr hoch. Eine genaue Umsetzung der Terminplanung ist dann oft nicht realistisch. Als Folge sind regelmäßig Anpassungen vorzunehmen, um noch nicht erreichte Meilensteine doch noch zu vollenden. Sollten alle Meilensteine eingehalten werden, ist dies eher ungewöhnlich bis unrealistisch und es sollte kritisch nachgefragt werden (Zirkler et al., 2019).

5.3 Ressourcencontrolling

Wie beim Controlling der Zeitplanung geht es auch beim Ressourcencontrolling vor allem um den Soll/Ist-Vergleich. Es gibt zwei Punkte, die überprüft werden müssen: Sind die eingeplanten Ressourcen auch wirklich verfügbar und reichen die eingeplanten Ressourcen für die Erledigung der Aufgaben aus.

Mitarbeiter, die für das Projekt eingeplant wurden, stehen nicht immer auch wirklich zur Verfügung. Gründe können sein, dass sie noch in einem anderen Projekt benötigt werden oder krankheitsbedingt ausfallen. Beides hat direkte Auswirkungen auf den Zeitplan des Projekts.

Der zweite Punkt betrifft die Mitarbeiter, die tatsächlich verfügbar sind: Sind sie auch wirklich ausgelastet? Es kann sein, dass einige Mitarbeiter (noch) nicht ausgelastet werden, da beispielsweise Vorarbeiten noch nicht erfolgt sind und sie deshalb mit ihrem Arbeitspaket noch nicht starten können. Umgekehrt kann es auch zu einer Überlastung kommen – weil sie über ihre Kapazitätsgrenze hinaus eingeplant worden sind oder weil Arbeitspakete sich als zeitaufwendiger herausstellen als erwartet. In allen Fällen muss der Projektmanager reagieren.

Ressourcencontrolling als graphische Darstellung
Während bei der Personalbedarfsplanung Abschn. 4.2.1 der Personalbedarf für das gesamte Projekt berücksichtigt wurde, kann ein Ressourcencontrolling auch auf der Ebene eines einzelnen Mitarbeiters erfolgen. In dem Arbeitsbelastungsdiagramm Abb. 5.5 wird deutlich, dass in einigen Wochen mehr Kapazitäten nötig sind, als verfügbar. Wenn die Balken, die die Plan-Arbeitsbelastung im Projekt angeben, die Kapazitätslinie erreichen ist der Mitarbeiter gut ausgelastet, gehen sie über die Kapazitätslinie hinaus, wurde der Mitarbeiter schon über seine Kapazitätsgrenze hinaus eingeplant. Die zweiten Balken zeigen die tatsächliche Ist-Auslastung an. Allerdings werden in dieser Darstellung keine Aussagen über die Erledigung der Aufgaben gemacht. Sie zeigt nur an, wie viel Zeit für die Tätigkeiten aufgewendet wurde.

Kennzahlen
Letztlich können auch Kennzahlen genutzt werden, um den Ressourceneinsatz zu kontrollieren (Wegmann & Winklbauer, 2006).

$$\text{Bereitstellungsquote} = (\text{geplante Ressourcen}/\text{bereitgestellte Ressourcen}) * 100$$

Die Einheit wird üblicherweise als Personentage oder FTE (Full time equivalent, Vollzeitäquivalent, wie viele Vollzeitstellen ergeben sich rechnerisch bei

5.3 Ressourcencontrolling

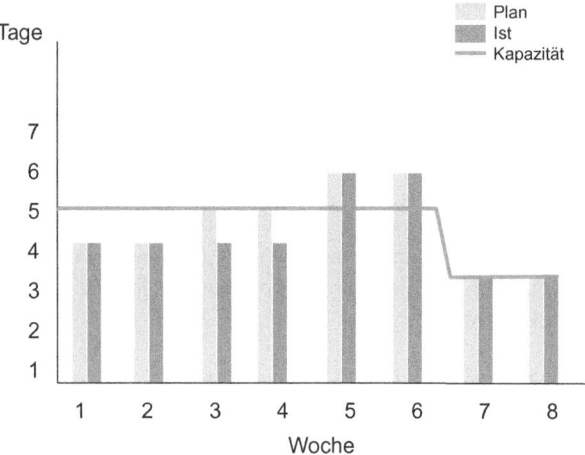

Abb. 5.5 Arbeitsbelastungsdiagramm (in Anlehnung an Wegmann & Winklbauer, 2006)

einer gemischten Personalbelegung mit Teilzeitbeschäftigten) angegeben. Beträgt beispielsweise die Bereitstellungsquote 80 % wurden 20 % weniger Mitarbeiter bereitgestellt als geplant.

Einsatzquote = (bereitgestellte Ressourcen/eingesetzte Ressourcen) * 100

Wenn die Einsatzquote unter 100 % liegt, bedeutet das, dass einige Mitarbeiter nicht eingesetzt oder ausgelastet werden. Gründe können die bereits oben genannten Verzögerungen sein, wenn Vorarbeiten noch nicht erfolgt sind oder sie einfach noch nicht in ihre Aufgabe eingewiesen wurden.

Abweichungsgrad =
(Forecast Personaleinsatz bis Projektende/Plan Personaleinsatz bis Projektende) * 100

Der Abweichungsgrad vergleicht den geplanten Personaleinsatz mit dem im Laufe der Projektzeit erwarteten Personaleinsatz, dem Forecast. Wenn der Abweichungsgrad über 100 % liegt werden mehr Mitarbeiter benötigt als geplant. Alternativ können auch einfach die geplanten Personentage mit den in der kommenden Zeit noch benötigten Personentagen verglichen werden.

5.4 Kostencontrolling

Projekte sind durch ihre Einmaligkeit mit einem hohen Grad an Unsicherheit behaftet. Das betrifft nicht nur die Zeitplanung und die Ressourcenplanung, sondern insbesondere auch die Kostenplanung. Entsprechend wichtig ist es, ein gutes Kostencontrolling im Projekt zu haben, um frühzeitig Fehlentwicklungen zu erkennen.

Zirkler et al. (2019) nennen eine Vielzahl von potentiellen Kostentreibern in Projekten. Sind sie erkannt, kann entsprechend gegengesteuert werden. Gefährlich sind Kostentreiber, die nicht als solche erkannt oder erst im Projektverlauf identifiziert werden Abb. 5.6.

- **Unklare Zieldefinitionen:** Bereits in Kapitel Abschn. 2.2 wurde darauf hingewiesen, wie wichtig eine „smarte" Zielvorgabe ist, die schriftlich fixiert wird. Eine unklare Zieldefinition, zusammen mit sich widersprechenden Interessen der Stakeholder, führt zu Unsicherheiten, die sich negativ auf das Projektergebnis auswirken und die Kosten in die Höhe treiben können, wenn immer wieder nachgebessert werden muss. Hier hilft nur eine gute Kommunikation von Anfang an, um mit allen Beteiligten zu klären, was die Projektziele sind und was durch das Projekt erreicht werden soll, aber auch, wie der Erfolg gemessen werden kann.

Abb. 5.6 Kostentreiber im Projekt

5.4 Kostencontrolling

- **Unklare Aufgabenstellungen und Missverständnisse:** Oft werden Aufgaben nicht klar definiert, nicht schriftlich festgehalten und nicht genau genug abgestimmt. Missverständnisse ergeben sich oftmals auch dadurch, dass bei Nichtverstehen der Aufgabe keine Rückfragen erfolgen. Die Gründe dafür können unterschiedlich sein – abhängig von der Unternehmenskultur, persönlicher Unsicherheit oder zu geringem Interesse am Projekt im Anfangsstadium. Die einzige Lösung, um zu verhindern, dass diese Unklarheiten zu Kostentreibern werden, ist auch hier eine genaue Kommunikation von Anfang an.
- **Unsaubere Planung:** Ohne eine vernünftige Planung kann auch kein Projektcontrolling erfolgen. Die Voraussetzung für das Controlling sind die Rahmendaten aus der Planung, daraus können dann Abweichungen bei einem Soll/Ist-Vergleich festgestellt und entsprechende Maßnahmen eingeleitet werden.
- **Schätzfehler:** In dem Kapitel Kostenplanung Abschn. 4.3 wurden verschiedene Methoden zur Kostenschätzung vorgestellt. Es sind aber immer nur Annahmen, die meistens bei nur unvollständigen Informationen getroffen wurden. Je mehr Informationen vorliegen, desto genauere Schätzungen sind möglich und die Kostenplanung sollte entsprechend angepasst werden. Gleiches gilt auch für die Zeitplanung Abschn. 4.1: Wurden die Zeiten nur unzureichend geschätzt, kann es zu Verzögerungen kommen, die die Kosten des Projekts in die Höhe treiben.
- **Risiken:** Durch die Einmaligkeit eines Projekts wird immer wieder Neuland betreten und mögliche Risiken müssen im Rahmen des Risiko-Managements Kap. 8 besonders beachtet werden. Werden Risiken nicht frühzeitig identifiziert und wird nicht angemessen mit ihnen umgegangen, können auch sie zu Kostentreibern werden.
- **Komplexität:** Der Begriff der Komplexität ist Teil der Projektdefinition Abschn. 1.1.1. Die Anzahl der involvierten Stakeholder, Innovationen und Technologien, Einhaltung von gesetzlichen Regulierungen, Projektumfang aber auch Zeitdruck müssen adäquat gemanagt werden. Je größer ein Projekt ist – vom Umfang aber auch der Zeitdauer – desto größer ist auch die Gefahr, dass die ursprünglich angedachte Planung nicht so umgesetzt werden kann, wie geplant, weil nicht alle notwendigen Informationen vorlagen. Dann entstehen schnell zusätzliche Kosten durch Nacharbeiten, Mehraufwand, Verzögerungen oder Änderungsbedarf.
- **Mitarbeiter:** Auch Mitarbeiter können potenzielle Kostentreiber sein – wenn sie nicht die erforderliche Qualifikation aufweisen oder die Motivation der Mitarbeiter für das Projekt eher gering ist. Eine unzureichende Qualifikation oder zumindest fehlende Erfahrungen in der Projektarbeit bei Mitarbeitern,

aber auch dem Projektmanager, kann zu zusätzlichen Kosten führen, wenn beispielsweise Trainings erforderlich werden, zusätzliche Experten benötigt oder einfach aufgrund fehlender Kenntnisse Fehler gemacht werden und deshalb der Zeitplan nicht eingehalten werden kann. Oft liegt der Fokus des Projektmanagers vor allem auf der technischen Umsetzung des Projekts, dem Einhalten der Zeitplanung, dem Druck durch die Stakeholder standzuhalten und deren verschiedenen Interessen auszubalancieren. Die Erwartungen und Bedürfnisse der Projektmitglieder werden eher vernachlässigt. Gerade wenn die Projektteammitglieder neben der Projekttätigkeit auch noch im Tagesgeschäft eingebunden sind, lastet eine große Belastung auf ihnen. In diesem Buch werden deshalb gerade den Themen Führung und Zusammenarbeit eine große Bedeutung beigemessen Kap. 11 und 13. Nur Mitarbeiter, die gut im Projektteam zusammenarbeiten, motiviert sind und sich aktiv im Projekt einbringen, können bei den Herausforderungen im Projektalltags bestehen und das Projekt zu einem Erfolg machen.

- **Mangelnde Akzeptanz:** Wenn ein Projekt nicht akzeptiert wird, ist dies oft ein Zeichen für fehlende oder unzureichende Kommunikation der Projektziele und Projektinhalte. Dies gilt gleichermaßen gegenüber dem Projektteam, dass wenig Motivation und Einsatz in einem Projekt zeigen wird, dass sie nicht akzeptieren. Dies gilt aber genauso für die Akzeptanz außerhalb des Projektteams, wenn das Projekt nicht unterstützt oder sogar dagegen gearbeitet wird und Informationen zurückgehalten werden. Eine entsprechend große Rolle spielen Stakeholder-Management Kap. 7 und Kommunikation, um die Kosten im Rahmen zu halten.
- **Fehlendes Change-Request-Management:** Ein wesentlicher Kostentreiber, der auch im Kapitel Change Management, Veränderungen im Projekt, näher betrachtet wird Abschn. 9.1, sind fortlaufende Änderungen im Projekt. Natürlich ergibt sich im Laufe eines Projekts Änderungsbedarf, weil sich Inhalte, Umfang, Termine oder Kosten ändern. Kritisch wird dies aber dann, wenn diese Änderungen unkontrolliert in das Projekt einfließen, ohne das die Konsequenzen ausreichend berücksichtigt werden.

Das Kostencontrolling sammelt die tatsächlich angefallenen Projektkosten, projiziert sie auf die Projektdauer und vergleicht die Projektion mit den budgetierten Kosten.

Die einfachste Kostenkontrolle ist die Gegenüberstellung der geplanten Kosten und der Ist-Kosten in einer Tabelle Abb. 5.7. Hier werden die Abweichungen zusätzlich noch graphisch dargestellt.

5.4 Kostencontrolling

Arbeitspaket	Plankosten	Istkosten	Differenz		
A	3200	4800	+1600		+50%
B	4800	2500	-2300	-48%	
C	12000	8000	-4000	-33%	
D	3000	4800	+1800		+60%
E	2000	2500	+500		+25%
F	1500	1500	0		
G	2800	2500	-300	-10%	

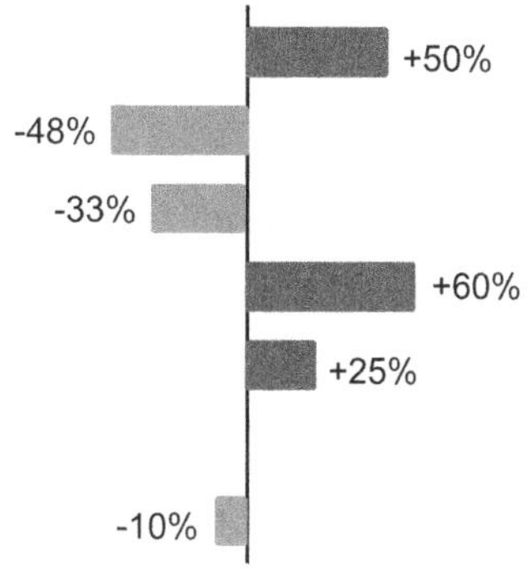

Abb. 5.7 Einfacher Plan-Ist-Vergleich Kosten

Dies ermöglicht aber noch keine Steuerung der Kosten, da der Ausblick auf den weiteren Projektverlauf fehlt. Die aktuellen Kosten mögen aktuell noch im Rahmen liegen, es kann sich aber abzeichnen, dass einzelne Kosten höher als geplant sind, so dass im Projekt insgesamt die Kosten sehr viel höher sein werden als angenommen. Oder, dass die geplanten Ergebnisse noch nicht erreicht wurden, so dass zusätzliche Kosten anfallen werden. Insofern müssen die Kosten immer in Relation zur bisher erbrachten Leistung gesehen werden. Dies erfolgt im sogenannten Forecast. Der Forecast ist eine Prognose der Kosten basierend auf dem heutigen Stand bis zum Projektende.

Eine einfache graphische Darstellung mit Forecast zeigt Abb. 5.8. Der Forecast wird durch die gestrichelte Linie dargestellt. Die Darstellung ermöglicht eine gute Übersicht über die Gesamtsituation, die Kosten werden aber nicht nach Arbeitspaketen oder Vorgängen angezeigt. Eine Erklärung für die Abweichungen kann daraus aber noch nicht abgleitet werden. Dafür müsste dann die oben beschriebene Tabelle Abb. 5.7 um die Spalten weiterer Projektverlauf mit einem Forecast und einer Abweichungsanalyse ergänzt werden.

Korrigierende Maßnahmen müssen schnell geplant und umgesetzt werden. Sie müssen auch entsprechend im Change Request Management dokumentiert werden. Auch wenn es interessant ist zu verstehen, was die Gründe für die Kostenüberschreitungen sind, sollte der Fokus auf einer Lösungsorientierung liegen. Nur wenn die Gründe relevant für das fortlaufende Projekt sind, sollten sie näher untersucht werden, um einen vergleichbaren Fehler nicht zu wiederholen.

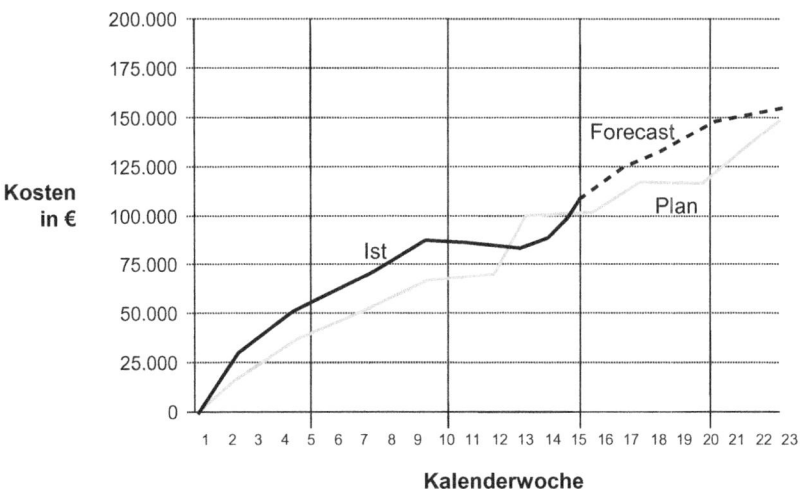

Abb. 5.8 Graphischer Plan-Ist Vergleich Kosten mit Forecast

Literatur

Clements, J. P., & Gido, J. (2012). *Effective project management* (5. Aufl.). Cengage Learning.
Deutschen Industrie Norm DIN 69901. (2009). *Projektmanagement – Projektmanagementsysteme*.
Fiedler, R. (2020). *Controlling von Projekten. Mit konkreten Beispielen aus der Unternehmenspraxis – Alle Aspekte der Projektplanung, Projektsteuerung und Projektkontrolle* (8. Aufl.). Springer Vieweg.
Swanson, S. A. (2014). Anatomy of an effective status report. *PM Network, 28*(6), 52–61.
Wegmann, C., & Winklbauer, H. (2006). *Projektmanagement für Unternehmensberatungen*. Gabler.
Zirkler, B., Nobach, K., Hofmann, J., & Behrends, S. (2019). *Projektcontrolling: Leitfaden für die betriebliche Praxis, 1*. Springer Gabler Verlag.

Projektorganisation 6

Eine Projektorganisation ist eine Organisationsstruktur, die explizit für das Projekt und alle daran Beteiligten geschaffen wird. Bei der Projektdefinition Abschn. 1.1.1 wurde ein Projekt als temporäre Aufgabe, das heißt mit einer zeitlichen Befristung und einem definierten Start- und Endpunkt, beschrieben. Dennoch ist es aufgrund der hohen Komplexität eines Projekts unabdingbar, dass das Projektmanagement während des Projektzeitraums eine selbstständige Projektorganisation hat (Zirkler et al., 2019).

Zu den Zielen einer Projektorganisation gehören die reibungslose Projektarbeit, eine angemessene Arbeitsteilung, die fokussierte Zusammenarbeit im Projekt und eine klare Struktur, die Transparenz schafft und letztlich der Motivation der Teammitglieder dient. Eine klare Projektorganisation macht allen Beteiligten deutlich, wer welche Aufgaben hat, wer für die Umsetzung verantwortlich ist, wer diese plant und überwacht und wer die Entscheidungskompetenz besitzt.

Bei der Projektorganisation geht es nicht nur um die Zusammenarbeit im Projektteam, sondern auch darum, wie sich das Projekt in die Organisation, d. h. das Unternehmen oder die medizinische Einrichtung eingliedert. Die „normale" Organisationsstruktur ist speziell auf die Wahrnehmung der Regelaufgaben in der medizinischen Einrichtung ausgelegt. Dafür gibt es Aufgabenbeschreibungen und ein hierarchisches System, das festlegt, welcher Vorgesetzte einem Mitarbeiter fachliche Anweisungen geben kann und wer ihm disziplinarisch vorgesetzt ist. Die „normale" Organisationsstruktur ist nicht für Projektaufgaben ausgelegt, sondern beschränkt sich auf die Regelaufgaben (Wegmann & Winklbauer, 2006).

Viele Projekte scheitern nicht an mangelnder fachlicher Kompetenz der Projektmitarbeiter oder einem fehlenden Projektmanagement, sondern am organisatorischen Durcheinander. Die rechtzeitige Implementation eines wirkungsvollen

Organisationskonzeptes, verbunden mit der Nominierung entsprechenden Schlüsselpersonals und der klaren Festlegung von Zuständigkeiten, Verantwortlichkeiten und Kompetenzen, ist deshalb eine wichtige Voraussetzung für die erfolgreiche Projektabwicklung (Madauss, 2020).

Auch wenn die Projektorganisation gleich am Anfang des Projekts definiert wird, kann es im Laufe des Projekts notwendig werden, sie anzupassen. Die Rahmenbedingungen können sich ändern oder Projektteammitglieder fallen aus und deshalb muss das Projekt anders organisiert werden. Die Konsequenzen dieser Anpassung müssen vorher gründlich durchdacht und im Change Request Management entsprechend dokumentiert werden. Auch müssen diese Veränderungen offiziell allen Beteiligten kommuniziert werden.

Im Folgenden werden die verschiedenen Arten der Projektorganisation und die Projektbeteiligten in den verschiedenen Gremien der Projektorganisation vorgestellt.

6.1 Arten der Projektorganisation

Grundsätzlich gibt es drei verschiedene Arten von Projektstrukturen, wie ein Projekt organisiert werden kann. Welche Projektorganisation gewählt wird, hängt vom Projekt und dem Projektziel, aber auch von der medizinischen Einrichtung selbst und ihrer Struktur ab. Und selbst die gleiche gewählte Projektorganisation kann in verschiedenen medizinischen Einrichtungen ganz unterschiedlich gestaltet sein. Die passende Projektorganisation muss die Bedürfnisse der medizinischen Einrichtung und die Bedürfnisse des Projekts ausbalancieren. Nur so können Zieldifferenzen vermieden werden, das Projekt kann gut gesteuert werden und die Ressourcenverteilung ist sichergestellt. Damit ist auch gewährleistet, dass die Ergebnisse am Projektende implementiert werden.

Die Projektorganisation dient nicht nur dazu, den einzelnen Projektmitgliedern klar ihre Rollen und Verantwortlichkeiten zuzuweisen, sondern auch die Zusammenarbeit zu definieren und die Kompetenzverteilung zu regeln. Sie sorgt auch dafür, dass die Teammitglieder einen Überblick über das Projekt bekommen, sich für ihre Aufgaben verantwortlich fühlen und das Projekt erfolgreich durchführen können. Nicht zuletzt sorgen klare Rahmenbedingungen für eine hohe Motivation im Projekt.

Die grundlegenden Alternativen für eine Projektorganisation sind: Die reine Projektorganisation, die Matrix-Projektorganisation und die Projektkoordination, auch Stabsprojektorganisation genannt (vgl. Fiedler, 2020; Kerzner, 2017; Larson

6.1 Arten der Projektorganisation

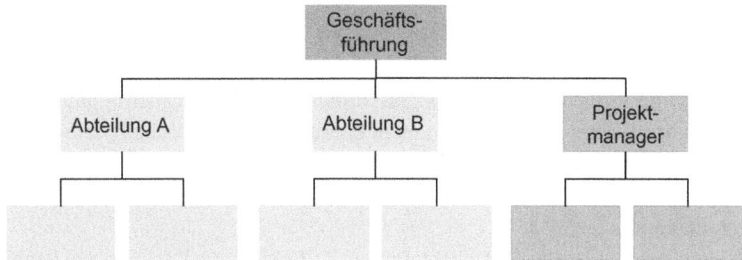

Abb. 6.1 Reine Projektorganisation

& Gray, 2011; Madauss, 2020; Wegmann & Winklbauer, 2006; Zirkler et al., 2019).

Reine Projektorganisation
In der reinen Projektorganisation agiert das Projekt völlig unabhängig von den Fachabteilungen und der Linienorganisation Abb. 6.1. Der Projektmanager hat die volle Verantwortung für das Projekt und neben der fachlichen auch die disziplinarische Verantwortung für seine Projektmitarbeiter mit weitreichenden Kompetenzen. Die Projektmitglieder arbeiten ausschließlich im Projekt und werden – sofern sie nicht für das Projekt neu eingestellt werden – von ihren Regelaufgaben freigestellt.

Die reine Projektorganisation bietet sich vor allem bei sehr umfangreichen und wichtigen Projekten an, wenn eine volle Konzentration auf das Projekt erfolgen soll. Auch wenn die Projektziele den Interessen der Fachabteilungen entgegenstehen oder es um Themen geht, die eine hohe Innovation beinhalten, sollte die reine Projektorganisation gewählt werden.

Zu den Vorteilen der reinen Projektorganisation gehören:

- Fokus auf das Projektziel, schnelle Umsetzung.
- Klare disziplinarische Verantwortung.
- Enge Zusammenarbeit zwischen Experten verschiedener Bereiche im gemeinsamen Projekt.
- Das Projektteam ist unabhängig von den Interessen der einzelnen Fachabteilungen.
- Hohe Identifikation der Teammitglieder mit dem Projekt, hohe Motivation und enger Zusammenhalt.

Als Nachteile gelten:

- Probleme bei der Wiedereingliederung der Projektteammitglieder nach Projektende: Spezialisten, die für das Projekt gearbeitet haben, können gegebenenfalls im Tagesgeschäft nicht mehr benötigt werden. Deshalb ist es wichtig, schon vor Projektende mit den Projektmitarbeitern die weitere Verwendung in nachfolgenden Tätigkeiten zu klären, da sonst das Projektende verschleppt werden kann.
- Es kann zu einer Spaltung Fachabteilungen – Projektteam kommen, bei der auch die Ergebnisse des Projekts von der Fachseite nicht akzeptiert werden.
- Die reine Projektorganisation ist eine aufwendige und teure Lösung, da die Mitarbeiter für das Projekt zu 100 % freigestellt oder neu eingestellt werden.

Matrix-Projektorganisation

Die Matrix-Projektorganisation Abb. 6.2 ist eine hybride Projektform, bei der eine Projektorganisation mit der existierenden funktionalen Organisation kombiniert wird. Damit ist die Matrix-Projektorganisation eine Mischform der bereits beschriebenen reinen Projektorganisation und der Projektkoordination. In einem fach- und abteilungsübergreifenden Projekt arbeiten Mitarbeiter aus verschiedenen Fachabteilungen zusätzlich in einem Projekt zusammen. Sie haben zwei Berichtslinien – einmal an ihre Fachabteilung, einmal an den Projektmanager. Der Projektmanager übernimmt die Gesamtkoordination und hat fachliche, projektbezogene Weisungsbefugnis. Die disziplinarische Verantwortung verbleibt beim Fachvorgesetzten, der seinen Mitarbeiter an das Projekt zu einem gewissen Prozentsatz der Arbeitszeit

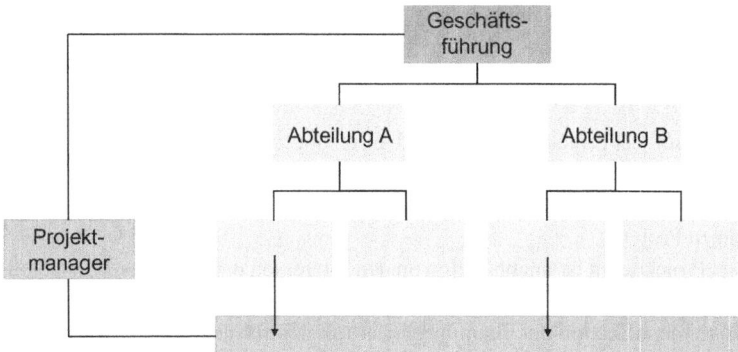

Abb. 6.2 Matrix-Projektorganisation

6.1 Arten der Projektorganisation

ausleiht. Die Ressourcen werden dem Projekt fest zugeordnet. Der Projektmanager sollte sich eng mit dem disziplinarischen Vorgesetzten abstimmen, um etwaige Konflikte zu vermeiden.

Die Matrix-Projektorganisation ist eine sehr häufige Organisationsform für Projekte. Shirley (2020) nennt sie sogar die beste Form, um Projekte im Gesundheitswesen zu managen. Der größte Vorteil liegt darin, dass die Mitarbeiter weiterhin ihren Regeltätigkeiten nachgehen können und dadurch Ressourcen eingespart werden.

Die Matrix-Projektorganisation weist weitere Vorteile auf:

- Durch die Mitwirkung der betroffenen Mitarbeiter ist die Akzeptanz der Ergebnisse am Projektende meist sehr hoch.
- Die Expertise aus verschiedenen Fachabteilungen wird genutzt, dadurch kann es zu sehr guten Projektergebnissen kommen.
- Die Mitarbeiter behalten ihre Aufgaben in den Fachabteilungen, eine Wiedereingliederung am Projektende ist nicht erforderlich.

Gleichzeitig weist die Matrix-Projektorganisation aber auch einige Nachteile auf:

- Der wesentlichste Nachteil sind vermutlich die getrennten Berichtslinien an Fachabteilung und Projektmanager, die zu einem Interessenkonflikt führen können. Entscheidet sich das Projektteammitglied, beispielsweise bei Konflikten, nicht eher im Sinne seines disziplinarischen Vorgesetzten, der auch für seine weitere Entwicklung, Beförderung und Gehaltszahlung zuständig ist?
- Die Kapazitätsauslastung kann zu einem Problem werden, wenn es in der Fachabteilung, aber auch im Projekt gleichzeitig zu einer hohen Arbeitsbelastung kommt und die Aufgaben eher zwei Vollzeitjobs ähneln. Oder wenn generell das Tagesgeschäft unverändert bestehen bleibt und das Projekt – oder sogar mehrere – „on top" dazukommen.
- Die Organisation ist eher komplex und erfordert eine gute Abstimmung zwischen Projektmanager und Fachabteilung.

Projektkoordination
Bei der Projektkoordination Abb. 6.3 gibt es keine eigene Projektorganisation – sie ist somit das genaue Gegenteil der reinen Projektorganisation. Der Projektmanager kann ausschließlich in diesem Projekt arbeiten, zum Beispiel in einer dafür eingerichteten Stabsstelle, die Projektleitung kann aber auch einem Manager in einer der beteiligten Abteilungen übertragen werden, die ein besonderes Interesse an dem

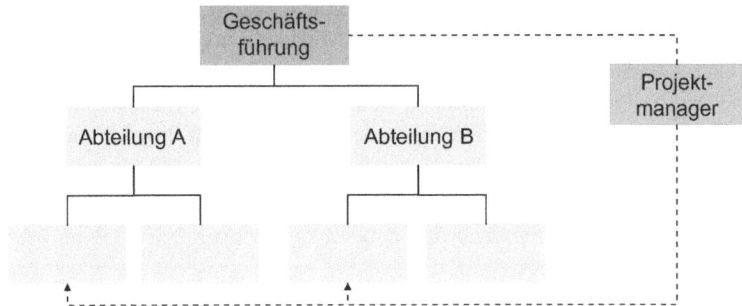

Abb. 6.3 Projektkoordination

Projekt hat. Der Projektmanager hat keine disziplinarischen Befugnisse und meist auch keine fachlichen Weisungsbefugnisse. Dies stellt eine besondere Herausforderung an den Projektmanager dar, der neben der fachlichen Qualifikation eine hohe persönliche Führungskompetenz aufweisen muss.

Seine Aufgaben bestehen vor allem in der Projektplanung und -steuerung, der Koordination, der Abstimmung und Überprüfung der Ergebnisse. Die eigentliche Aufgabenbearbeitung findet in den einzelnen Fachabteilungen statt, die auch die Projektverantwortung haben.

Diese Projektorganisation bietet sich dann an, wenn das Projektziel im Interesse der einzelnen Fachabteilungen ist und die Tätigkeiten im Projekt nahe an den Regelaufgaben in der Fachabteilung sind, sodass die zusätzlichen Projektaufgaben relativ einfach parallel zu der normalen Tätigkeit bearbeitet werden können. Auch sollten die Projekte nicht zu komplex sein.

Die wesentlichen Vorteile einer Projektkoordination sind:

- Keine zusätzliche Organisationsstruktur.
- Hohe Flexibilität, schnell einzurichten.
- Nutzung der vorhandenen Expertise in den Fachabteilungen.
- Am Ende des Projekts konzentrieren sich die Beteiligten wieder auf ihre Regelaufgaben.

6.1 Arten der Projektorganisation

Zu den Nachteilen zählen:

- Diese Organisation eignet sich nicht für erfolgskritische Projekte, da die Aufgaben oft nicht genügend Priorität bekommen und es eher langsam vorangeht.
- Das Projektteam identifiziert sich eher weniger mit dem Projekt, die Projekttätigkeit kann als zusätzliche Arbeitsbelastung wahrgenommen werden und entsprechend fehlt die Motivation.
- Es kommt zu einer schlechteren Integration der Projektergebnisse, wenn jeder nur auf seinen eigenen Fachbereich achtet.

Fiedler (2019) nennt auch die Möglichkeit, dass Mischformen zwischen den drei Projektstrukturen genutzt werden. Zudem kann ein eigener Fachbereich „Projektmanagement" installiert werden, bei dem Projekte in Auftrag gegeben werden (Auftragsprojektmanagement). Kleine Projekte werden oft innerhalb der Fachabteilungen bearbeitet, ohne eine eigene Projektorganisation einzurichten.

Ein Beispiel für eine medizinische Einrichtung mit einem eigenen Fachbereich „Projektmanagement" ist das Studienzentrum Bonn (SZB), der Zusammenschluss aller Kliniken und Einrichtungen am Universitätsklinikum Bonn, die Klinische Studien durchführen. Der Bereich Projektmanagement betreut jede klinische Studie nach Bedarf von der Planung über die Durchführung bis zum erfolgreichen Abschluss und stellt die protokoll-, zeit- und budgetgerechte Umsetzung sowie die Einhaltung der regulatorischen Anforderungen sicher (ukbonn o. D.).

In vielen der beschriebenen Praxisbeispiele wurde eine Projektkoordination genutzt. Auch für das Fallbeispiel Abschn. 1.4, die Rekrutierung ausländischer Pflegekräfte, ist eine Projektkoordination eine wahrscheinliche Projektstruktur: Es wird ein Projektmanager mit entsprechender Erfahrung eingesetzt, ansonsten arbeiten Mitarbeiter aus verschiedenen Fachabteilungen ihm zu. Eine alternative Möglichkeit ist die Matrix-Projektorganisation. Beide Arten haben den großen Vorteil, dass Mitarbeiter aus den Fachbereichen das Projekt mit ihrer Expertise unterstützen. In Zeiten des Fachkräftemangels führen aber auch beide Projektorganisationsformen dazu, dass Mitarbeiter, die zusätzlich zu ihren umfangreichen Regelaufgaben noch Projektaufgaben übernehmen müssen, schnell überlastet sind. Dann kommt es zu den in Abschn. 2.1 beschriebenen Problemen, wenn Projekte aufgrund permanenten Ressourcenmangels nicht mehr planmäßig durchgeführt werden können.

6.2 Gremien in der Projektorganisation

Das Projektteam besteht aus dem Projektmanager und den Projektteammitgliedern. Je nach Größe des Projekts kann es auch Teilprojektmanager geben. Bei größeren Projekten kann noch ein Project Management Office (PMO) eingerichtet werden. Das Projektteam berichtet an ein übergeordnetes Gremium, dem auch der Projektauftraggeber angehört. Zusätzlich kann noch ein Projektbeirat etabliert werden Abb. 6.4.

Projektmanager
Der Projektmanager leitet das Projektteam und hat die Verantwortung, das Projektziel zu erreichen – in der vereinbarten Zeit, mit dem vereinbarten Budget und den vereinbarten Ressourcen.

Die Aufgabe und Verantwortung des Projektmanagers umfasst das gesamte Spektrum der Projektdurchführung. Er ist sowohl für die technische als auch für die administrative Abwicklung des Projekts verantwortlich (Madauss, 2020). Die Kompetenzen des Projektmanagers hängen von der Organisationsform des Projekts ab. Er ist der fachliche Vorgesetzte, manchmal ist er auch der disziplinarische Vorgesetzte.

In der Verantwortung des Projektmanagers liegen die folgenden Aufgaben (Lauer, 2020; Litke et al., 2018; Madauss, 2020; Wegmann und Winklbauer, 2006):

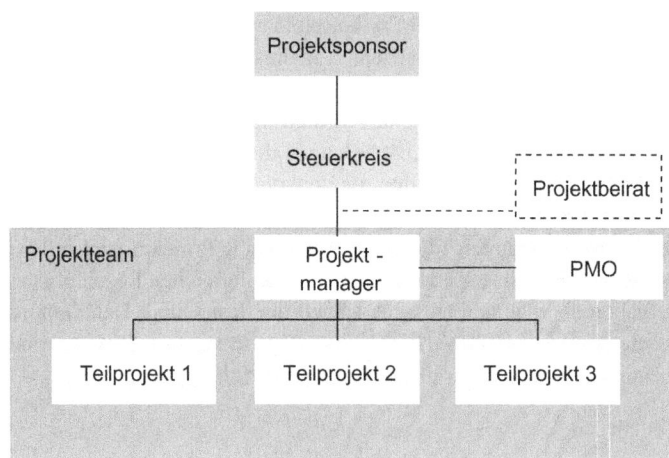

Abb. 6.4 Projektorganisation

- **Projektplanung:** Hierzu gehört neben der eigentlichen Planung auch die Abstimmung mit dem Projektsponsor und die Berücksichtigung der Interessen der Stakeholder. Der Projektmanager muss überprüfen, ob das Projektziel überhaupt realistisch zu erreichen ist. Basierend auf dem Projektziel kann er dann den Projektplan aufstellen. Zum Projektplan gehört neben den Aufgaben (Projektstrukturplan) und der Zeitplanung auch die Aufstellung des Projektbudgets. Die Freigabe des Projektplans erfolgt dann durch den Projektsponsor oder den Steuerkreis. Und letztlich muss der Projektmanager noch einen Vorschlag für die Projektorganisation machen. Dies betrifft die Art und Besetzung der Gremien im Projekt aber auch die Teambildung, d. h. welche Mitarbeiter im Projekt mitarbeiten sollen. Da das Personal die wichtigste Ressource im Projekt ist, liegt es im Interesse des verantwortlichen Projektmanagers, auch hierauf Einfluss zu nehmen.
- **Projektdurchführung:** Hier geht es um den Umgang mit den verschiedenen Herausforderungen, die im Laufe des Projekts entstehen. Der Projektmanager verteilt die Ressourcen, muss die Aufgaben für die Projektteammitglieder definieren, die Teammitglieder unterstützen, motivieren und weiterentwickeln, mit Stakeholdern kommunizieren und er ist verantwortlich für die Qualität und das Ergebnis des Projekts. Zu seinen Aufgaben gehört auch die regelmäßige Vorstellung der Projektergebnisse und die Berichterstattung, insbesondere des Projektstatus, an die Gremien. Er ist für Steuerkreis und Lenkungsausschuss der zentrale Ansprechpartner. Entsprechend muss der Projektmanager sicherstellen, jederzeit über den Projektstatus der einzelnen Teilprojekte informiert zu sein.
- **Projektcontrolling:** Der Projektmanager überwacht den Projektfortschritt und mögliche Risiken. Er muss Änderungswünsche steuern und sicherstellen, dass das Projektziel wie vereinbart erreicht wird.

Auf die konkreten fachlichen Fähigkeiten und die Rolle des Projektmanagers wird in Abschn. 11.1 genauer eingegangen.

Projektteam

Das Projektteam sind die Mitarbeiter, die tatsächlich am Projekt arbeiten. Idealerweise sind im Projektteam alle betroffenen Gruppen, die Stakeholder, vertreten. Die Projektteammitglieder sind gegenüber dem Projektmanager für die Durchführung der täglichen Projektaufgaben verantwortlich. Für den Projekterfolg ist es wichtig, die „richtigen" Mitarbeiter im Projektteam zu haben. Das betrifft ihre Qualifikation, aber idealerweise ergänzen sich auch ihre Fähigkeiten und sie verfolgen gemeinsam ihr Ziel und unterstützen sich. Wichtig ist, dass die Teammitglieder eine Gesamtsicht auf das Projekt haben und verstehen, wie ihr Arbeitspaket mit denen der anderen Teammitglieder zusammenhängt und welche Abstimmungen erforderlich sind. Dabei helfen in der Regel wöchentliche Teammeetings, in denen über den Projektfortschritt berichtet wird und Anpassungen vorgenommen werden können. Wenn das Projekt größer ist und das Projektteam mehr als sieben oder acht Mitarbeiter hat, sollte das Projekt in Teilprojekte gegliedert werden (Litke et al., 2018). Dann kann es auch sinnvoll sein, zur Unterstützung des Projektmanagers Teilprojektmanager einzusetzen. Wie die Aufgaben auf das Projektteam verteilt werden hängt vom Projekt ab. Die Grundlage für die Verteilung der Aufgabenpakete ist in der Regel der Projektstrukturplan.

Das Praxisbeispiel mit der Einführung eines Bekleidungsraums Abschn. 9.3 zeigt anschaulich, wie viele betroffene Gruppen in einem Projektteam vertreten sein können. Hier wurden neben Mitarbeitern der Pflege und dem medizinisch-technischen Dienst (MTD) auch Ärzte, das Personalmanagement, Belegschaftsvertreter, die IT und der Textilservice einbezogen.

Während die Terminologie Projektmanager und Projektteam in der Literatur recht einheitlich ist, variiert die Definition der Begriffe Projektsponsor, Lenkungsausschuss und Steuerkreis sehr stark.

Ein Projektsponsor ist derjenige, der das Projekt letztendlich in Auftrag gibt und verantwortet. Dieser Begriff wird aber nicht überall verwendet. Auch die Begriffe Lenkungsausschuss und Steuerkreis (Steering Committee) können sehr verschieden definiert werden. So kennt das Project Management Institute (2017) weder Lenkungsausschuss noch Steuerkreis. Deren Verantwortungen und Befugnisse werden dem Projektsponsor, dem Projektmanager und der Linienorganisation zugeordnet. Manchmal ist der Lenkungsausschuss nur für ein Projekt zuständig und der Steuerkreis für das gesamte Projektportfolio – und manchmal ist es genau umgekehrt. Darüber hinaus kann die Rollenbeschreibung der drei Gremien je nach medizinischer Einrichtung sehr unterschiedlich gestaltet sein. Insofern wird im Folgenden nur eine mögliche Definition vorgestellt.

Projektsponsor
Der Projektsponsor ist der Projektauftraggeber. In der Regel wird es eine Person aus Geschäftsführung oder Vorstand sein. Der Projektsponsor hat die Verantwortung für das Projekt, definiert Ziele und Strategien und beauftragt Projektmanager und Projektteam. Er entscheidet über den Beginn des Projekts, bei Bedarf über Abbruch oder Verlängerung, und beendet das Projekt offiziell mit der Entlastung des Projektmanagers und seines Teams. Während des Projekts berichtet der Projektmanager an den Projektsponsor, der das Projekt zusammen mit dem Steuerkreis überwacht und steuert. Zu seinen Aufgaben gehört auch wichtige Entscheidungen zu treffen

6.2 Gremien in der Projektorganisation

und das Projekt mit den notwendigen Ressourcen zu unterstützen und er stellt auch das Budget für das Projekt bereit. Ob er in das operative Projektgeschäft involviert ist hängt von seiner Funktion und den Rahmenbedingungen ab. In kritischen Situationen unterstützt er den Projektmanager und das Projektteam und er bindet wesentliche Stakeholder ein.

Lenkungsausschuss

Die Deutsche Institut für Normung (2009) definiert den Lenkungsausschuss als „übergeordnetes Gremium, an das der Projektmanager berichtet und das ihm als Entscheidungs- und Eskalationsgremium zur Verfügung steht". Die Norm legt dabei nicht fest, ob der Lenkungsausschuss nur für ein einzelnes Projekt oder für mehrere Projekte zuständig ist. Manchmal wird der Lenkungsausschuss auch als das Gremium bezeichnet, dass das Projekt initiiert und in Auftrag gibt (Wegmann & Winklbauer, 2006) – und damit der Rolle des Projektsponsors übernimmt. Manchmal gibt es zusätzlich einen Steuerkreis als Aufsichtsgremium, das mit Führungskräften unterhalb der Ebene des Lenkungsausschusses besetzt ist. Und manchmal wird der Begriff Lenkungsausschuss synonym mit dem Begriff Steuerkreis verwendet. Und eine letzte Variante: Der Projektmanager berichtet direkt an das Direktorium, das unabhängig vom Projekt existiert. Diese Variante wurde beispielsweise im Praxisbeispiel bei der Einführung eines Bekleidungsraums Abschn. 9.3 gewählt.

Ist das Gremium für ein ganzes Projektportfolio zuständig, gehört zu seinen Aufgaben, zu entscheiden, welche Projekte durchgeführt werden, die Konsistenz, Transparenz und Kohärenz des Projektportfolios zu sichern und die laufende Koordination der verschiedenen Projekte (z. B. Priorisierung, Budgetierung). Der Lenkungsausschuss agiert dann auch als Kommunikationsmittler zwischen den Projektteams und Geschäftsführung oder Vorstand (Lauer, 2020).

Steuerkreis

Das Gremium, das die Aufsicht über ein einzelnes Projekt hat, wird in diesem Buch **Steuerkreis** genannt. Es ist das oberste beschlussfassende Gremium für das Projekt. In diesem Steuerkreis sollten die Interessen aller Projektbeteiligten, der relevanten Stakeholder, in geeigneter Weise vertreten sein. Der Kreis sollte so klein wie möglich gehalten werden, maximal 5–7 Personen, um die Handlungsfähigkeit sicherzustellen. Vorsitzender des Steuerkreises sollte der Auftraggeber des Projekts, hier Projektsponsor genannt, sein. Der Projektmanager und sein Projektteam berichten an den Steuerkreis. Die Häufigkeit, mit der der Steuerkreis zusammentritt, wird projektspezifisch entschieden, es ist in der Regel ein Abstand von 2–6 Wochen. In kritischen Phasen kann die Frequenz entsprechend erhöht werden.

Einige Aufgaben des Steuerkreises wurden bereits genannt und werden hier noch einmal zusammengefasst und ergänzt. Der Steuerkreis

- startet das Projekt offiziell.
- definiert Projektziel und Projektorganisation. Der Steuerkreis gibt Projektressourcen und das Projektbudget frei und genehmigt den Projektplan.
- fordert Projektstatusberichte an und prüft sie.
- bewertet Projektrisiken.
- kontrolliert wesentliche Meilensteine und gibt sie frei.
- trifft Entscheidungen, die die Kompetenzen des Projektmanagers überschreiten, beispielsweise Änderungsanträge.
- unterstützt den Projektmanager und das Team – sowohl fachlich als auch beim Stakeholder-Management – und ist die Schnittstelle in die Fachbereiche.
- berichtet den Projektfortschritt an ein übergeordnetes Gremium, wie den Lenkungsausschuss oder direkt an Geschäftsführung oder Vorstand.
- eskaliert notwendige Entscheidungen aus dem Projekt nach „oben" und gibt Entscheidungen von „oben" an das Projektteam zur Umsetzung.
- nimmt die Projektergebnisse ab und entlastet am Projektende den Projektmanager. Nur der Steuerkreis kann das Projekt auch vorzeitig beenden.

Projektbeirat
Gibt es sehr viele interne Stakeholder, die zu berücksichtigen sind, kann ergänzend zum Steuerkreis ein Projektbeirat festgelegt werden. Damit wird verhindert, dass der Steuerkreis zu groß wird und der Abstimmungsaufwand entsprechend zu hoch. Gleichzeitig wird sichergestellt, dass die Expertise der Stakeholder und ihre Interessen berücksichtigt werden und sie eingebunden sind – auch im Sinne eines guten Stakeholder Managements Kap. 7. Der Projektbeirat unterstützt und berät das Projektteam.

Project Management Office (PMO)
In größeren Projekten kann es noch ein Project Management Office (PMO) oder Projektbüro geben. Der Begriff ist sehr unterschiedlich definiert. Ein PMO kann eher administrative Aufgaben übernehmen, die Aufgaben können aber bis hin zur Projektkoordination mit inhaltlicher Verantwortung reichen.

Die administrativen Aufgaben können sehr unterschiedlich sein. Sie können die allgemeine Unterstützung des Projektmanagers, die Koordination (Planung von Terminen, Einladungen, Verwaltung der Projektdokumente, Information), Berichterstattung (Projektberichte, Statusreports) bis hin zum Projektcontrolling (Zeitplanung, Erreichen von Meilensteinen, Projektbudget) umfassen.

Das Project Management Institute (2017) definiert ein PMO als eine Organisationsstruktur, die die projektbezogenen Governance-Prozesse standardisiert und die gemeinsame Nutzung von Ressourcen, Methodologien, Tools und Techniken erleichtert. Weiterführende Aufgaben sind demnach die Unterstützung bei Workshops und Qualifizierungsmaßnahmen, eine Standardisierung der verwendeten Methoden und Werkzeuge, sowie die Unterstützung bei der Steuerung des Projekts, die schon eine stärkere inhaltliche Kompetenz voraussetzt (siehe für weiteres Lauer, 2020; Madauss, 2020).

Die Aufgabe eines PMO bei der Krankenhausrestrukturierung wird im Praxisbeispiel Abschn. 6.3 dargestellt.

6.3 Praxisbeispiel: Krankenhausrestrukturierung

Krankenhausrestrukturierung

Fabian Schülke, Leiter Krankenhausberatung, PwC.

Jennifer Kleinhans, Healthcare Consulting, PwC.

Ein großer Teil der deutschen Kliniken befindet sich in einer angespannten wirtschaftlichen Situation. Ein Grund dafür ist das Ende des stationären Fallzahlwachstums, das mit einer zunehmenden Ambulantisierung der Medizin, aber auch mit dem Fachkräftemangel einhergeht. Die COVID-19 Pandemie zeigt zwar, wie wichtig eine gute stationäre Versorgungsstruktur ist, eine Konsolidierung der Krankenhauslandschaft ist jedoch nach wie vor politisch gewollt. Daher erscheint die Politik auch nicht bereit zu sein, das Anreizsystem für den Konsolidierungsprozess (u. a. Strukturfonds, Mindestmengen) vollständig über Bord zu werfen oder durch Hilfsgelder obsolet zu machen. In der COVID-19-Pandemie kommt es je nach Größe und Struktur des Hauses zu weiteren negativen wirtschaftlichen Effekten durch nicht vollständig kompensierte Erlösausfälle. Bei der Organisation der Prozesse konnten schon vor der Pandemie viele Kliniken nicht mehr mit der erforderlichen hohen Veränderungsgeschwindigkeit agieren. In der unsicheren Pandemiesituation ist dies nun schwer aufzuholen und eine zusätzliche Herausforderung. Diese Gesamtsituation macht vermehrt umfassende Restrukturierungen erforderlich.

Ziele der Restrukturierungsprojekte sind in der Regel:

- Die Klinik durch **Kostensenkungen** und **Erlössteigerungen** nachhaltig wieder in ein wirtschaftliches Gleichgewicht zu bringen. Dabei sind langfristig-strategische Maßnahmen ebenso gefragt wie kurzfristig-operative (Organisations- und Prozessoptimierung).
- Neue **strategische Entwicklungsmöglichkeiten** herauszuarbeiten, die in eine Medizinstrategie einfließen. Die Medizinstrategie ist der Grundstein für die Zukunftssicherung eines Hauses.
- Wege finden, um einem oftmals seit vielen Jahren bestehenden **Investitionsstau** zu begegnen. Hierbei ist eine enge Verknüpfung mit der Medizinstrategie erfolgskritisch. Aber auch die Basisinfrastruktur für die tägliche Patientenversorgung muss auf einen wettbewerbsfähigen Stand gebracht werden. In den Verwaltungsbereichen kann in technische Möglichkeiten investiert werden, die sich in anderen Branchen schon bewährt haben.

Bei derartigen Restrukturierungsprojekten gibt es einige **Herausforderungen:**

- Wird durch das Klinikmanagement, den Träger oder auch durch finanzierende Banken ein Restrukturierungsbedarf identifiziert, hat sich meist schon eine gewisse Zuspitzung der Situation ergeben. Die Zeit drängt dann, es gilt schnell einen Restrukturierungsplan zu erarbeiten – sozusagen das Therapiekonzept. Vor jeder Therapie müssen jedoch zunächst eine Anamnese und Diagnose erfolgen.
- Die zahlreichen oben genannten Ziele der Restrukturierungsprojekte verdeutlichen, dass die Probleme nur mit einem sehr umfassenden Projektansatz gelöst werden können, wenngleich ein Großteil der Effekte schon mit wenigen Hebeln realisiert werden kann. Durch den Fokus auf die Abwendung der Überschuldung stehen Kliniken vor Beginn einer Restrukturierung oft schon seit längerer Zeit „im Kreuzfeuer" und andere Themen wurden vernachlässigt.
- Akzeptanz ist ein ganz entscheidender Faktor. Je nach Krisenstadium sind häufig schon wichtige Leistungsträger abgesprungen und haben die Klinik verlassen. Die Mitarbeiter wissen, dass sich ihr Arbeitgeber in einer schwierigen Situation befindet, haben Ängste und reagieren sehr zurückhaltend auf angedachte Veränderungen. Auch besteht die Gefahr, dass sich die Mitarbeiter nicht ernst genommen fühlen. Change-Management ist daher ein integraler Bestandteil des Projektansatzes und nicht nur ein lästiger Schritt am Ende.

Um ein umfangreiches Restrukturierungsprogramm anzugehen, werden in einem ersten Schritt die wesentlichen Handlungsfelder identifiziert. Anhand von Gesprächen, Workshops, Datenanalysen und Benchmarks, sowie mithilfe der Erfahrungen aus vergleichbaren Projekten wird das Projekt strukturiert.

Ausgehend von den identifizierten Handlungsfeldern werden dann Teilprojekte aufgesetzt. Die internen und externen Teammitglieder werden festgelegt, Ziele und Meilensteine in Projektsteckbriefen, den Arbeitsaufträgen, beschrieben. Durch einen Projektsponsor aus den Reihen der Geschäftsführung oder des Vorstandes erhält das jeweilige Team die erforderliche Rückendeckung und rasche Entscheidungen sind möglich.

Um Akzeptanz für häufig unbequeme Notwendigkeiten zu erzeugen, müssen die Verantwortlichen adäquat eingebunden sein und, wo möglich, muss auch auf eine Partizipation der Betroffenen geachtet werden. Aufgrund der oftmals angespannten Situation in einem Restrukturierungsprozess haben Transparenz, Information, Kommunikation und Verbindlichkeit einen hohen Stellenwert.

In einem Projektmanagement Office (PMO) laufen alle Aktivitäten zusammen. Das Erreichen von Meilensteinen, sowie quantitativen und qualitativen Zielen wird laufend überwacht. Wechselwirkungen zwischen Projekten müssen berücksichtigt und die verfügbaren Ressourcen koordiniert werden. Die in den Teilprojekten herausgearbeiteten Maßnahmen müssen konsequent umgesetzt werden. Wenn von der Planung abgewichen wird, fällt dies durch ein geeignetes Monitoring rasch auf. Dies sind Aufgaben des PMO-Teams, das dafür geeignete Tools nutzt, wie beispielsweise unterstützende Software. Für die Definition von Meilensteinen und KPIs sowie deren Überwachung muss ein Verständnis für die Zusammenhänge vorhanden sein. Erfahrung in der Klinikrestrukturierung hilft auch bei der Analyse des Projektrisikos.

Die Teilprojekte in einem Restrukturierungsprojekt werden entlang der Themen Erlöse, Personalkosten, Sachkosten und flankierende Maßnahmen („Enabler") gegliedert. Alle Ziele und Aktivitäten sollten hierbei im Einklang mit der medizin-/strategischen Ausrichtung des Hauses stehen und einen Fokus auf gute Versorgung legen, damit die Restrukturierung auch nachhaltig ist.

Um die Erlösseite zu verbessern werden gemeinsam strategische Entwicklungsmöglichkeiten herausgearbeitet. Beispiele hierfür sind:

- Schärfung des stationären und ambulanten Leistungsportfolios unter Beachtung der Nachfrageentwicklung, des medizinisch-technischen Fortschrittes, regulatorischer Rahmenbedingungen, der lokalen Wettbewerbssituation sowie möglicher Kooperationen.
- Analyse von Funktionsbereichen wie Notaufnahme, OP und Ambulanzen sowie Querschnittsfunktionen, wie Patienten- und

Belegungsmanagement, um Transparenz über die Kapazitäten und die Aufnahmefähigkeit des Hauses zu erlangen.
- Analyse von Patientenbefragungen, Bewertungsportalen und lokalen Einweisern, um festzustellen, ob ein Haus gemieden wird und welche Gründe es dafür gibt.
- Überprüfung der vollständigen und korrekten Abrechnung der erbrachten Leistungen.

Auf der Kostenseite stellen die Personalkosten mit mehr als 60 % den größten Kostenblock in Krankenhäusern dar. Daher sind eine nachvollziehbare Personalplanung und ein abgestimmter Personaleinsatz gerade vor dem Hintergrund des zunehmenden Fachkräftemangels essenziell. Bei der Organisationsoptimierung werden z. B. Lean Management Prinzipien – die richtigen Dinge tun und die Dinge richtig tun (Effektivität und Effizienz) – angewandt, sowohl in den klinischen Kernbereichen als auch in den Verwaltungs- und Unterstützungsbereichen. Je nach Ausgangssituation kann es auch um eine Veränderung der Führungsstrukturen und des Führungsverständnisses gehen.

Im Bereich der Sachkosten ist die Einführung eines aktiven Sachkostenmanagements durch Klinikeinkauf (Verbrauchsmaterialien, Implantate) und Apotheke (Medikamente, Blut) wichtig. Aber auch interne Verwaltungs- und Tertiärdienstleistungen und Leistungen durch Dritte werden genau untersucht.

In Restrukturierungsprojekten geht es darum, schnell die relevanten Handlungsfelder zu identifizieren, sie gezielt anzugehen und dabei die Menschen mitzunehmen. Dazu bedarf es auf der Beratungsseite interdisziplinärer Teams – von Gesundheitsökonomen, Betriebswirten, Ärzten, Pflegemanagern, Datenspezialisten und Juristen bis hin zu Ingenieuren. Neben der fachlichen und methodischen Kompetenz müssen sie zusätzlich auch über die Fähigkeit verfügen, sich schnell in die Situation des Kunden einzudenken und Empathie im Umgang mit den Klinikmitarbeitern zu zeigen. Es braucht manchmal viel Überzeugungsarbeit und ein gutes Gespür für das Umsetzbare. Wenn es gelingt, dass die Mitarbeiter Vertrauen in das Projekt haben, motiviert sind, und aktiv an den Veränderungen mitarbeiten, dann wird das Leben für alle Beteiligten leichter und es entsteht Akzeptanz, wo zuvor Skepsis herrschte.

Literatur

Deutschen Industrie Norm DIN 69901-1:2009-01. (2009). *Projektmanagement – Projektmanagementsysteme – Teil 1 Grundlagen.*
Fiedler, R. (2020). *Controlling von Projekten. Mit konkreten Beispielen aus der Unternehmenspraxis – Alle Aspekte der Projektplanung, Projektsteuerung und Projektkontrolle* (8. Aufl.). Springer Vieweg.
Kerzner, H. (2017). *Project management: A systems approach to planning, scheduling, and controlling* (12. Aufl.). Wiley.
Larson, E. W., Gray, C. F. (2011). *Project management. The managerial process.* McGraw-Hill. International Edition.
Litke, H. D., Kunow, I., & Schulz-Wimmer, H. (2018). *Projektmanagement.* Haufe Lexware.
Lauer, T. (2020). *Change Management. Grundlagen und Erfolgsfaktoren* (3. Aufl.). Springer Gabler.
Madauss, B. J. (2020). *Projektmanagement. Theorie und Praxis aus einer Hand* (8. Aufl.). Springer Vieweg.
Project Management Institute. (2017). *A guide to the project management body of knowledge (PMBOK guide),* (6. Aufl.). Project Management Institute
Shirley, D. (2020). *Project management for healthcare* (2. Aufl.). Taylor and Francis.
Ukbonn. (o. D.). Projektmanagement. https://www.ukbonn.de/42256BC8002AF3E7/direct/projektmanagement. Zugegriffen: 28. Febr. 2021
Wegmann, C., & Winklbauer, H. (2006). *Projektmanagement für Unternehmensberatungen.* Gabler.
Zirkler, B., Nobach, K., Hofmann, J., & Behrends, S. (2019). *Projektcontrolling: Leitfaden für die betriebliche Praxis, 1.* Springer Gabler Verlag.

Stakeholder Management 7

Stakeholder haben faktisch eine hohe Bedeutung für das Projekt, auch wenn sie nicht alle direkt in die Projektorganisation einbezogen sind. Stakeholder können einzelne Personen oder eine Gruppe von Personen sein, die ein berechtigtes Interesse am Ergebnis des Projekts haben. Sie können innerhalb der Organisation sein (wie Mitarbeiter oder der Betriebsrat), aber auch außerhalb der Organisation (wie beispielsweise Vertragspartner). Sie können aktiv an dem Projekt beteiligt sein oder ihre Interessen werden nur durch die Durchführung oder den Abschluss des Projekts positiv oder negativ beeinflusst. Dabei können die Erwartungen der Stakeholder im Widerspruch zueinander stehen und miteinander konkurrieren. Stakeholder können versuchen, gezielt Einfluss auf das Projekt und die Projektbeteiligten zu nehmen, um bestimmte Ergebnisse zu erzielen oder zu verhindern (Project Management Institute, 2017).

Fast jedes Projekt bedeutet eine Veränderung – seien es Prozesse, Technologien, Zuständigkeiten oder eine Neuorganisation mit einer Veränderung der Machtverhältnisse. Stakeholder werden sich immer überlegen, was das für sie bedeuten kann. Es zeigt sich immer wieder, dass individuelle Interessen und abteilungsspezifische Bedürfnisse vor den organisationsweiten Belangen stehen. Der Projektmanager muss die verschiedenen Interessengruppen verstehen und managen. Er kann nicht davon ausgehen, dass die Betroffenen automatisch die Vorteile des Projekts erkennen und mitziehen. Es kann frustrierend sein, wenn Einzelpersonen oder Abteilungen neue Ideen und Systeme nicht akzeptieren, wenn sie die Unterstützung für das Projekt verweigern oder sich sträuben, Mitarbeiter in das Projekt zu entsenden, obwohl es im Interesse der Organisation ist. Der Projektmanager muss sich die Zeit nehmen, die Bedenken und Einwände ernst zu nehmen – egal ob sie realistisch sind oder nur eingebildet – und entsprechend darauf zu reagieren. Er wird nur dann Unterstützung für das Projekt bekommen, wenn er die anderen überzeugen kann, dass es für sie vorteilhaft ist (Pinto, 2000).

Gleich zu Beginn des Projekts sollte eine gründliche Stakeholder-Analyse gemacht werden, um relevante Stakeholder zu identifizieren. Darauf aufbauend kann dann die weitere Vorgehensweise festgelegt werden, um einen negativen Einfluss von Stakeholdern auf das Projekt zu verhindern und die Unterstützung von positiv eingestellten Stakeholdern sicherzustellen. Dieses Stakeholder-Management sollte auch im Laufe des Projekts wiederholt werden, da sich die Einstellung und das Engagement der Stakeholder im Verlauf des Projekts ändern kann.

7.1 Identifizierung der relevanten Stakeholder

Gerade das Gesundheitswesen ist ein komplexes soziales System im Schnittpunkt von Sozialwesen/Medizin, Wirtschaft und Politik. Je nach Art des Projekts gibt es eine Vielzahl sehr unterschiedlicher Stakeholder mit auch sehr widersprüchlichen Bedürfnissen, Interessen und Zielen (Roski, 2009). Viele Stakeholder sind nicht direkt im Projekt involviert, dennoch können sie einen großen Einfluss auf das Projekt nehmen. Die Fülle an unterschiedlichen Stakeholdern und die Komplexität der Beziehungen macht ein sorgfältiges Stakeholder Management zu einem entscheidenden Faktor für den Erfolg des Projekts.

Typische Stakeholder eines Projekts sind (in Anlehnung an Roski, 2009):

Interne Stakeholder (Stakeholder in der Organisation)

- Das **Projektteam:** Das Projektteam besteht aus einer Vielzahl unterschiedlicher Mitarbeiter, aus der Organisation selbst, aber auch aus externen Mitgliedern (beispielsweise Vertragspartner, Lieferanten, Berater). Gerade bei einer Matrix-Organisation Abschn. 6.1. arbeiten die Teammitglieder nicht nur im Projekt, sondern haben auch andere Verpflichtungen und Aufgaben in ihrer Fachabteilung. Einige Projektmitarbeiter stehen vollständig dem Projekt zur Verfügung, andere nur teilweise oder nur für eine bestimmte Projektphase. Allen gemeinsam ist, dass sie sehr unterschiedliche Interessen haben – aus ihrer Rolle im Projekt, aus ihrer Tätigkeit in der Fachabteilung, aber auch aus ihren eigenen, persönlichen Bedürfnissen, die sie miteinander ausbalancieren müssen.
- **Verwaltung:** Je nach Art des Projekts sind unterschiedliche Fachabteilungen im Projekt involviert oder auch nur von den Ergebnissen des Projekts betroffen. Beispiele sind die Personalabteilung, die IT-Abteilung, der Einkauf, die

7.1 Identifizierung der relevanten Stakeholder

Stabsstelle Gesundheitsförderung, aber auch weitere Abteilungen. Sie können das Projekt unterstützen, haben aber auch Anforderungen an das Projekt und eigene Vorstellungen, die im Projekt beachtet werden müssen.

- **Abteilungsleiter:** Auch hier hängt es von der Art des Projekts ab, welchen Einfluss sie auf das Projekt haben und wir stark sie involviert sind. In einer Matrix-Organisation Abschn. 6.1 entsenden sie Mitarbeiter in das Projekt. Dabei mögen sie die Vorteile einer Beteiligung am Projekt durch die Entsendung der Mitarbeiter sehen, die Möglichkeit Einfluss zu nehmen, gleichzeitig hat es Nachteile für sie, da sie auf Arbeitskräfte zumindest teilweise verzichten müssen und es zu einer Doppelbelastung ihrer Mitarbeiter kommen kann. Abteilungsleiter können aber auch nur gefragt sein ihre eigene Expertise dem Projekt zur Verfügung zu stellen. Sie können kooperativ sein und das Projekt unterstützen, vor allem, wenn es in ihrem Interesse ist. Sie verfolgen aber auch ihre eigenen Interessen, zum Beispiel negative Auswirkungen des Projekts auf ihren Bereich zu verhindern, wie zusätzliche Arbeit oder einen Personalabbau.
- **Geschäftsführung und Projektsponsor:** In der Regel genehmigt die Geschäftsführung oder der Vorstand zusammen mit dem Projektsponsor (Projektauftraggeber) das Projekt, stellt das Budget bereit und gibt die Ziele vor. Alle Änderungen im Projekt bezogen auf Budget, Zeitplan und Projektumfang müssen meistens vom Projektsponsor und oft auch der Geschäftsführung genehmigt werden. Sie haben ein natürliches Interesse am Projekt, da sie es in Auftrag gegeben haben. Aber sie stellen auch den Projekterfolg in den Kontext der gesamten Organisation. So kann ein Projekt, was sie erst befürwortet haben, plötzlich nicht mehr ihr Interesse finden. Ihre eigenen Interessen spielen dabei eine Rolle, wie der eigene, persönliche Erfolg, Macht und Einfluss, politische Interessen und – je nach Organisation – auch der finanzielle Erfolg.
- **Eigentümer:** In Abhängigkeit von der Organisation kann der Eigentümer ein großes Interesse an dem Projekt haben. Seine Ziele sind dann in der Regel der Unternehmenswert, Einfluss, Gewinn, Wertsteigerung des eingesetzten Kapitals, Kontrolle, Macht, Einfluss, aber auch Prestige oder die Realisierung seiner Ideen.
- **Mitarbeiter:** Sie müssen nicht im Projekt involviert sein, können aber von den Ergebnissen betroffen sein. Ihre Ziele beziehen sich meistens auf die Arbeitsplatzsicherheit, Mitbestimmung, die Tätigkeit selbst, die sie als sinnvoll empfinden wollen, zwischenmenschliche Kontakte und die Zugehörigkeit zu einer Gruppe, aber auch die Lebensqualität im Sinne einer Work-Life-Balance und Anerkennung.

Externe Stakeholder (Stakeholder außerhalb der Organisation)

- **Vertragspartner, Lieferanten, Berater:** Sie können maßgeblich im Projekt eingebunden sein oder auch nur in Teilbereichen involviert sein. Sie können vorwiegend technisches Equipment zur Verfügung stellen oder einzelne Dienstleistungen erbringen. Sie haben ein natürliches Interesse am Erfolg des Projekts, trägt das doch zu ihrer Reputation bei und kann zu dauerhaften Geschäftsbeziehungen führen, zudem möchten sie etwaige Vertragsstrafen bei Nichterfüllung vermeiden. Dennoch werden auch sie eigene Interessen verfolgen, beispielsweise die eigene Gewinnspanne zu berücksichtigen und sicherzustellen, dass sie ausreichend Zeit haben auch andere Kunden bedienen zu können.
- **Regulatoren, Kontrollorgane:** Die zuständigen Behörden möchten sicherstellen, dass geltende Gesetze und Regulierungen eingehalten werden. Je nach Projekt können entsprechende Genehmigungen erforderlich sein. Zu Ihren Interessen können aber auch die Erreichung des Organisationszwecks, eine funktionierende Unternehmensführung, ein geringer Verwaltungsaufwand und das Ausüben von Kontrolle und Macht gehören, sowie ausreichend Informationen zu bekommen.
- **Kostenträger:** Beispielsweise möchten Krankenversicherungen die exakten Behandlungskosten kennen, um die Kosten pro Patient so gering wie möglich zu halten. Insofern sind sie immer dann besonders interessiert, wenn ein Projekt Kostenstrukturen verändern kann.
- **Kunden bzw. Patienten:** Zu ihren primären Interessen gehört die Erfüllung der Leistung, die Qualität und die Sicherheit bei der Leistungserbringung. Sie haben aber auch oft Vertreter, die in ihrem Interesse sprechen und handeln, wie Angehörige und Ämter. Diese können aber auch eigene Interessen verfolgen.

Je nach Projekt kann es eine Vielzahl weiterer Stakeholder geben, beispielsweise Wettbewerber, die Politik, Gemeinden, Kreis und Bezirke, Interessengruppen wie Ärzteverbände, Patientengruppen, sonstige Verbände, die Pharmabranche bis hin zu den Medien.

Wie viele Stakeholder berücksichtigt werden müssen, zeigen die Praxisbeispiele zur Einführung digitaler Assistenzsysteme Abschn. 3.3 und zur Neuausrichtung der Wohn- und Pflegeheime Abschn. 7.4.

7.2 Stakeholder Klassifikation

Stakeholder-Management umfasst alle Prozesse, Verfahren, Werkzeuge und Techniken zur effektiven Einbindung der Stakeholder in die Projektentscheidungen und -durchführung auf der Grundlage der Analyse ihrer Bedürfnisse, Interessen und potenziellen Auswirkungen (Miller & Oliver, 2015).

Nachdem im ersten Schritt die relevanten Stakeholder des Projekts identifiziert wurden, werden jetzt ihre Interessen und Einflussmöglichkeiten analysiert. Dazu kann das Projektteam erste Überlegungen anstellen, dann sollte es aber frühzeitig mit allen relevanten Stakeholdern ins Gespräch gehen. Dabei ist zu klären, wie das Interesse an dem Projekt ist, wie groß die Bereitschaft ist, sich zum gegenwärtigen Zeitpunkt in das Projekt einzubringen, ob sie das Projekt unterstützen oder ob sie Bedenken gegen das Projekt oder einzelne Aspekte des Projekts haben und was im Projekt verändert werden muss, um einen etwaigen Widerstand zu überwinden.

Um einen Überblick über die Stakeholder und ihre Positionen zu gewinnen, ist es sinnvoll, eine sogenannte Stakeholder-Matrix anzulegen, die auf Mendelow (1991) zurückgeht. Eine Stakeholder-Matrix gibt eine gute Übersicht über alle relevanten Beteiligten und ihre Bedeutung im Projekt und damit auch über die Priorisierung, wie mit ihnen umgegangen werden soll. Basierend auf der Stakeholder-Matrix kann dann ein entsprechender Maßnahmenkatalog entwickelt werden, wie mit ihnen kommuniziert werden soll und wie ihre Erwartungen und Bedenken proaktiv gemanagt werden können.

In einer Stakeholder-Matrix werden an einer Achse die Bereitschaft, sich im Projekt zu engagieren abgetragen, auf der anderen Achse der Einfluss des Stakeholders in der Organisation Abb. 7.1.

Der Einfluss in der Organisation kann mit der Position zusammenhängen, oft genug gibt es aber auch Stakeholder, die aufgrund ihrer Expertise, der langjährigen Zugehörigkeit oder einer engen persönliche Verbindung zu einflussreichen Personen in der Organisation viel Macht haben, auch ohne selbst eine entsprechende Position innezuhaben. Während sich die Einordnung auf dieser Achse in der Regel im Projektverlauf nicht ändert, kann sich der Wille, sich im Projekt zu engagieren, im Laufe des Projekts, manchmal sogar mehrfach, ändern. So können Stakeholder, die zunächst keinerlei Interesse gezeigt haben, plötzlich aktiv werden und gegen das Projekt vorgehen, wenn sie merken, dass ihre eigenen Interessen durch das Projekt beeinträchtigt werden. Umgekehrt kann ein wichtiger Stakeholder das Interesse an dem Projekt verlieren, beispielsweise weil andere Themen plötzlich seine volle Aufmerksamkeit verlangen.

Basierend auf der Stakeholder-Matrix gibt es vier Kategorien von Stakeholdern, die eine unterschiedliche Aufmerksamkeit des Projektteams erfordern.

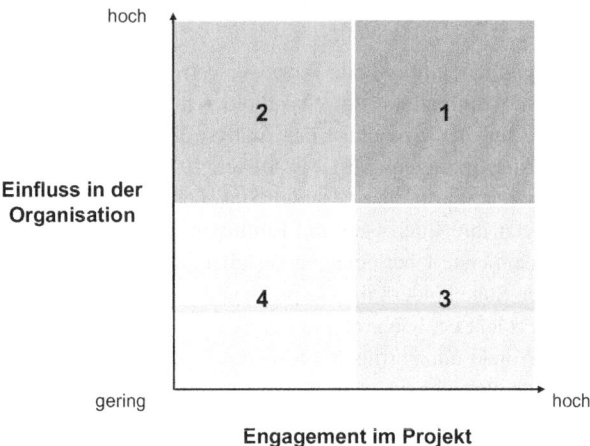

Abb. 7.1 Stakeholder Matrix

Manchmal werden die vier Quadranten auch mit einprägsamen Namen versehen (Schlüsselspieler, Terrorist etc.). Darauf wurde hier bewusst verzichtet. Zum einen ist es riskant, dass ein Stakeholder seine (negative) Bezeichnung erfährt. Zum anderen besteht die Gefahr, dass ein Stakeholder „abgestempelt" wird und das Projektteam entsprechend mit ihm umgeht und nicht berücksichtigt, dass die Position von Stakeholdern sich im Projektverlauf auch ändern kann – zwischen positiv oder negativ und mehr oder weniger Engagement (Miller & Oliver, 2015).

1. **Starker Einfluss/hohes Engagement:** Akteure in diesem Quadranten haben nicht nur einen großen Einfluss, sondern sie haben auch ein großes Interesse, ihren Einfluss im Projekt geltend zu machen. Wenn sie ein positives Interesse am Projekt haben, sind sie sehr wichtig für die Unterstützung des Projekts. Sie sind auch wichtige Botschafter, um andere Stakeholder vom Nutzen des Projekts zu überzeugen und ihre Zustimmung zu erlangen. Das Projektteam muss sehen, dass ihr Engagement aufrechterhalten bleibt und diese Stakeholder nicht durch andere Themen abgelenkt werden. Das Interesse dieser Stakeholder muss aber nicht zwingend positiv sein, sie können auch eine negative Einstellung zum Projekt haben. Ihr Ziel ist es dann, das Projekt oder zumindest bestimmte Ergebnisse des Projekts zu verhindern, die nicht in ihrem Interesse sind. Egal ob positiv oder negativ eingestellt, Stakeholder in diesem Quadranten sind die wichtigste Gruppe im Projekt. Entsprechend intensiv sollten sie

gemanagt und einbezogen werden. Ihre Unterstützung ist entscheidend, um das Projekt zum Erfolg zu führen. Das Projekt, seine Ziele, die Vorgehensweise und der Nutzen müssen ihnen erklärt werden, Anregungen, Bedenken und besondere Anforderungen berücksichtigt und gegebenenfalls das Projekt entsprechend angepasst werden.

2. **Starker Einfluss/geringes Engagement:** Stakeholder in diesem Quadranten verfügen über eine hohe Macht, üben sie jedoch zumindest im Moment in Bezug auf das Projekt nicht aus. Auch hier sollte den Stakeholdern das Projekt, seine Ziele, die Vorgehensweise und der Nutzen erklärt werden und Anregungen, Bedenken und besondere Anforderungen aufgenommen werden. Durch ihre Macht sind sie wichtige Stakeholder im Projekt, da sie zu einem späteren Zeitpunkt ihre Macht auch einsetzen können. Deshalb sollte auf diese Stakeholder im Projektverlauf besonders geachtet werden, falls sie doch ihren Einfluss geltend machen. Wenn sie negativ sind, können sie damit das Projekt gefährden. Sind sie positiv eingestellt, kann es wichtig sein, sie als Unterstützer für das Projekt zu gewinnen und ihr Engagement zu erhöhen.

3. **Geringer Einfluss/hohes Engagement:** Diese Stakeholder verfügen nur über einen geringen Einfluss, haben aber ein großes Interesse am Projekt und sind auch bereit, sich einzubringen. Sie können sehr wertvoll für das Projekt sein, indem sie das Projekt unterstützen und auch als Botschafter für das Projekt in der Organisation tätig sind. Deshalb sollten sie über das Projekt informiert und eingebunden werden. Wenn sie dem Projekt gegenüber negativ eingestellt sind, können sie aufgrund ihrer geringen Macht dem Projekt zwar nicht gefährlich werden, aber doch für zusätzlichen Aufwand und Verzögerungen sorgen, weil sie Stimmung gegen das Projekt machen können.

4. **Geringer Einfluss/geringes Engagement:** Diese Personen haben weder Einfluss noch Interesse am Projekt und müssen im Rahmen des Stakeholder-Management zunächst nicht weiter berücksichtigt werden. Sollten sie sich doch einbringen wollen, gilt für sie auch das, was zu den Stakeholdern im dritten Quadranten gesagt wurde.

Vorsicht ist geboten, wenn ein Stakeholder mit vermeintlich geringem Einfluss negativ eingeschätzt wird. Wenn dieser Stakeholder doch mehr Einfluss hat als angenommen, wird er womöglich unterschätzt und zu spät erkannt, dass er gefährlich für das Projekt sein kann. Dies ist oft dann der Fall, wenn der Stakeholder formal wenig Einfluss hat, jedoch einen engen Draht zu jemanden mit mehr Einfluss hat, dem er dann immer wieder negative Informationen zuspielen kann.

7.3 Planung von Maßnahmen

Nach der Identifizierung und der Klassifizierung in der Stakeholder-Matrix erfolgt als letzter Schritt die Maßnahmenplanung. Wie sollen die einzelnen Stakeholder eingebunden werden? Reicht es, sie zu informieren oder muss das Projekt näher erläutert und etwaige Vorbehalte entkräftet werden? Was könnten mögliche Bedenken sein und wie soll damit umgegangen werden?

Es gibt drei grundlegende Möglichkeiten Stakeholder für das Projekt zu gewinnen (ähnlich Miller & Oliver, 2015):

- **Einbinden:** Der beste Weg, Stakeholder einzubinden, ist ihre Beteiligung. Wenn Stakeholder das Gefühl haben, Teil der Entscheidungsprozesse zu sein, kann ihr Engagement für das Projekt schnell wachsen. Beispiel: Wenn Ärzte künftig auch als Dozenten für eine Weiterbildung für Pflegekräfte in der Intensivpflege tätig sein sollen, dann müssen sie auch im Projekt eingebunden werden. Sonst besteht die Gefahr, dass sie das Ergebnis nicht akzeptieren und ihren Einsatz bei der Weiterbildung ablehnen.
- **Überzeugen:** Wenn das Einbinden nicht möglich ist, ist die nächste Methode der Versuch, den Stakeholder von den Vorzügen, Vorteilen und Anforderungen der Veränderung zu überzeugen. Beispiel: Wenn die Ärzte nicht im Projekt einbezogen werden können, sollten sie zumindest informiert werden und ihre Bedenken im Projekt berücksichtigt werden. Sie sollten überzeugt werden, dass diese Weiterbildung auch Vorteile für sie bringt, beispielsweise eine Arbeitserleichterung.
- **Inzentivieren:** Die nächste Option ist die „Belohnung". Das bedeutet, dem Stakeholder einen Anreiz zu geben sich für die Veränderung zu engagieren. Das kann finanziell sein (ein Bonus) oder ein anderer Vorteil, der für den Stakeholder attraktiv ist.

Wenn es nicht gelingt, einen Stakeholder für das Projekt zu gewinnen und er gegen die Veränderung arbeitet und damit das Projekt gefährdet, kann versucht werden, ihn zu isolieren. Dies kann bedeuten, den Stakeholder in eine andere Position zu versetzen oder ihm die Verantwortung für den Fachbereich zu entziehen. Dies kann aber nur auf Veranlassung des Projektsponsors geschehen und wird in den meisten Fällen nicht ohne Weiteres möglich sein.

7.3 Planung von Maßnahmen

Nach der Entscheidung über die richtige Vorgehensweise muss das Projektteam festlegen, wer welche Aufgabe beim Stakeholder-Management übernimmt und bis wann. Denn nach der Erstellung der Stakeholder-Matrix müssen die geplanten Maßnahmen auch umgesetzt und nachgehalten werden. Hierfür kann auch ein Stakeholder-Management Plan erstellt werden, der die Umsetzung dokumentiert und der fortlaufend überprüft wird. Denn da sich die Bereitschaft der Stakeholder, sich im Projekt einzubringen, im Laufe des Projekts ändern kann, muss die Stakeholder Identifikation und Analyse regelmäßig wiederholt und aktualisiert werden. Dann können Veränderungen rechtzeitig wahrgenommen und die Vorgehensweise entsprechend angepasst werden. Nur dadurch kann sichergestellt werden, dass das Projekt die Unterstützung der relevanten Stakeholder weiterhin hat bzw. frühzeitig deutlich wird, wo noch Bedenken vorhanden sind, die ausgeräumt werden müssen.

Bezogen auf das Fallbeispiel Abschn. 1.4, die Rekrutierung der ausländischen Pflegekräfte, können beispielhaft folgende Stakeholder identifiziert werden:

1. Geschäftsführung
2. Kaufmännische Direktion
3. Finanz- und Rechnungswesen
4. Personaldirektion
5. Personalabteilung
6. Pflegedirektion
7. Pflegekräfte
8. Stabsstelle Gesundheitsförderung
9. Medizinische Fachabteilungen (Ärzte)
10. Betriebsrat

In der Abb. 7.2 ist eine mögliche Stakeholder-Matrix für das Fallbeispiel dargestellt, die natürlich von den Gegebenheiten in der Klinik, aber auch von den handelnden Akteuren abhängt. So haben die Pflegedirektion und die Personaldirektion ein Interesse, neue Mitarbeiter zu gewinnen – während die Personalabteilung den zusätzlichen Aufwand scheuen kann, der durch die Einstellung von ausländischen Fachkräften entsteht. Wenn der Personalbereich nicht dem kaufmännischen Direktor untersteht, ist dieser vermutlich weniger interessiert, da für ihn nur Budgetfragen eine Rolle spielen. Die Geschäftsführung hat viel Macht, wird sich aber voraussichtlich weniger in das Projekt einbringen. Die medizinischen Fachabteilungen, die einbezogen werden, um den Bedarf zu planen, können

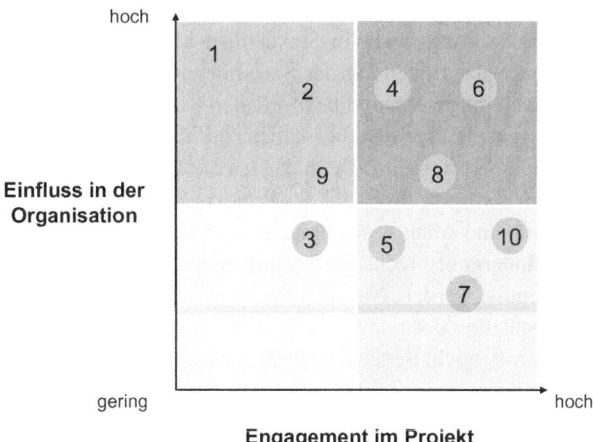

Abb. 7.2 Stakeholder-Matrix Fallbeispiel Rekrutierung ausländischer Pflegekräfte

unterschiedliche Interessen haben – während einige sehr positiv sind, dankbar für die künftige Unterstützung, können andere eher negativ sein und Zweifel an der zu erwartenden Qualifikation der neuen Mitarbeiter haben. Gleiches gilt für die Pflegekräfte – sie können froh sein, neue Kollegen zu bekommen oder sich schwertun, ausländische Fachkräfte zu akzeptieren und eine aufwendige Einarbeitung fürchten. Die Stabsstelle Gesundheitsförderung hat wie der Betriebsrat, der vor allem die Interessen der Mitarbeiter vertritt, ein Interesse an der Arbeitsentlastung der Pflegekräfte. Entsprechend muss das Projektteam die passenden Maßnahmen planen, um alle Stakeholder einzubeziehen und zu überzeugen.

7.4 Praxisbeispiel: Neuausrichtung Wohn- und Pflegeheime

Altersstrategie für eine Stadt

Marco Stoll
Managing Partner
ComTeam Group

Eine mittelgroße Stadt (430.000 Einwohner) erarbeitet eine Strategie für das Alter, die u. a. die Themen Wohnen, Mobilität, Betreuung, Pflege beinhaltet. Als eine erste Maßnahme zu deren Umsetzung werden die Wohn- und Pflegeheime, die bisher getrennte Organisationseinheiten sind, zusammengeführt. Davon sind rund 4000 Mitarbeitende und über 3500 Bewohner/innen in 30 Häusern direkt oder indirekt betroffen. Diese neu entstehende Organisationseinheit muss auf die neue Altersstrategie der Stadt ausgerichtet werden. Deren Ziel ist es, alle Angebote und Dienstleistungen für ältere Menschen zu vernetzen und sie individueller und flexibler zu gestalten.

Das Projekt steht vor zahlreichen Herausforderungen:

- Während der Zusammenführung und Neuausrichtung muss der Betrieb aller Institutionen gewährleistet bleiben.
- In Anbetracht der knappen Personalressourcen muss sichergestellt werden, dass Personalabgänge so weit möglich vermieden werden.

- Der Prozess muss mit den vorhandenen, begrenzten Personalressourcen bewältigt werden.
- Neben den Bewohner/innen und Mitarbeitenden gehören auch Angehörige, Beistände, Ärzte und Behörden zu den Stakeholdern, die berücksichtigt werden müssen.

Um diesen Herausforderungen zu begegnen, wurde der folgende Projektansatz gewählt. Der Prozess wird über rund 18 Monate in drei Phasen gegliedert:

- Phase 1: Besetzen der neuen Geschäftsleitung
- Phase 2: Besetzen der nächsten Führungsebene und Zusammenführen der beiden Organisationseinheiten Wohn- und Pflegeheime
- Phase 3: Strategie und Neuausrichtung der neuen Organisationseinheit.

Die ersten beiden Phasen haben zum Ziel Ressourcen zu bündeln, Synergien zu nutzen und so Kapazitäten für die Neuausrichtung freizusetzen. In der dritten Phase wird die Organisation auf die Ziele der Gesamtstrategie der Stadt ausgerichtet. Dies hat weitere organisatorische Anpassungen zur Folge.

Durch ein kontinuierliches Stakeholder-Management wird sichergestellt, dass relevante Stakeholder mit unterschiedlichen Erfahrungen, Sichtweisen und Erwartungen in den Prozess integriert werden.

In der **Phase 1** wird die neue Geschäftsleitung in mehreren Schritten bestimmt:

- Führungskräfte aus verschiedenen Bereichen erarbeiten Aufgaben, Rollen und Verantwortungen der Geschäftsleitung. Es entstehen verschiedene Varianten, wie die neue Geschäftsleitung zusammengesetzt werden könnte. Durch diesen hohen Grad an Beteiligung wird sichergestellt, dass Transparenz darüber besteht, wie die neuen Funktionen definiert und besetzt werden.
- Die Direktorin, die die neue Organisation leitet, erarbeitet aufgrund dieser Vorarbeiten die neue Geschäftsleitungsstruktur. Diese Struktur wird in einem weiteren Workshop mit den gleichen Führungskräften diskutiert und weiter konkretisiert.

7.4 Praxisbeispiel: Neuausrichtung Wohn- und Pflegeheime

- Die Mitglieder der Geschäftsleitung werden durch die Direktorin erst nachdem die Aufgaben, Verantwortung und Rollen abschließend geklärt sind bestimmt. Ziel ist es, Personen zu wählen, die nicht das Bestehende fortführen, sondern die Zukunft gestalten wollen und können.

In **Phase 2** werden die neuen Führungsteams bestimmt und nehmen ihre Arbeit auf:

- Die Geschäftsleitung nominiert die nächste Führungsebene.
- Die Teammitglieder schaffen Transparenz über ihre Rollen, Erfolge, Erkenntnisse in den alten Organisationen und klären Erwartungen an ihre neue Rolle. Ziel ist es, eine Vertrauensbasis zu schaffen, aufgrund der Neues entstehen kann und nicht Altes verteidigt werden muss. Die Mitarbeitenden aus den alten Organisationseinheiten werden schrittweise zusammengeführt.

Sobald der tägliche Betrieb in den neuen Strukturen sichergestellt ist, wird für die neue Organisationseinheit in **Phase 3** eine zukunftsweisende Strategie erarbeitet. Diese richtet sich auf die Gesamtstrategie der Stadt aus und erfolgt mit Beteiligung von Mitarbeitenden aller Stufen und aller Bereiche. Bewohner/innen, Angehörige, Ärzte etc. sind in erster Linie „Soundingboard", eine Art Resonanzkasten, für die Strategie und werden punktuell, wo angebracht, in der Umsetzung einbezogen. Die Umsetzung der Strategie wird mehrere Jahre in Anspruch nehmen.

Dem Stakeholder Management bei Veränderungen von großen, öffentlichen Institutionen muss – noch mehr als bei privaten Unternehmen – besondere Bedeutung zugemessen werden. Einerseits ist ein relevanter Teil der Bevölkerung direkt oder indirekt von der Veränderung betroffen und hat deshalb ein berechtigtes Interesse am Prozess und den Resultaten. Andererseits darf nicht außer Acht gelassen werden, dass der Erfolg solcher Vorhaben für gewählte Behördenmitglieder von entscheidender Bedeutung für ihre Wiederwahl ist. Eine kontinuierliche und transparente Kommunikation ist deshalb sehr wichtig.

Literatur

Mendelow, A. L. (1991). Environmental scanning: The impact of the stakeholder concept. In Proceedings from the second international conference on information systems (S. 407–418).

Miller, D., Oliver, M. (2015). Engaging stakeholders for project success. PMI White Papers.

Pinto, J. K. (2000). Understanding the role of politics in successful project management. *International Journal of Project Management, 18*, 85–91.

Project Management Institute. (2017). *A guide to the project management body of knowledge (PMBOK guide)* (6. Aufl.). Project Management Institute.

Roski, R. (2009). Akteure, Ziele und Stakeholder im Gesundheitswesen – Business Marketing, Social Marketing und Zielgruppensegmentierung. In R. Roski (Hrsg.), *Zielgruppengerechte Gesundheitskommunikation. Akteure – Audience Segmentation – Anwendungsfelder* (S. 3–31). VS Verlag.

Risiko Management 8

Schon aus der Definition von Projekten ergibt sich, dass Projekte mit Risiken und Unsicherheiten behaftet sind Abschn. 1.1. Projekte sind einmalige Vorhaben mit unterschiedlichen Komplexitätsgraden. Sie werden im Kontext von Beschränkungen und Annahmen durchgeführt und müssen auch auf Stakeholder Erwartungen eingehen, die miteinander im Konflikt stehen und sich ändern können (Project Management Institute, 2017).

In der Literatur findet sich für den Begriff „Risiko" keine allgemein gültige Definition. Nach Zirkler et al. (2019) kann unter Risiko ein potenzieller Zustand verstanden werden, welcher für bestimmte Objekte Wertveränderungen situationsbedingt oder innerhalb eines bestimmten Zeitraums herbeiführt. Hierbei kann es sich grundsätzlich um positive (Chancen) als auch negative (Gefahren) Auswirkungen handeln.

Risiko wird oft mit negativen Folgen assoziiert. Insofern kann Risiko auch allgemein als eine Möglichkeit definiert werden, dass etwas schiefgeht, das heißt, ein nicht gewünschtes Ereignis eintritt. Es ist die Wahrscheinlichkeit, dass es durch externe oder interne Umstände zu einem Schaden oder einem Verlust kommt, der durch vorausschauendes Handeln vermieden oder abgeschwächt werden könnte. Ein Projektrisiko ist jeder Einflussfaktor, der eine negative Auswirkung auf den erfolgreichen Abschluss des Projekts hat und auf das Liefern der erwarteten Ergebnisse oder der negative Auswirkungen auf die Ressourcen, die Zeitplanung, die Kosten und/oder die Qualität hat.

Risikobehafteten Vorhaben wird jedoch oft zu wenig Aufmerksamkeit geschenkt. Dabei ist gerade im Gesundheitswesen Risikomanagement ein vielschichtiges Thema – nicht nur in Projekten. Die Komplexität der Behandlungen und die Tatsache, dass der „Faktor Mensch" sowohl auf der Seite des Behandelten als auch auf der Seite des Behandelnden eine wesentliche Rolle spielt,

© Der/die Autor(en), exklusiv lizenziert durch Springer Fachmedien
Wiesbaden GmbH, ein Teil von Springer Nature 2021
S. Böhlich, *Projektmanagement im Gesundheitswesen*,
https://doi.org/10.1007/978-3-658-34867-0_8

erhöhen die Wahrscheinlichkeit der negativen Ereignisse. Daher wird zunehmend das Risikomanagement auch im Gesundheitswesen systematisch institutionalisiert (Köhrmann, 2018).

Verschiedene Stakeholder verfolgen sehr unterschiedliche Interessen. So versucht das medizinische Personal in Kliniken die Risiken für Patienten zu minimieren, die beispielsweise durch fehlerhaftes ärztliches Handeln entstehen können. Die Geschäftsführung ist daran interessiert, gesetzliche und versicherungsrechtliche Risiken zu beherrschen und gleichzeitig den wirtschaftlichen Erfolg zu sichern. Die IT und Medizintechnik dagegen fokussieren hauptsächlich auf Risiken, die durch die Technologien entstehen (Johner Institut, 2008).

Auch gibt es besondere regulatorisch relevante Grundlagen für Kliniken und andere Anbieter im Gesundheitswesen mit Bezug zum Risikomanagement (Johner Institut, 2008):

- Patientenrechtegesetz 2013: Das Gesetz zur Verbesserung der Rechte von Patientinnen und Patienten vom 20. Februar 2013 verpflichtet Krankenhäuser, Risikomanagement- und Fehlermeldesysteme einzuführen.
- Beschluss des gemeinsamen Bundesausschusses (G-BA): Der G-BA hat eine Qualitätsmanagement-Richtlinie erlassen, die für Vertragsärzte und Krankenhäuser verbindlich ist. Die Richtlinie fordert neben einem Qualitätsmanagement auch ein Risikomanagement und Fehlermeldesystem.
- Medizinproduktegesetz speziell mit der Medizinprodukte-Betreiberverordnung beim Anschluss von Medizinprodukten an andere Gegenstände (IT-Netzwerk): Diese Verordnungen bilden die gesetzliche Basis, die Krankenhäuser und andere Anbieter im Gesundheitswesen zum Risikomanagement verpflichten, wenn sie Medizinprodukte vernetzten bzw. in ein IT-Netzwerk integrieren.

Deshalb ist ein sorgfältiges und systematisches Risikomanagement besonders bei Projekten im Gesundheitswesen wichtig. Risiken können meistens nicht gänzlich ausgeschlossen werden. Die mit Risiken einhergehenden Auswirkungen können aber gesteuert oder sogar vermieden werden, wenn sie von Anfang an berücksichtigt werden.

Risikomanagement ist der systematische Prozess, diese Projektrisiken zu identifizieren, qualitativ und quantitativ zu analysieren, um dann die Risiken effektiv zu reduzieren oder zu eliminieren.

Dazu kommt während der Laufzeit des Projekts ein fortlaufender Monitoring-Prozess, um neue Risiken zu identifizieren und Veränderungen in der Risikobewertung aufzunehmen (ähnlich Project Management Institute, 2017).

Die Kernfragen, die sich jeder Projektmanager stellen sollte, sind:

- Welche Risiken können im Projekt auftreten?
- Wie wahrscheinlich ist es, dass diese Risiken auftreten?
- Was sind die Konsequenzen, wenn diese Risiken auftreten?
- Was können wir tun, um das Auftreten der Risiken zu verhindern oder zumindest die Eintrittswahrscheinlichkeit und den Schweregrad der Konsequenzen abzumildern?
- Wie schnell müssen wir handeln?

Erfolgreiches Risikomanagement bedeutet, bereits direkt zu Beginn des Projekts mögliche Risiken zu identifizieren. Denn gerade am Anfang, wenn noch nicht alles detailliert geplant und bekannt ist, ist die Chance, dass Risiken auftreten und übersehen werden, besonders hoch. Am Projektende hingegen sind die Kosten besonders hoch, wenn man mit den dann auftretenden Risiken umgehen muss. Entscheidend ist darüber hinaus, dass während der gesamten Projektdauer immer wieder die Risiken überprüft und bei Bedarf geeignete Maßnahmen ergriffen werden.

Phasen des Risikomanagements
Die im Folgenden näher vorgestellten Phasen des Risikomanagements sind Abb. 8.1.:

1. **Risiken identifizieren**
   Bei einem Brainstorming des Projektteams mit weiteren Experten werden alle möglichen Projektrisiken erfasst und genauer beschrieben.
2. **Risiken analysieren**
   Die identifizierten Risiken werden quantitativ und qualitativ bewertet. Ihre Eintrittswahrscheinlichkeit wird ebenso abgeschätzt, wie der Schweregrad der Konsequenzen bzw. ihre Auswirkungen. Darauf basierend können die Risiken priorisiert werden – welche Risiken sind zumindest im Moment vernachlässigbar, welche sollten zumindest weiter beobachtet werden und welche Risiken müssen direkt weiterverfolgt werden.

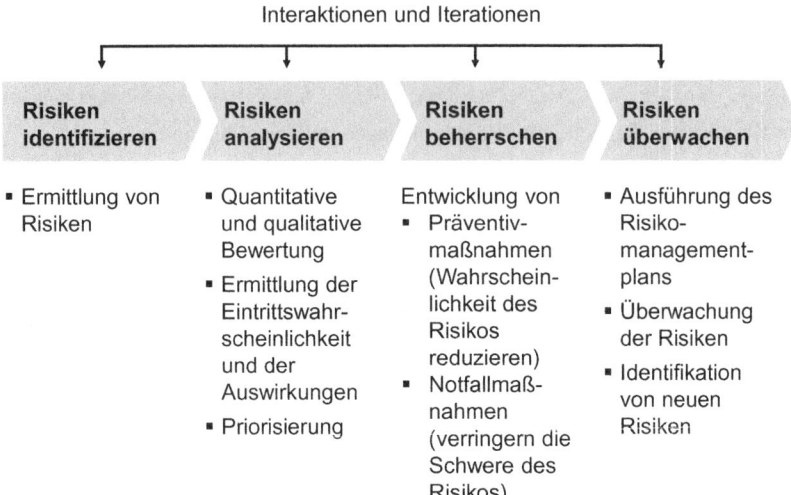

Abb. 8.1 Risiko Management Prozess

3. **Risiken beherrschen**
Vorbeugende Maßnahmen werden definiert, um die Wahrscheinlichkeit, dass die Risiken auftreten, zu reduzieren oder zumindest ihre Auswirkungen zu minimieren.
4. **Risiken überwachen**
Während der gesamten Projektlaufzeit werden die Risiken immer wieder analysiert, um festzustellen, ob neue Risiken dazugekommen sind oder sich bei bereits identifizierten Risiken die Einschätzung der Wahrscheinlichkeit oder der Auswirkungen geändert hat. Dieses Risiko Monitoring muss fortlaufend während der Projektlaufzeit durchgeführt werden.

8.1 Risiko Identifizierung und Analyse

8.1.1 Risiken in Projekten

In Abhängigkeit von der Art des Projekts gibt es eine Vielzahl möglicher Risiken. Deshalb muss systematisch nach Risiken gesucht werden, auch um Betriebsblindheit und Sorglosigkeit („wir nehmen an, dass...") auszuschließen. Es ist hilfreich,

8.1 Risiko Identifizierung und Analyse

sich bei der Identifizierung der Risiken an allgemein gültigen Kategorien zu orientieren, um kein Themenfeld zu vergessen. Die meisten Risiken haben einen Einfluss auf das bereits genannte „magische Dreieck" Abb. 1.1: Sie haben einen Einfluss auf die Qualität der Ergebnisse, die Zeitplanung und damit die Projektdauer oder die Kosten des Projekts bis hin zur Undurchführbarkeit und dem Scheitern eines erfolgreichen Projektabschlusses. Aber auch weitere Risikokategorien können – abhängig vom durchzuführenden Projekt – eine Rolle spielen. Neben dieser Standard-Checkliste sollte aber auch nach weiteren Projektrisiken gesucht werden, die für das spezielle Projekt relevant sein können.

Folgende Risikokategorien können als Anregung dienen (siehe auch Clements und Gido 2017, Shirley, 2020):

- Finanzielle Risiken
  - Budget nicht klar definiert oder nicht ausreichend
  - Budget nachträglich reduziert
  - Kostensteigerungen während des Projekts
  - ...
- Stakeholder
  - Unterschiedliches Verständnis der Ziele des Projekts
  - Divergierende Interessen
  - Veränderung des Projektumfangs und der Anforderungen während des laufenden Projekts
  - Unterstützung wesentlicher Stakeholder fehlt oder wird zurückgezogen
  - Ein Fürsprecher des Projekts fällt aus
  - Verzögerungen bei der internen Genehmigung des Projekts
  - Widerspruch des Betriebsrates
  - ...
- Geschäftsumfeld/externe Risiken
  - Veränderungen der rechtlichen Rahmenbedingungen
  - Verzögerungen durch regulatorische Erfordernisse
  - Lieferanten, Subunternehmern, Dienstleistern unzuverlässig
  - Beschaffung von notwendigen Daten verzögert sich
  - Reaktion der Wettbewerber
  - ...
- Qualität
  - Unzureichende Projektplanung (Zeit, Kosten und Ressourcen)
  - Unzureichende Qualität der Produkte und Dienstleistungen
  - ...

- Technische Risiken
  - Probleme mit Hardware und/oder Software
  - Kundenanforderungen an die Leistung können nicht erfüllt werden
  - Fehlender Support
  - Technologische Grenzen verhindern geplante Nutzung
  - ...
- Personelle Risiken
  - Verfügbarkeit der Mitarbeiter oder Krankheit
  - Keine klaren Rollen und Verantwortlichkeiten
  - Unzureichende Kompetenzen im Team
  - Konflikte im Projektteam
  - Fluktuation, Ausfall von Experten
  - Schlechte Kommunikation
  - Demotivation
  - Überbelastung
  - ...

Obgleich Risikomanagement Aufgabe des Projektmanagers ist (und seines Projektteams), empfiehlt es sich, auch andere Stakeholder bei der Risikoidentifizierung einzubeziehen. Damit werden potenzielle Risiken von verschiedensten Perspektiven betrachtet und analysiert (Zirkler et al., 2019).

8.1.2 Risikomatrix

In einer Risikomatrix werden übersichtlich die Eintrittswahrscheinlichkeiten der Risiken und der Schweregrad der Auswirkung, wenn die Risiken eintreten, in Beziehung zueinander gesetzt Abb. 8.2. Damit können auch die Prioritäten der Risiken ermittelt werden. Je wahrscheinlicher der Eintritt und je größer die Auswirkungen, desto wichtiger ist es, das Risiko entsprechend zu managen.

Es gibt unterschiedliche Darstellungsformen einer Risikomatrix. Neben der hier genutzten 2×2 Matrix gibt es auch Varianten mit 3×3 oder 5×5 Feldern oder Matrizen, die mit verschiedenen Risikoklassen arbeiten, die durch diagonal laufende Linien von links oben nach rechts unten definiert sind.

Grundlage der Risikobewertung sind die im ersten Schritt identifizierten Risiken, die jetzt weiter detailliert werden. Was ist die Ursache für dieses Risiko? Wie groß ist die Wahrscheinlichkeit, dass dieses Risiko eintritt? Die Eintrittswahrscheinlichkeit kann in Prozent angegeben werden oder mit einer einfachen Skala (gering, hoch) gearbeitet werden. Wie groß sind die Auswirkungen, wenn

8.1 Risiko Identifizierung und Analyse

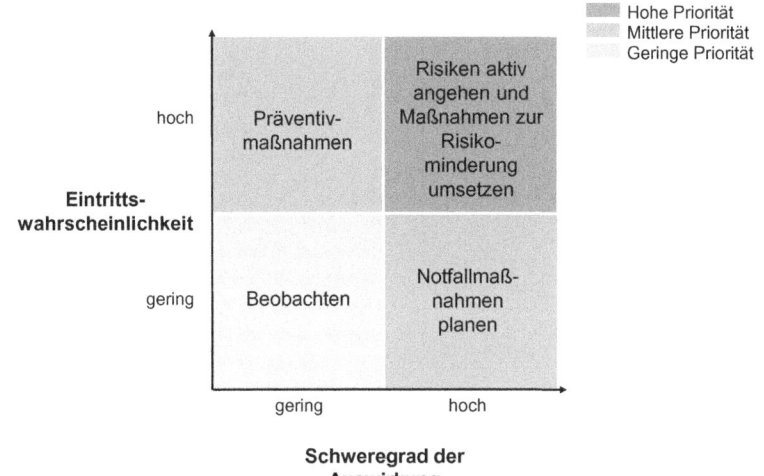

Abb. 8.2 Risiko Matrix

dieses Risiko eintritt? Hier wird meistens auch eine einfache Skala verwendet, die in gering und hoch unterteilt. Idealerweise findet diese Bewertung – zusammen mit der vorausgegangenen Identifizierung – in einem Workshop statt, indem außer dem Projektteam möglichst viele Experten versammelt werden. Da die Einschätzung auch immer eine subjektive Komponente hat, erhöht eine intensive Diskussion die Chance, dass die Risiken objektiv bewertet werden.

Alle Risiken, die im oberen rechten Quadranten eingetragen werden, haben die höchste Priorität. Für sie müssen unverzüglich Maßnahmen ergriffen werden, um eine Schadensminderung bei einem Eintritt sicherzustellen. Für die Risiken, die eine geringe Eintrittswahrscheinlichkeit aufweisen, aber einen hohen Schweregrad der Auswirkung müssen Notfallmaßnahmen definiert werden. Für Risiken mit geringen Konsequenzen, aber einer hohen Eintrittswahrscheinlichkeit müssen Präventivmaßnahmen entwickelt werden. Die Risiken, die im Quadrant links unten eingetragen sind, müssen weiterhin überwacht werden, es sind aber keine unmittelbaren Maßnahmen erforderlich.

Wurden alle Risiken bewertet, können sie zur Übersichtlichkeit in einer Tabelle eingetragen werden, in der auch die definierten Maßnahmen und ein Fälligkeitsdatum eingetragen sind. Zudem sollte festgehalten werden, wer für die Erledigung

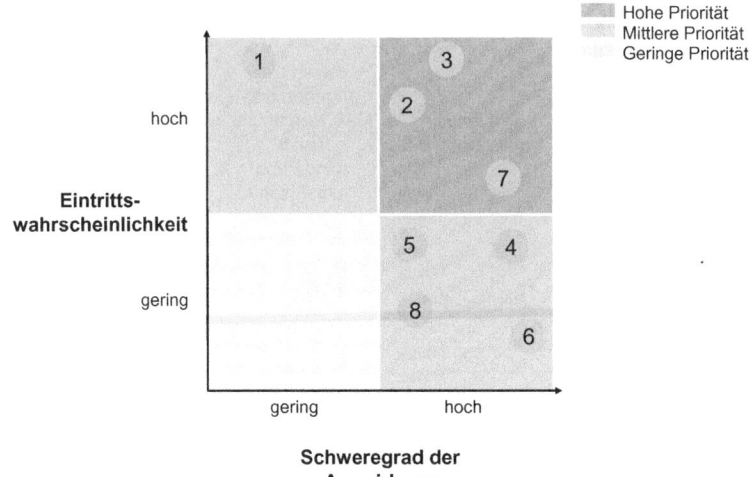

Abb. 8.3 Risikomatrix Fallbeispiel Rekrutierung ausländischer Pflegekräfte

der Aufgabe die Verantwortung hat. Diese Tabelle muss entsprechend fortlaufend weitergeführt, die Risiken überwacht und die Erledigung der definierten Maßnahmen kontrolliert werden.

Bezogen auf das Fallbeispiel, die Rekrutierung ausländischer Pflegekräfte, Abschn. 1.4 können folgende Risiken identifiziert werden Abb. 8.3

1. Problem bei der Anerkennung der ausländischen Qualifikation
2. Integrationsprobleme, fehlende Akzeptanz bei Kollegen und Patienten
3. Sprachprobleme
4. Mitarbeiterbindung, baldige Rückkehr in Heimatländer
5. Hohe Kosten für Rekrutierung und Integration
6. Keine ausländischen Pflegekräfte können rekrutiert werden
7. Aufwendige Einarbeitung bindet Ressourcen
8. Mangelnde Qualifikation der ausländischen Pflegekräfte

8.2 Risikobeherrschung und Monitoring

8.2.1 Risikobeherrschung

Nach der Identifizierung und Analyse der Risiken werden Maßnahmen definiert, die die Wahrscheinlichkeit des Eintritts reduzieren und/oder die Folgen des Eintritts mindern.

Sie können grundsätzlich in vier Kategorien eingeteilt werden (siehe auch Fiedler, 2020; Larson und Gray, 2011; Zirkler et al., 2019) Abb. 8.4:

1. **Risiken vermeiden**
So erstrebenswert es auch wäre, es ist oft nicht möglich Risiken zu vermeiden. Sollte ein Risiko als so schwerwiegend eingeschätzt werden, dass eine Vermeidung erforderlich ist, bleibt in der Regel nur das Projekt oder Teilprojekt abzubrechen, da das Risiko als zu hoch und nicht beherrschbar erscheint. Gegenfalls besteht auch die Möglichkeit, das Projekt zu verzögern, bis eine geeignete Lösung gefunden wurde. Wenn ein revolutionäres neues Krankenhausinformationssystem eingesetzt werden soll, aber das Risiko als zu hoch eingeschätzt wird, einen reibungslosen Ablauf in der Patientenversorgung und den Datenschutz sicherzustellen, bleibt nur auf eine bewährte Technologie zurückzugreifen oder das Projekt nach hinten zu verschieben.

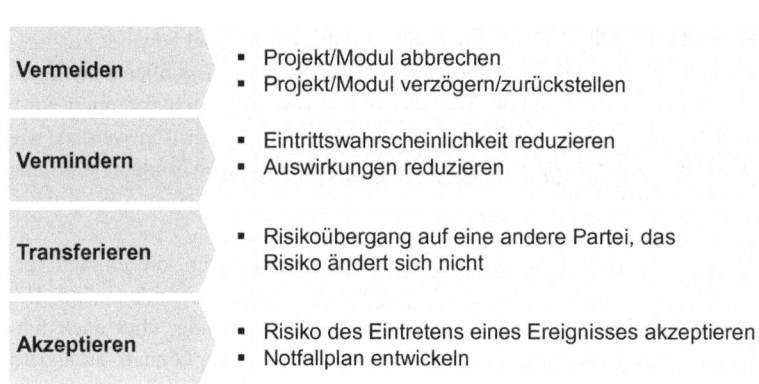

Abb. 8.4 Risikobeherrschung

2. **Risiken vermindern**
   Gegebenenfalls können die Eintrittswahrscheinlichkeit oder die Auswirkungen, wenn das Risiko tatsächlich eintritt, reduziert werden. Mögliche Maßnahmen sind zusätzliche Puffer bei der Zeit- und Ressourcenplanung, der Einsatz zusätzlicher Experten, zusätzliche Reviews oder Qualifizierungsmaßnahmen.
3. **Risiken übertragen**
   Eine Möglichkeit Risiken zu minimieren ist, sie auf jemand anderen zu übertragen. Das Risiko ändert sich dadurch nicht, die Verantwortung liegt jedoch bei jemand anderem. So kann ein IT-Projekt nicht von den IT-Verantwortlichen in einem Krankenhaus durchgeführt werden, sondern kann an eine spezialisierte IT-Beratung vergeben werden. Dies kann teurer sein und das Expertenwissen ist in diesem Fall nur extern vorhanden. Wenn aber die nötige Erfahrung oder Kapazität in der Klinik nicht vorhanden ist, wird durch die Vergabe das Risiko minimiert. Es ist nur eine entsprechende Kontrolle der zu erbringenden Leistung sicherzustellen und etwaige Vertragsstrafen bei Verspätungen oder Qualitätsmängeln. Eine andere Möglichkeit ist, Risiken zu versichern. Auch hier ändert sich das Risiko nicht, der wirtschaftliche Schaden wird aber aufgefangen. Versicherungen sind im Gesundheitswesen durchaus üblich, beispielsweise die Versicherung gegen Kunstfehler.
4. **Risiken akzeptieren**
   Risiken werden akzeptiert, wenn die Kosten für eine Reduzierung (vermindern/übertragen) in einem Missverhältnis zu den Kosten der Auswirkungen stehen oder eine Verminderung oder Übertragung erst gar nicht möglich ist. Dann bleibt die Möglichkeit, das Risiko zu akzeptieren und bewusst einzugehen, wenn es keine bessere Alternative gibt. Wichtig ist, dass allen Beteiligten das Risiko bewusst ist und die Vorgehensweise von allen auch akzeptiert wird. Natürlich sollten auch hier entsprechende Maßnahmen ergriffen werden, wie Notfallpläne, zusätzliche Ressourcen (Personen, aber auch Budget) und eine zusätzliche Überwachung.

Bei allen identifizierten Risiken wird es immer welche geben, die einfach vermeidbar sind, aber auch solche, die kaum oder gar nicht vermeidbar sind. Bei den personellen Ursachen sind Demotivation und Überlastung, aber auch fehlende Kompetenzen, die durch ein Training erworben werden können, zu ändern und damit vermeidbar. Fluktuation oder Krankheit sind hingegen vom Projektmanager nicht zu beeinflussen. Hier können nur die Folgen gemindert werden, wenn es beispielsweise nicht nur einen Experten für ein wichtiges Thema gibt, sondern auch ein zweiter Projektmitarbeiter sich damit auskennt.

Auch bezogen auf das Fallbeispiel, die Rekrutierung ausländischer Pflegekräfte, Abschn. 1.4, müssen vor allem die Risiken in dem rechten oberen Quadranten gemangt werden. Das größte Risiko besteht vermutlich darin, dass keine passenden Mitarbeiter gefunden werden. Dieses Risiko kann transferiert werden, indem mit der ZAV oder einer spezialisierten Agentur zusammengearbeitet wird, die entsprechende Erfahrungen hat. Alle Probleme mit der Integration, Akzeptanz aber auch die Sprachprobleme können durch entsprechende Trainings und Sprachkurse vermindert werden. Risiken zu vermeiden ist eher schwierig, da dann der Plan, ausländische Pflegekräfte zu rekrutieren, abgebrochen werden müsste. Die Klinik wird einige Risiken akzeptieren müssen. Beispielsweise die zeitaufwendige Anerkennung der ausländischen Qualifikation, oder das Risiko, dass die Mitarbeiter schneller als geplant die Klinik wieder verlassen.

8.2.2 Risiko Monitoring

Der letzte Schritt ist, die Risiken während des gesamten Projekts zu überwachen und zu kontrollieren. Risiken verändern sich im Laufe eines Projekts. Zu Beginn eines Projekts gibt es viele Risiken, deren Auswirkungen noch nicht absehbar sind. Im Projektverlauf werden neue Erkenntnisse gewonnen und Risiken können besser bewertet werden. Einige Risiken können auch je nach Projektphase nicht mehr auftreten. Hat das Projektteam Daten erhalten, gibt es kein Risiko mehr, dass diese Daten nicht verfügbar sein könnten. Dafür müssen vielleicht neue Risiken berücksichtigt werden, die am Anfang des Projekts nicht bekannt waren.

Risiken zu identifizieren und zu bewerten ist ein iterativer Prozess, der erst beim Abschluss des Projekts auch wirklich beendet ist. Auf Risikoauslöser und Warnsignale muss geachtet werden, um frühzeitig Maßnahmen ergreifen zu können. Anhaltspunkte geben alle Planabweichungen – sei es Zeit, Kosten oder Ressourcen. Darauf schnell zu reagieren ist eine wesentliche Aufgabe des Projektmanagers.

Literatur

Clements, J. P., & Gido, J. (2012). *Effective project management* (5. Aufl.). Cengage Learning.
Fiedler, R. (2020). *Controlling von Projekten. Mit konkreten Beispielen aus der Unternehmenspraxis – Alle Aspekte der Projektplanung, Projektsteuerung und Projektkontrolle* (8. Aufl.). Springer Vieweg.

Johner Institut. (2008). Risikomanagement im Krankenhaus und bei anderen Betreibern. https://www.johner-institut.de/blog/medizinische-informatik/risikomanagement-im-kra nkenhaus-und-bei-anderen-betreibern/. Zugegriffen: 6. März 2021.

Köhrmann, K. U. (2018). Risiken im Gesundheitswesen: Erkennen, vermeiden, bewerten. *Der Urologe, 57*, 783–784.

Larson, E. W., & Gray, C. F. (2011). *Project management. The managerial process.* McGraw-Hill International Edition.

Project Management Institute. (2017). *A guide to the project management body of knowledge (PMBOK guide),* (6. Auflage). Project Management Institute.

Shirley, D. (2020). *Project Management for Healthcare* (2. Aufl.). CRC Press Taylor & Francis Group.

Zirkler, B., Nobach, K., Hofmann, J., & Behrends, S. (2019). *Projektcontrolling: Leitfaden für die betriebliche Praxis, 1.* Springer Gabler Verlag.

Change-Management 9

Ein Satz, der Heraklit zugesprochen wird, trifft auch auf das Projektmanagement zu: Die einzige Konstante ist die Veränderung. Dabei gibt es zwei Arten von Change im Projekt: Veränderungen im Projekt und Veränderungen durch das Projekt. Veränderungen im Projekt beziehen sich auf Abweichungen gegenüber der ursprünglichen Projektplanung. Veränderungen durch das Projekt beziehen sich auf das, was durch das Projekt erreicht werden soll. Ein Projekt hat immer das Ziel, dass nach Durchführung des Projekts etwas anders ist als vorher.

9.1 Veränderungen im Projekt

Egal wie sorgfältig ein Projekt geplant wurde, im Laufe des Projekts kann es immer notwendig werden, Anpassungen vorzunehmen – das wurde bereits mehrfach im Buch angesprochen.

Trotz sorgfältiger Planung scheitern immer wieder Projekte innerhalb des Projektzeitraums. Rund 27 % der häufigsten Fehlerursachen gehen auf ein fehlendes oder mangelhaftes Change-Management zurück. Ungeplante Änderungen und Einflüsse, die im Laufe der einzelnen Projektphasen auftreten, sorgen dafür, dass die ursprünglich vorgesehenen Ansätze infrage gestellt werden oder nicht mehr umsetzbar sind (Zirkler et al., 2018).

Deshalb stellen Veränderungen im Projekt immer eine große Herausforderung für den Projektmanager dar. Die Änderungen können grundsätzlich positiv oder negativ sein. Etwas geht schneller als geplant, neue Möglichkeiten ergeben sich, an die vorher keiner gedacht hat. Aber natürlich können die Änderungen auch negativ sein, das Projekt geht langsamer voran als erhofft oder das Projektbudget muss plötzlich gekürzt werden. Da das Risiken für den erfolgreichen Abschluss des Projekts sind, wird das Management der Veränderungen, auch Change Request Management genannt, oft auch unter dem Punkt Risikomanagement betrachtet Kap. 8.

Es gibt eine Vielzahl von Gründen, warum eine Änderung im Projekt erforderlich ist (APM, 2019; Larson & Gray, 2011; Project Management Institute, 2017):

- **Fortschritte:** Neue Ideen, Vorschläge oder Inhalte sollen berücksichtigt werden, die zu Verbesserungen im Projekt führen.
- **Korrekturen:** Dies sind Änderungen, um Fehler im Projekt zu beheben oder weil etwas, das eingeplant wurde, so nicht mehr möglich ist. Auch kann die ursprüngliche Zeit- oder Budgetplanung nicht mehr der Realität entsprechen und muss angepasst werden. Hierzu zählen aber auch beispielsweise neue Regulierungen, die eine Änderung im Projekt erforderlich machen.
- **Präventive Maßnahmen:** Es soll sichergestellt werden, dass die künftige Leistung der Projektarbeit mit dem Projektmanagementplan weiterhin in Einklang steht. Hier kann es auch um die bereits beim Risikomanagement angesprochene Vermeidung gehen.

Die Änderungsanforderungen, die auch als Change Request bezeichnet werden, verändern die ursprünglich vorgenommene Projektplanung. Sie beziehen sich auf die folgenden Punkte:

- Änderungen an Kosten, Zeitplanung, Qualität
- Änderungen an Inhalt oder Umfang des Projekts
- Änderungen bei den Prozessen im Projekt

Änderungsprozess
Jeder Stakeholder im Projekt kann Änderungsvorschläge machen. Sie können direkt aus dem Projekt (Projektteam, Projektsponsor, Lenkungsausschuss) oder von außerhalb des Projekts (Zulieferer, Kunden, Patienten) kommen. Wichtig ist, dass die Änderungen nicht „nebenbei" gemacht werden, sondern einem klar definierten Change Request Management Prozess gefolgt wird und für jede Änderung ein formaler Änderungsantrag gestellt wird.

Ohne das Vorhandensein eines genau definierten und wirksamen Change Request Managements würden die notwendigen Änderungen unkontrolliert in das Projekt einfließen. Unwissenheit und Unsicherheit bezüglich der Planänderungen bei den einzelnen Teammitgliedern kann dann zu Missverständnissen und Problemen führen, die wiederum vermeidbare Kosten nach sich ziehen (Zirkler et al., 2018). Oft

9.1 Veränderungen im Projekt

ist sonst auch später gar nicht mehr klar, warum eine Änderung gemacht wurde. Besonders wichtig ist es auch, die Auswirkung der Änderung auf das Projekt gründlich abzuschätzen. Eine vermeintlich einfache Lösung eines aktuellen Problems kann negative Auswirkungen auf das gesamte Projekt haben (Siehe Scope Creep und Feature Creep Abschn. 2.3.2). Damit stellt der effektive Umgang mit Änderungswünschen einen wesentlichen Erfolgsfaktor im Projektmanagement dar.

Beim Change Request Management fließen Änderungen nur über einen exakt definierten Prozess in das Projekt. Je nach Art der Änderung und nach Größe des Projekts kann bereits der Projektmanager über die Änderung entscheiden. In den meisten Fällen muss der Antrag aber vom Projektmanager bewertet werden und wird anschließend von einer vorher definierten Instanz, in der Regel Projektsponsor und Steuerkreis, genehmigt. Sowohl der Prozess, als auch der einzelne Change Request, sollten so einfach wie möglich gehalten werden, um die Akzeptanz zu erhöhen und den Aufwand zu minimieren.

Der Change Request Management Prozess umfasst in der Regel dann die folgenden Schritte (ähnlich Larson & Gray, 2011) Abb. 9.1:

1. Änderung entgegennehmen
2. Abschätzung der Auswirkungen auf das Projekt
3. Beurteilung der Änderung: Zustimmung/Ablehnung mit Begründung, gegebenenfalls Verhandeln und Lösen von Konflikten

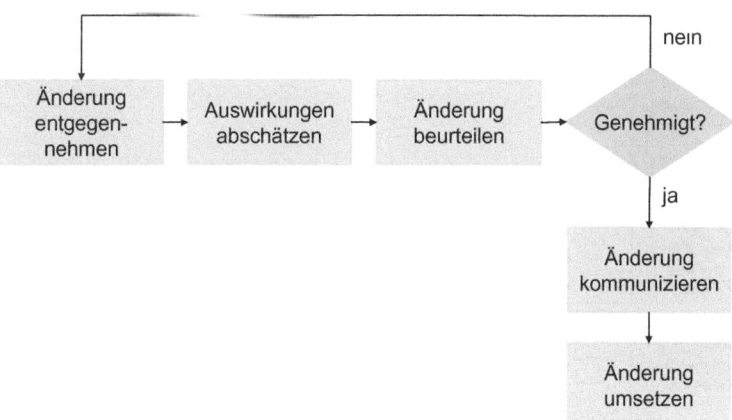

Abb. 9.1 Change Management Request Prozess

Bei Zustimmung:

4. Änderung im Projekt kommunizieren
5. Änderung umsetzen: Verantwortung für die Umsetzung von Änderungen zuweisen, Projektplanung entsprechend anpassen, Nachverfolgung aller Änderungen, die umgesetzt werden sollen

Um den Prozess möglichst einfach umsetzen zu können und unnötige Nachfragen zu verhindern, sollte ein vordefinierter Änderungsantrag, der Change Request, verwendet werden. Er beinhaltet die folgenden Punkte Abb. 9.2:

- Projekt (Identifikationsnummer), Antragsteller, betroffene Arbeitspakete
- Priorität der Änderung
- Beschreibung der gewünschten Änderung mit Begründung
- Abschätzung der Auswirkungen auf das Projekt (sowohl wenn die Änderung genehmigt wird, als auch, wenn sie abgelehnt wird – was passiert dann?)
- Alternative Optionen und Bewertung

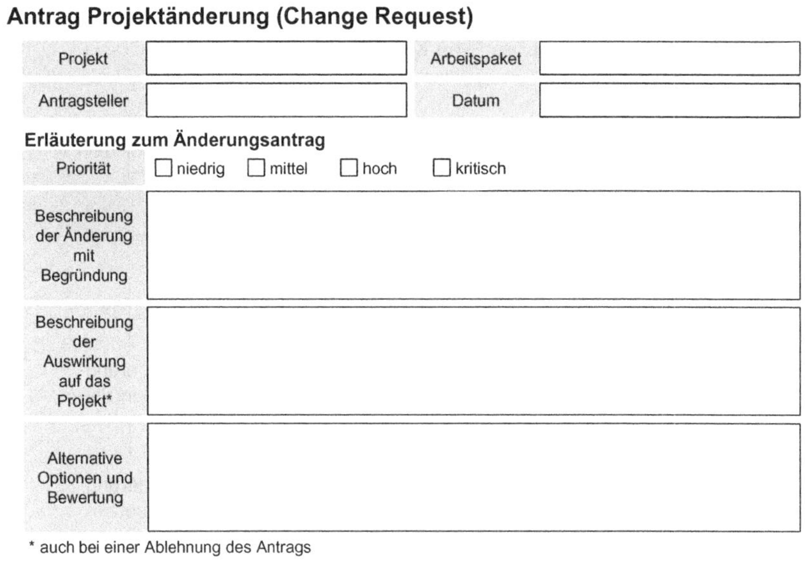

Antrag Projektänderung (Change Request)

Projekt		Arbeitspaket	
Antragsteller		Datum	

Erläuterung zum Änderungsantrag

Priorität	☐ niedrig ☐ mittel ☐ hoch ☐ kritisch
Beschreibung der Änderung mit Begründung	
Beschreibung der Auswirkung auf das Projekt*	
Alternative Optionen und Bewertung	

* auch bei einer Ablehnung des Antrags

Abb. 9.2 Change Request

Wenn es sehr viel Änderungsanträge in einem Projekt gibt, kann dies ein Hinweis sein, dass das Projekt nicht sorgfältig geplant wurde oder dass sich die Rahmenbedingungen im Projektverlauf so verändert haben, dass überprüft werden sollte, ob eine weitere Durchführung des Projekts überhaupt sinnvoll ist. Weitere Hinweise darauf, dass ein Projekt fehlgeschlagen ist, sind der Abzug von Mitarbeitern aus dem Projekt, Unzufriedenheit der Projektmitarbeiter, hohe Arbeitsbelastung, die auf eine unrealistische Planung hinweist, Nichteinhaltung der gesetzten Meilensteine etc. Dann ist der Zeitpunkt gekommen, an dem der Projektmanager mit dem Steuerkreis und dem Projektsponsor das weitere Vorgehen abstimmen und die Entscheidung getroffen werden muss, ob und wie das Projekt fortgesetzt werden soll (Shirley, 2020).

9.2 Veränderungen durch das Projekt

Projektmanagement heißt immer auch Veränderung. So schreiben Griffith-Cooper und King, dass das Wesen des Projektmanagements Veränderung ist (2007). Arbeit in Organisationen unterliegt einem fortlaufenden Wandel, weil sich Organisationen immer wieder verändern und anpassen müssen (Stolzenberg & Heberle, 2006).

Veränderungen können auf vier verschiedene Ebenen einwirken (Schneider, 2020):

- **Restrukturierung.** Veränderung von Strukturen, Prozessen und Systemen.
- **Reorientierung.** Veränderung der Unternehmensstrategie, z. B. das Eröffnen neuer Geschäftsfelder oder das Eingehen von Allianzen.
- **Revitalisierung.** Veränderung personeller Fähigkeiten und des Führungsstils, z. B. Bildung autonomer Arbeitsteams.
- **Remodellierung.** Veränderung geteilter Werte und Überzeugungen und somit des Selbstverständnisses eines Unternehmens.

Diese Veränderungen werden in der Regel durch Projekte umgesetzt. Wenn am Projektanfang das Ziel festgelegt wird, bedeutet das immer, dass am Ende des Projekts etwas anders sein soll als vorher – sonst brauchte man das Projekt nicht zu machen.

In fast allen Praxisbeispielen hier im Buch geht es um Veränderung – digitale Assistenzsysteme verändern die Arbeit der Pflegekräfte Abschn. 3.3, nach der Mitarbeiterbefragung soll der Führungsstil der Vorgesetzten sich ändern Abschn. 10.4 und beim Bekleidungsraum ändert sich die Art und Weise, wie Dienstkleidung ausgegeben wird Abschn. 9.3. Aber auch bei der Einführung eines digitalen Tagebuchs ändert sich nicht nur die Situation für die betroffenen Patienten und Angehörigen, sondern auch für die Klinik Abschn. 12.5. Und bei der kundenzentrierten Transformation im Marketing verändert sich die Arbeit der Mitarbeiter, aber auch die genutzten Medien und der Mehrwert für die Kunden Abschn. 14.3.

Widerstand gegen Veränderung
Litke (1991) beschreibt, dass Projektmanagement in einem Unternehmen einzuführen bedeutet, dass Veränderungsprozesse angestoßen werden. Projektmanagement verändert die Verhaltens- und Arbeitsweisen der betroffenen Mitarbeiter durch neue Methoden und Verhaltensregeln und solche Änderungen erzeugen Widerstände. Wenn in Studien untersucht wurde, warum Projekte scheitern, sind es meistens Probleme mit der „menschlichen Dimension" der Veränderung. Die am Projekt beteiligten Personen entscheiden, ob ein Projekt erfolgreich ist oder nicht (Henrie & Sousa-Poza, 2005). Nach einer Befragung des Hernstein Instituts bei 1000 deutschsprachigen Unternehmen steht der Widerstand von Mitarbeitern gegen die eingeleiteten Change-Maßnahmen an oberster Stelle der Ursachen für gescheiterten Wandel (Lauer, 2019).

Menschen erleben Veränderungen als potenzielle Gefährdung grundlegender Bedürfnisse wie Sicherheit und Kontrolle über das eigene Handeln, Zugehörigkeit oder sozialer Status. Widerstand ist grundsätzlich erst einmal eine natürliche Reaktion auf Veränderung (Bovey & Hede, 2001; Stabenow, 2018).

Durch Veränderung entstehen Ängste vor Stellenabbau oder einer Veränderung der eigenen Tätigkeit, Skepsis, wenn der Führungsstil verändert werden soll oder Unsicherheit, wenn es eine neue Strategie in der Organisation gibt.

Doppler und Lauterburg (2019) nennen drei Ursachen für Widerstand

- Die Mitarbeiter verstehen die Ziele oder die Gründe für die Maßnahmen nicht.
- Die Mitarbeiter halten die Maßnahmen nicht für sinnvoll, um die Ziele zu erreichen.
- Die Mitarbeiter kennen die Ziele und verstehen die Notwendigkeit der Maßnahmen, werten die Veränderungen aber nicht als positiv. Hier spielt Angst eine große Rolle.

9.2 Veränderungen durch das Projekt

Wie auch in der Wirtschaft stehen viele Krankenhäuser und Pflegeeinrichtungen vor der Herausforderung, Veränderungen effektiv zu managen. Das Praxisbeispiel zur Krankenhausrestrukturierung Abschn. 6.3 ist ein gutes Beispiel. Hierbei geht es um eine zielgerichtete und geplante Umsetzung großer organisatorischer Veränderungen, die alle Aspekte betreffen – von der Kostenreduzierung über Erlössteigerungen bis zu strategischen Überlegungen. Selbst unter optimalen Bedingungen stellt dies eine große Herausforderung dar. Veränderungen führen unweigerlich zu Interessenkonflikten zwischen dem Management, den Fachkräften, dem weiteren Personal und den Patienten.

Eine besondere Herausforderung bei Krankenhäusern besteht darin, dass sowohl die Veränderungen als auch die Widerstände und Spannungen, zu denen Veränderungen führen können, so gemanagt werden müssen, dass Sie keinen großen Einfluss auf das Wohlergehen der Patienten haben – denn der Krankenhausbetrieb muss ungestört weiterlaufen (Schuster et al., 2017). Erschwerend kommt im Gesundheitswesen ein Silodenken hinzu (Oldhafer et al., 2020). Die Verwaltung möchte alles kontrollieren und sieht ein Krankenhaus als „normales" Unternehmen, die Ärzte haben eher eine Spezialistenkultur und wollen alles messbar und bewertbar machen und die Pflegekräfte sind eher operativ, praktisch orientiert und sozial eingestellt. Letztlich müssen in einem Projekt aber alle Gruppen mitgenommen werden und von der Notwendigkeit der Veränderung überzeugt werden, um erfolgreich zu sein.

Projektmanagement versus Change-Management
Projektmanagement und Change-Management werden meistens separat betrachtet. Projektmanagement konzentriert sich meistens nur auf die inhaltliche Seite des Projekts, klärt Erwartungen und Ziele, plant und steuert die Umsetzung im Rahmen vorgegebener Termine, Budgets sowie Ergebnisanforderungen. Der Fokus liegt darauf, die Projektziele zu erreichen und auf dem richtigen Einsatz von Techniken und Methoden. Projekterfolgsfaktoren beschränken sich meistens nur auf technische Fragen und weniger auf den Einfluss menschlicher Faktoren, die mitentscheidend für den Projekterfolg sind. Change Management hingegen kümmert sich um die menschliche Seite der Veränderung, klärt die Veränderungen, die aus dem Projekt resultieren und definiert Maßnahmen, um diese Veränderungen auf individueller sowie organisatorischer Ebene zu erreichen, wie beispielsweise durch Kommunikation oder Trainings. Um Projekt- und Change Management zu unterscheiden wird auch argumentiert, dass Projekte klar strukturiert sind, mit einem festen definiert Anfangs- und Endzeitpunkt, während Veränderung dynamisch sei und ein eher langfristiger Prozess (Hornstein, 2015; Morris, 2012; Turner & Zolin, 2012; Wagner o. D.).

Veränderungen sind aber eine unvermeidliche Folge von Projekten und ihren Implementierungen. Die Art und Weise, wie die Veränderung „gemanagt" wird, hat einen Einfluss auf den Erfolg des Projekts. Auch wenn Projektmanagement und Change-Management unterschiedliche Methoden verwenden und andere Kompetenzen betonen, sind sie komplementär und tragen zur erfolgreichen Umsetzung von Projekten bei (Hornstein, 2015).

Dennoch werden Change Aspekte im Projektmanagement oft vernachlässigt. Das Standardwerk des Projektmanagements, das Project Management Bodies of Knowledge (PMBOK), vom amerikanischen Project Management Institute beschreibt Change nur als Änderungswünsche im Projekt, die sich auf das Projektmanagement auswirken und die Änderungskontrolle, entsprechend den hier in Kapitel Abschn. 9.1 dargestellten Veränderungen im Projekt (Project Management Institute, 2017). Die britische Association for Project Management berücksichtigt mehr das agile Projektmanagement und betrachtet deshalb auch stärker soziale Faktoren, wie Kultur, Personalentwicklung, Selbstmanagement, partizipative Entscheidungsfindung und Kundenorientierung (APM, 2019). Nur die International Project Management Association (IPMA) hat seit Kurzem für die Zertifizierung von Projektpersonal in der IPMA Individual Competence Baseline ein Kompetenzelement für „Change & Transformation" aufgenommen (IPMA, 2017).

Auch wenn alles im Projekt „richtig" gemacht wurde – wenn die Ergebnisse nicht akzeptiert werden, kann das Projekt nicht die Resultate bringen, die erwartet werden. Insofern hängt die erfolgreiche Umsetzung eines Projekts zumindest teilweise davon ab, wie groß der Widerstand der Anwender gegen die Veränderungen ist. Deshalb sind Methoden des Change-Managements, wie die Beteiligung von Betroffenen an der Entscheidungsfindung, im Projektmanagement so wichtig. Dies kann nicht erst nach Abschluss des Projekts erfolgen, sondern muss bereits im Projekt berücksichtigt werden.

Prosci, eine Forschungs- und Praxisorganisation für Change-Management die mit dem Project Management Institute verbunden ist, beschreibt Project Management und Change Management als zwei Seiten einer Medaille. Werden Veränderungen wie ein Projekt gemanagt hat dies einige Vorteile. Projekte geben einen Zeitrahmen vor und helfen Mitarbeitern und Führungskräften dabei, sich auf die Veränderungen zu konzentrieren. Sie geben Struktur, sowohl was die zeitliche Reihenfolge von Aktivitäten als auch Rollen und Verantwortlichkeiten angeht. Je strategischer der Change ist, umso mehr spricht dafür, den Change in Form eines

Projekts zu realisieren. Umgekehrt sollten auch Projekte Change Elemente integrieren. Change passiert schon alleine dadurch, dass Menschen im Rahmen eines Projekts zusammenarbeiten. Zielt das Projekt inhaltlich auf die Entwicklung von Menschen, sozialer Systeme sowie deren Struktur, Prozesse und Kultur, dann ist Veränderung Teil der Projektrealisierung und muss entsprechend gemanagt werden (Wagner, o. D.).

Der Projektmanager sollte sich nicht nur auf die technische Seite der Projektarbeit konzentrieren, die eine wichtige Grundlage ist. Es geht aber nicht nur um das Verfolgen von Prozessschritten, sondern auch darum, Menschen zu gewinnen, ihre Bedürfnisse und Ängste ernst zu nehmen und sie zu überzeugen, engagiert mitzuwirken. Ein Projektmanager sollte ein grundlegendes Verständnis für Change-Management haben und es im Projekt berücksichtigen. Nur wenn er die Akzeptanz der Betroffenen bekommt, kann er sein Projekt auch erfolgreich implementieren.

Dies zeigt auch das Praxisbeispiel der Krankenhausrestrukturierung Abschn. 6.3, bei dem aufgezeigt wird, dass Change-Management ein integraler Bestandteil des Projektansatzes ist.

8 Stufen Modell von Kotter
Ein bekanntes Vorgehensmodell für Veränderungen in Organisationen ist das 8-Stufen-Modell von John Kotter (Kotter, 1996). Basierend auf seinen Praxis- und Forschungserfahrungen beschreibt Kotter darin acht kritische Schritte, die für den Erfolg eines organisationalen Veränderungsprozesses wichtig sind. Alle acht aufeinander aufbauenden Phasen müssen nacheinander durchlaufen werden Abb. 9.3.

1. Aufzeigen der Dringlichkeit, warum die Veränderung nötig ist.
2. Einbeziehung der Menschen, die die Veränderung unterstützen, und ein Führungsteam aufbauen.
3. Schaffen einer Vision, wie es nach der erfolgreichen Veränderung aussieht.
4. Die Vision kommunizieren.
5. Hindernisse aus dem Weg zu räumen und verändern.
6. Kurzfristige Erfolge sichtbar machen, um immer wieder zu signalisieren, dass es weitergeht.
7. Veränderungen antreiben.
8. Am Ende muss der Wandel nachhaltig umgesetzt und in der Kultur verankert werden.

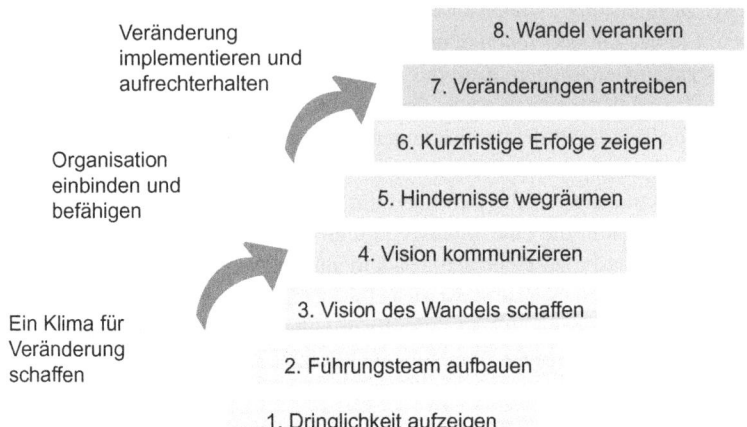

Abb. 9.3 8-Stufen-Modell von Kotter

Das populäre Change-Management Modell von Kotter macht deutlich, wie wichtig es ist, die Mitarbeiter zu überzeugen und einzubeziehen. Die ersten drei Stufen bereiten den Veränderungsprozess vor, dann wir die Veränderung durchgeführt. Aber nur, wenn die Veränderungen wirklich auch nachgehalten werden und sichergestellt ist, dass sie umgesetzt werden, ist der Change auch erfolgreich.

Für das Management von Veränderung haben Aspekte wie Kommunikation und Stakeholder Management eine besondere Bedeutung und haben deshalb auch in diesem Buch ein besonderes Gewicht bekommen Kap. 7 und 10.

Kommunikation schafft Transparenz und damit Orientierung. Ziele und Hintergrund der durch das Projekt angestrebten Veränderung sollten zeitnah und möglichst zeitgleich an alle Betroffenen kommuniziert werden – und zwar in einer Sprache, die auf die Zielgruppen abgestimmt ist. Je nachdem, in welcher Projektphase kommuniziert wird, können andere Instrumente der Kommunikation eingesetzt werden. Vor allem zur Überwindung von Widerständen im Verlaufe des Wandels ist die passende Kommunikation und Gesprächsführung von hoher Bedeutung (ähnlich Lauer, 2019). Auch beim Praxisbeispiel zur Führungskräfteentwicklung Abschn. 10.4 wurden die Aspekte der Kommunikation und der Umgang mit Ängsten dargestellt.

9.2 Veränderungen durch das Projekt

Stakeholder Management: In dem Kapitel Stakeholder Management wurde schon ausführlich dargestellt, wie wichtig es ist, die Erwartungen der relevanten Stakeholder in Erfahrung zu bringen und entsprechend zu berücksichtigen.

Das Change-Management nutzt zwei Methoden, die auch besonders im Projektmanagement hilfreich sein können: Partizipation und Re-Edukation.

Partizipation bedeutet, dass die Betroffenen an der Veränderung beteiligt werden. Durch die Einbeziehung möglichst vieler Mitarbeiter in den Prozess der Veränderung erhöht sich in der Regel deren Motivation und die Widerstände nehmen ab. Auch kann durch das Wissen der Beteiligten oftmals ein inhaltlich besseres Ergebnis erzielt werden. Partizipation darf keine Alibifunktion haben und muss möglichst alle Betroffenen an geeigneter Stelle einbeziehen (Lauer, 2019). Auch hier sind die Praxisbeispiele Anwendungsfälle. Bei dem Projekt Bekleidungsraum Abschn. 9.3 wurden möglichst viele Mitarbeiter, die mit dem Thema zu tun haben, beteiligt. Und auch die Mitarbeiterbefragung bei der Führungskräfteentwicklung ist ein Beispiel für Partizipation Abschn. 10.4.

Auch **Re-Edukation** ist ein Element des Change-Managements, das ein Projektmanager nutzen kann. Dahinter verbergen sich allgemein alle Maßnahmen der Personalentwicklung, die möglichst proaktiv im Rahmen einer geplanten Veränderung durchgeführt werden. Dabei wird je nach Art des Wandels den Mitarbeitern neues Wissen, zusätzliches Können, aber auch eine veränderte Einstellung vermittelt. Das Ziel der Re-Edukation ist eine bessere Vorbereitung auf die zusätzlichen Anforderungen, die durch die Veränderung entstehen, zu erreichen (Lauer, 2019). Hier muss sich der Projektmanager Gedanken machen, ob die Mitarbeiter, die nach Abschluss des Projekts das Thema weitertreiben sollen, auch entsprechend vorbereitet sind.

Darüber hinaus sei auf weiterführende Literatur zum Thema Change-Management verwiesen (Doppler & Lauterburg, 2019; Lauer, 2019; Pescher, 2010,).

9.3 Praxisbeispiel: Bekleidungsraum

Neue Ära in der Dienstbekleidung am Klinikum

Michael Kazianschütz, MBA, MSc
Bereichsleiter Logistik/Supply Chain Management (SCM)
Abteilungsleiter Betriebslogistik
Steiermärkische Krankenanstalten GmbH
LKH-Universitätsklinikum Graz

Im Sommer 2020 ging der erste Bekleidungsraum für 1000 Mitarbeiter am LKH-Universitätsklinikum Graz im Kinderzentrum in Betrieb. Damit erfolgt die generelle Umstellung von personalisierter Dienstbekleidung (Bekleidung mit Namensnennung), zu entpersonalisierter Dienstbekleidung (Bekleidung ohne Namensnennung). Alle Bekleidungsstücke sind mit einem sogenannten RFID Tag (Mikrochip) ausgestattet, um einen wesentlich effizienteren und ökonomischeren Ablauf gewährleisten zu können.

Ziele des Projekts:

- Einsatz einer qualitativ hochwertigen entpersonalisierten Dienstbekleidung mit höherem Tragekomfort und verbesserten Eigenschaften.
- Kosteneinsparungen, da weniger Wäsche im Umlauf ist: Durch den Einsatz von entpersonalisierter Wäsche und der Festlegung von Ausgabekontingenten ergibt sich eine Kosteneinsparung (es muss weniger

Wäsche angekauft werden). Der Wäscheschwund ist zudem reduziert, da sich weniger Bekleidung in den Spinden sammelt.

Das Projekt stand vor drei wesentlichen Herausforderungen:

- **Konkrete Zieldefinition:** Genaue Definition, welche Dienstbekleidung einbezogen werden soll, und des Anforderungskatalogs: Ausstattung, Entpersonalisierung, Qualität und Farben mussten festgelegt werden.
- **Nutzwertanalyse:** Da eine Effizienz im Umlauf angestrebt wurde, musste genau analysiert werden, wie die Anforderungen am besten erfüllt werden können. Alternativ wurden neben dem Bekleidungsraum auch Ausgabeschränke, ein Karussellsystem mit hängender Wäsche und ein Vollautomat mit gefalteter Wäsche näher evaluiert.
- **Stakeholder-Management:** Entscheidend für die Umsetzung des Projekts war die Akzeptanz der Mitarbeiter für das neue System. Aufgrund des Einsatzes von RFID Technologie mussten auch Ängste ausgeräumt werden, dass es zu einer Überwachung kommen könnte, und der Datenschutz musste gewährleistet werden.

Zunächst wurde in mehreren Phasen neue farbige und gleichzeitig entpersonalisierte Dienstbekleidung getestet. Die Mitarbeiter konnten anhand von Beurteilungsbögen ihre Erfahrungen teilen und die Ergebnisse wurden ausgewertet, um die jetzt genutzte Bekleidung zu finden.

Nach der Zieldefinition wurde sehr genau analysiert, welche Ausgabevariante in Bezug auf Akzeptanz und Kosten realisiert werden konnte. Schnell zeigte sich, dass der Bekleidungsraum die beste Variante ist. Aber auch hier musste getestet werden, wie die genaue Ausgestaltung und die Abläufe aussehen sollten.

Nach der Entscheidung für den Bekleidungsraum wurde ein Konzept erstellt. Das entwickelte Konzept und die geplante Größe des zentralen Bekleidungsraumes im Kinderzentrum wurden unter Berücksichtigung mehrerer Faktoren überprüft. Dazu wurde ein computergestütztes Simulationsmodell genutzt, bei dem die Faktoren Frequenz und Anzahl der Kleidungsstücke pro Tag, Zeitaufwand für das Ein- und Ausschleusen, mögliche Wartezeiten, Anzahl der Ein- und Ausgangsschleusen und Anzahl und Dimensionierung der Abwurfschächte durchgespielt wurde. In einem zweiten Schritt wurde ein „echter" Bekleidungsraum in der Prozesswerkstatt aufgebaut und die Abläufe vor Ort simuliert. Mehr als 40 Mitarbeiter konnten die neue Ausgabestelle ausgiebig in mehreren Testläufen testen. Dabei wurden gegenüber der Computersimulation noch einmal weitere wesentliche Erkenntnisse für die Ausschreibung und die geplante Pilotphase gewonnen.

Da für das Projekt die Akzeptanz der Mitarbeiter im Klinikum eine große Rolle spielte, wurde eine eigene interdisziplinäre Fachgruppe Dienstbekleidung geschaffen. Neben Mitarbeitern der Pflege und dem medizinisch-technischen Dienst (MTD), wurden auch Ärzte, die Verwaltung, das Personalmanagement, Belegschaftsvertreter, IT und Textilservice einbezogen, sowie darüber hinaus nach Bedarf Experten hinzugezogen (beispielsweise Hygiene). Diese Fachgruppe hat alle wesentlichen Aspekte zum Thema Dienstbekleidung bearbeitet und an das Direktorium berichtet. Zusätzlich gab es natürlich auch ein Projektcontrolling.

Der neue Ablauf der Bekleidungsausgabe sieht jetzt wie folgt aus: Die Bekleidung kann von den Mitarbeitern in einem eigenen Bekleidungsraum persönlich abgeholt werden. Sie können mit ihrer Mitarbeiterkarte den Raum über eine Drehtür betreten. Die Dienstbekleidung ist in Regalen gelagert (nach Wäscheteil und Größen sortiert). Von diesen Regalen entnehmen dann die Mitarbeiter ihre kontingentierte Bekleidung. Die entnomme Bekleidung wird am Ausgang in einer eigenen Schleuse durch den RFID Chip erkannt und vom Kontingent des Mitarbeiters abgebucht. Für jeden Mitarbeiter ist im Wäschemanagementsystem festgelegt, welche Anzahl an Bekleidungsteilen er gleichzeitig in seinem Besitz haben darf, dies kann jederzeit angepasst werden. Die Rückgabe der getragenen Dienstbekleidung erfolgt über den Abwurfschacht vor dem Bekleidungsraum oder in einer dezentralen Rückgabe. Getragene und abgeworfene Bekleidung wird wieder mittels RFID Chip zugeordnet und dem verfügbaren Kontingent zugeschrieben. Der Raum steht den Mitarbeitern 24 h am Tag, 7 Tage die Woche zur Verfügung.

Der Bekleidungsraum ist jetzt seit Juli 2020 im Einsatz. Die Resonanz der Mitarbeiter auf die neue Bekleidung und die Ausgabe im Bekleidungsraum ist sehr positiv.

Literatur

APM. (2019). *Body of knowledge.* Association for Project Management.
Bovey, W. H., & Hede, A. (2001). Resistance to organizational change: The role of cognitive and affective pro-cesses. *Leadership and Organizational Development Journal, 22*(8), 372–382.
Doppler, K., & Lauterburg, C. (2019). *Change Management: Den Unternehmenswandel gestalten.* Campus.
Griffith-Cooper, B., & King, K. (2007). The partnership between project management and organizational change: Integrating change management with change leadership. *Performance Improvement, 46*(1), 14–20.
Henrie, M., & Sousa-Poza, A. (2005). Project management: A cultural literary review. *Project Management Journal, 36*(2), 5–14.
Hornstein, H. A. (2015). The integration of project management and organizational change management is now a necessity. *International Journal of Project Management, 33*(2, February 2015), 291–298.
IPMA (International Project Management Association). (2017). Individual Competence Baseline für Programmmanagement, IPMA ICB 4.0 (IPMA Individual Competence Baseline).
Kotter, J. P. (1996). *Leading change.* Harvard Business School Press.
Larson, E. W., & Gray, C. F. (2011). *Project management. The Managerial Process.* McGraw-Hill International Edition.
Lauer, T. (2019). *Change management.* Springer.
Litke, H. D. (1991). *Projektmanagement.* Carl Hanser.
Morris, P. W. G. (2012). A brief history of project management. In P. W. G. Morris, J. K. Pinto, & J. Söderlund (Hrsg.), *The Oxford Handbook of Project Management.* Oxford University Press.
Oldhafer, M., Schmidt, C., Beil, E., & Schrabback, U. (2020). 6 C: Die sechs wichtigsten Erfolgsfaktoren für einen gelingenden Change. In M. Oldhafer, S. Schneider, E. Beil,·C. Schmidt, & F. Nolte (Hrsg.), *Change Management in Gesundheitsunternehmen. Die geheime Macht der Emotionen in Veränderungsprozessen.* Springer Gabler.
Pescher, J. (2010). *Change management.* Springer.
Project Management Institute. (2017).*A guide to the project management body of knowledge (PMBOK guide),* (6. Ausgabe). Project Management Institute.
Schneider, S. (2020). Die (R)evolution des Change Management durch die Neurowissenschaften. In M. Oldhafer, S. Schneider, E. Beil,·C. Schmidt, & F. Nolte (Hrsg.), *Change Management in Gesundheitsunternehmen. Die geheime Macht der Emotionen in Veränderungsprozessen.* Springer Gabler.
Schuster, T., Kohorst, J., & Hassan, A. (2017). Veränderungsprozesse im Sozial- und Gesundheitswesen. Change Management: So gelingt der Wandel. *Pflegezeitschrift,* Ausgabe 9/2017.
Shirley, D. (2020). *Project management for healthcare.* Taylor and Francis.
Stabenow, M. (2018). Widerstände im Change-Prozess erfolgreich überwinden. In F. C. Brodbeck (Hrsg.), *Evidenzbasierte Wirtschaftspsychologie,* (23). Ludwig-Maximilians-Universität München. http://www.evidenzbasiertesmanagement.de.

Stolzenberg, K., & Heberle, K. (2006). *Change management.* Springer-Verlag.
Turner, R., & Zolin, R. (2012). Forecasting success on large projects: Developing reliable scales to predict multiple perspectives by multiple stakeholders over multiple time frames. *Project Management Journal, 43*(5), 87–99.
Wagner, R. (o. D.) Change Management und Projekte – Zwei Seiten einer Medaille, Prosci Global Affiliate Network. https://www.tiba-prosci.com/change-und-projekte/. Zugegriffen: 7. Febr. 2021.
Zirkler, B., Nobach, K., Hofmann, J., & Behrends, S. (2018). *Projektcontrolling: Leitfaden für die betriebliche Praxis* (1. Aufl.). Springer Gabler.

Kommunikation 10

10.1 Kommunikation im Projekt

Bei einer Befragung, warum Projekte scheitern, gaben rund 70 % der Befragten als Grund „mangelhafte Kommunikation" an – noch vor einer schlechten Projektplanung und fehlenden Ressourcen (Hagen, 2009).

Die Fähigkeit gut zu kommunizieren ist demnach eine wichtige Kernkompetenz für alle, die in Projekten arbeiten. Kommunikation ist das Rückgrat eines Projekts und gute oder schlechte Kommunikation kann maßgeblich dazu beitragen, ob ein Projekt erfolgreich wird oder nicht. Kommunikation spielt nicht nur intern, im Projektteam selbst, sondern auch nach außen, zu den Stakeholdern, eine wesentliche Rolle.

Im Team hilft gute Kommunikation, die Projektarbeit zu fokussieren und ein gemeinsames Verständnis über das Projektvorgehen und die Ziele zu bekommen. Projektteammitglieder werden durch Kommunikation motiviert und erhalten Wertschätzung. Feedback und Unterstützung helfen dabei, eine bessere Leistung zu erbringen und auch Missverständnisse können schneller ausgeräumt, Probleme erkannt und Konflikte gelöst werden, wenn gut kommuniziert wird.

Nach außen spielt Kommunikation eine Rolle, wenn Stakeholder für das Projekt gewonnen und um Unterstützung gebeten werden. Die Expertise der Stakeholder hilft, das Projekt zu verbessern und bei einer Kommunikation mit ihnen können Bedenken frühzeitig erkannt und Widerstände aufgelöst werden. Stakeholder können überzeugt und mit ihnen eine gemeinsame Lösung entwickelt werden.

Das Praxisbeispiel zur Führungskräfteentwicklung Abschn. 10.4 zeigt, wie umfangreich Kommunikation in einem Projekt sein kann.

© Der/die Autor(en), exklusiv lizenziert durch Springer Fachmedien Wiesbaden GmbH, ein Teil von Springer Nature 2021
S. Böhlich, *Projektmanagement im Gesundheitswesen*,
https://doi.org/10.1007/978-3-658-34867-0_10

Kommunikation bedeutet **was** weitergegeben wird, aber genauso entscheidend ist auch das **Wie**. Viele Faktoren beeinflussen den Erfolg der Kommunikation, von kulturellen Einflüssen über die „Stimmung" im Team bis hin zur gewählten Kommunikationsmethode und der verwendeten Sprache. Welche Kommunikationsmethode in der jeweiligen Situation am besten ist, wird im Zusammenhang mit der Zielgruppe, der beabsichtigten Wirkung und den Risiken oder möglichen unbeabsichtigten Folgen der Methode entschieden (APM, 2019).

Kommunikation wird oft durch das sogenannte Sender-Empfänger-Modell beschrieben. Es wurde ursprünglich für die Telekommunikation entwickelt und später von Kommunikationswissenschaftlern wie Paul Watzlawick (2007) aufgegriffen.

Der Sender möchte eine Nachricht übermitteln, codiert sie und sendet sie an den Empfänger. Der Empfänger muss sie entsprechend decodieren. Er kann dann ein Feedback an den Sender geben, seine Nachricht wird von ihm entsprechend codiert und muss dann wieder vom Sender decodiert werden. Die Codierung erfolgt in der Kommunikation über die Sprache. Die Herausforderung ist, dass dieser Kommunikationsprozess durch ein „Rauschen" – wie bei einer schlechten Telefonverbindung – gestört sein und es dadurch zu Missverständnissen kommen kann. Dieses „Rauschen" (englisch Noise) können vorgefasste Meinungen sein, Vorurteile, die in das Gespräch eingebracht werden, Umgebungsgeräusche oder Situationen, in denen ein Gesprächspartner abgelenkt ist. Auch die Sprache kann missverständlich sein, wenn Fachbegriffe verwendet werden, die der andere nicht kennt, oder die Aussprache schwer verständlich ist. Die Verständigung hängt auch vom Kontext ab, beispielsweise der Situation und den Rollen der beteiligten Kommunikationspartner. Abb. 10.1.

Informelle und formelle Kommunikation
Grundsätzlich kann zwischen informeller und formeller Kommunikation im Projekt unterschieden werden. Informelle Kommunikation ist eher spontan, beispielsweise auf dem Flur oder vor der Kaffeemaschine, die Themen werden nicht vorher festgelegt, die Teilnehmer sind nicht geplant. Informelle Kommunikation ist schnell und hat vor allem eine soziale Funktion. In der Regel ist sie mündlich, es kann aber natürlich auch die informelle Mail oder ein Messenger-Dienst wie WhatsApp sein. Informelle Kommunikation spielt eine ganz wichtige Rolle im Projekt, da sie den Zusammenhalt fördert, das sich kennenlernen erleichtert und damit maßgeblich zu einer guten Zusammenarbeit beiträgt. Sie kann die offizielle Kommunikation unterstützen und ist durch die persönliche Ebene sehr glaubwürdig. Auch können Themen schnell und effizient ad hoc geklärt werden. Informelle Kommunikation

10.1 Kommunikation im Projekt 159

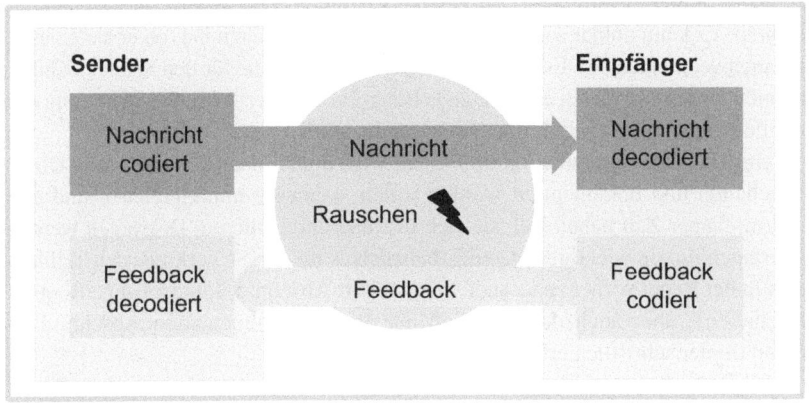

Abb. 10.1 Kommunikationsmodell

kann sich aber auch negativ auf den Projekterfolg auswirken. Ihre Stärke, spontan und schnell zu sein, kann sich ins Gegenteil verkehren. Dann wird zu viel Zeit mit nicht projektbezogener Kommunikation verbracht, die Unzufriedenheit eines Teammitgliedes wird auf andere übertragen, bis die Stimmung im Projekt kippt. Auch besteht die Gefahr, dass falsche oder irreführende Informationen sich verbreiten oder vertrauliche Informationen nach außen dringen, weil beispielsweise nicht beachtet wird, dass es vor der Kaffeemaschine auch „Mithörer" gibt, für die die Informationen nicht bestimmt sind (Wegmann & Winklbauer, 2006).

Formelle Kommunikation ist die offizielle Kommunikation im Projekt. Sie ist geplant und vorbereitet, die Themen sind definiert, die Adressaten bestimmt und sie ist projektbezogen. Sie kann schriftlich sein – die offizielle E-Mail, der Abschlussbericht oder die Powerpoints der Präsentation. Auf diese Art der Kommunikation wird in Kapitel Abschn. 10.2 eingegangen. Zur offiziellen mündlichen Kommunikation gehören Besprechungen, Sitzungen, Präsentationen. Sie wird in Kapitel Abschn. 10.3 näher betrachtet. Darüber hinaus gibt es viele Mischformen die genutzt werden, um die Vorteile beider Kommunikationsmethoden zu nutzen und die Nachteile zu minimieren. In den folgenden Kapiteln werden aber schriftliche und mündliche Kommunikation separat betrachtet, da die Vorbereitung jeweils eine andere ist.

Schriftliche Kommunikation hat den Vorteil, sehr präzise zu sein, sie kann gut vorbereitet werden und die Kommunikation ist dokumentiert. Der Empfänger kann sie, wann immer es ihm passt, zur Kenntnis nehmen. Das ist aber auch genau der Nachteil: Es kann unklar sein, ob der Empfänger sie erhalten hat, ob er sie gelesen und auch verstanden hat. Es fehlt eine direkte Reaktion, die für den Sender sichtbar ist (außer es kommt gleich eine wütende Reaktion zurück). Auch die Stimmung des oder der Empfänger wird für den Sender nicht spürbar.

Schriftliche Kommunikation im Projekt wird immer dann genutzt, wenn Dinge festgehalten und dokumentiert werden sollen, wenn sie umfangreicher sind und der Empfänger Zeit haben soll, sie sich in Ruhe durchzulesen. Deswegen werden Unterlagen für ein wichtiges Meeting, beispielsweise den Steuerkreis, den Teilnehmern in der Regel vorher zugesandt. Statusreport Abschn. 5.1 und Change Request Abschn. 9.1, aber auch die abschließende Projektdokumentation Abschn. 14.1 sollten immer schriftlich erfolgen.

Mündliche Kommunikation hat den Vorteil, dass sicher, ist, dass der Empfänger sie auch erhalten hat und auch sofort geklärt werden kann, ob die Information verstanden wurde. Missverständnisse können meistens sofort ausgeräumt werden. Dabei hilft auch die Körpersprache: Es ist eben nicht nur der sprachliche Text, sondern sowohl vom Sender als auch vom Empfänger werden zusätzlich Inhalte und Informationen über die Körpersprache vermittelt. Allerdings fehlt bei der mündlichen Kommunikation die Dokumentation, sodass bei wichtigen Themen abschließend noch ein Protokoll erstellt wird, das gegebenenfalls auch noch vom Empfänger gegengezeichnet werden muss. Mündliche Kommunikation ist in manchen Fällen, zum Beispiel bei einem Konflikt, auch die einzig mögliche Kommunikationsmethode.

Bei der mündlichen Kommunikation kann man noch weiter unterscheiden, ob sie persönlich, face-to-face, oder virtuell stattfindet, also per Telefon oder über eine Videosoftware. Dort kann sie mit oder ohne Bildübertragung erfolgen. Sobald eine Bildübertragung möglich ist, spielt die nonverbale Kommunikation wieder eine größere Rolle und nicht alleine die verwendeten Worte.

Oben wurde bereits angesprochen, dass sich die beiden Formen auch mischen können. Die Unterlagen für das Steuerkreis Meeting werden vorab zugesendet. Das Meeting ist mündlich, es werden aber die PowerPoint Folien gezeigt. Auch in einem Interview werden oft ein paar PowerPoint Folien gezeigt, um das Projekt vorzustellen. Ein Konflikt zwischen zwei Parteien wird durch eine schriftliche Vereinbarung (oder zumindest eine Gesprächsnotiz) abgeschlossen.

Bei größeren Projekten gibt es in der Regel Kommunikationspläne, die auf einer Stakeholder-Analyse aufbauen. Sie definieren das „Wer", „Was", „Wann", „Warum" und „Wie" der wechselseitigen Kommunikation zwischen dem Team und den Stakeholdern (APM, 2019). Aber auch in kleineren Projekten sollte sich das Team genau überlegen, wie sie wann mit wem kommunizieren wollen. Gerade für die angemessene Einbindung der Stakeholder kann das ein erfolgskritischer Punkt sein. In manchen Organisationen werden Protokolle und Standards für die Kommunikation vorgegeben. Die Einhaltung dieser kann wichtig sein, um effektiv zu kommunizieren und Vereinbarungen rechtzeitig zu treffen, z. B. um einen Business Case von einem Investitionsgremium genehmigen zu lassen oder ein Projekt-Update in das Intranet des Unternehmens aufzunehmen. Im Zweifelsfall sollten sich Projektmitarbeiter die Zeit nehmen, um die Kommunikations-"Normen" in der jeweiligen Organisation herauszufinden, um vermeidbare Fehler und potenzielle Konflikte zu umgehen (APM, 2019).

10.2 Schriftliche Kommunikation

Viele Projektmitarbeiter empfinden es als ausgesprochen schwierig, die Zwischenergebnisse oder die Ergebnisse eines Projekts schriftlich in eine Ordnung zu bringen, um sie klar und verständlich kommunizieren zu können. Meistens geht es dabei um die Struktur, wie die Vielzahl von Aspekten und Punkten in eine logische, verständliche Reihenfolge gebracht werden kann.

Barbara Minto, 1963 die erste weibliche Beraterin bei der Unternehmensberatung McKinsey, hat eine Methode entwickelt, komplexe Zusammenhänge zu strukturieren, um damit präzise und verständlich zu kommunizieren: Das Pyramiden-Prinzip (Minto, 2005). Sie hat es für die schriftliche Kommunikation entwickelt, beispielsweise Präsentationen oder Berichte, die Logik des Models kann aber auch gut auf die mündliche Kommunikation übertragen werden.

Das von ihr entwickelte Pyramiden-Prinzip soll der Denkweise unseres Gehirns entsprechen: Wir wollen sofort verstehen, worum es geht und sortieren dann die verschiedenen Informationen so ein, dass wir den Zusammenhang verstehen und eine Lösung finden. In der Wissenschaft wird eher der umgekehrte Weg gewählt: Von den vielen verschiedenen Informationen ausgehend wird der Prozess beschrieben, der dann zu einem Ergebnis führt. Minto hat diesen „Trichter" umgedreht und fängt gleich mit dem Ergebnis an.

Es gibt zwei verschiedene Varianten des Pyramiden-Prinzips von Barbara Minto: Die Argumentationskette (logical chain) und die Argumentationsgruppe (logical group).

10.2.1 Argumentationskette

Die Argumentationskette Abb. 10.2 startet mit der Kernaussage, die immer die Frage „warum?" beantwortet. Diese Kernaussage wird durch drei Aussagen unterstützt. Die erste Aussage ist neutral und beschreibt die Situation, die zweite Aussage kommentiert die erste Aussage, die Situation, und beschreibt das Problem. Die dritte Aussage basiert auf der Situation und dem Problem und definiert die logische Schlussfolgerung (Lösung). Daraus wird dann die Kernaussage abgeleitet, die auch der Startpunkt war. Während die Kernaussage eher allgemein formuliert ist, als eine Empfehlung, sollte die Lösung konkret sein und beschreiben, was genau getan werden muss.

Letztlich entspricht die Argumentationskette auch einer medizinischen Logik: Anamnese (Verstehen, was die Situation ist), Diagnose (das Problem erkennen) und am Ende die Intervention oder Therapie als Lösung.

Die Argumentationskette ist deduktiv, da die Aussagen (Situation und Problem) aufeinander aufbauen und über die Lösung zur Kernaussage an der Spitze der Pyramide führen.

Die Argumentationskette sieht immer genau gleich aus: Die Kernaussage, die die Frage „warum?" beantwortet und auf der zweiten Ebene die drei Aussagen zur Situation, zum Problem und zur Lösung.

So einfach die Argumentationskette klingt, in der Praxis ist es manchmal nicht ganz leicht zu definieren, was die Situation und was das Problem ist. Bezogen auf das Fallbeispiel mit der Rekrutierung von Pflegekräften aus dem Ausland Abschn. 1.4: Ist der Fachkräftemangel die Situation oder das Problem? Manchmal sind auch beide Lösungen möglich und sinnvoll – eine Diskussion im Team hilft dann, die überzeugendste Variante zu finden. Eine mögliche Darstellung findet sich in Abb. 10.3.

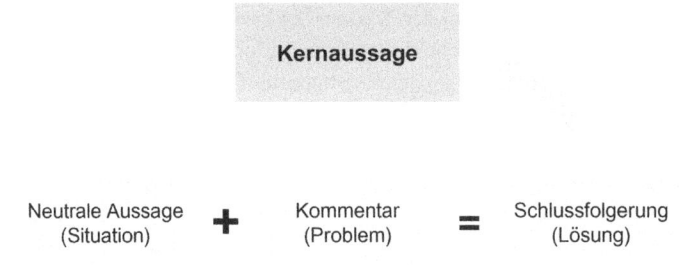

Abb. 10.2 Argumentationskette

10.2 Schriftliche Kommunikation

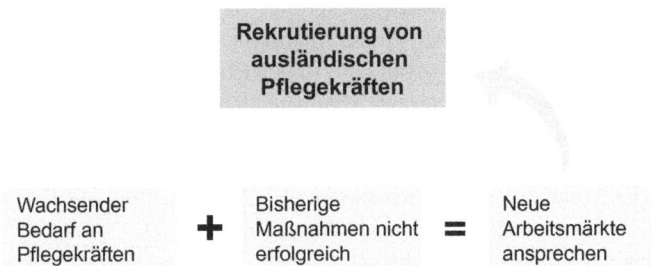

Abb. 10.3 Argumentationskette Fallbeispiel Rekrutierung ausländischer Pflegekräfte

Die Argumentationskette ist eine sehr überzeugende Form der Kommunikation, weil sie unserer Denkweise entspricht und präzise abgeleitet wird, was die Lösung für ein Problem ist. Sie hat allerdings eine Schwäche: Wenn eine der beiden ersten Aussagen zur Situation oder zum Problem angegriffen oder in Zweifel gezogen werden kann, bricht die gesamte Argumentation zusammen.

10.2.2 Argumentationsgruppe

Die zweite Variante des Pyramiden-Prinzips ist die vermeintlich einfachere Form. Wieder gibt es an der Spitze der Pyramide die Kernaussage Abb. 10.4. Die

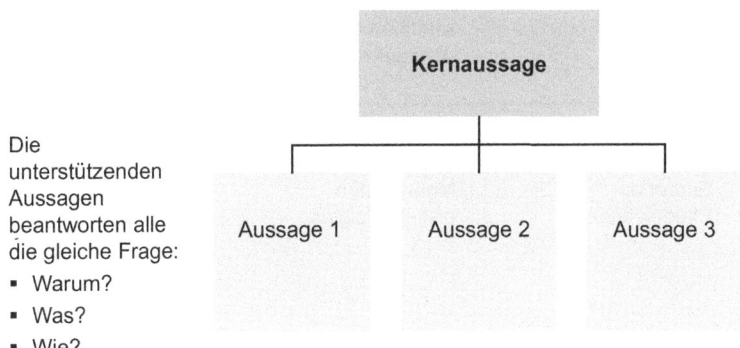

Abb. 10.4 Argumentationsgruppe

Kernaussage kann bei der Argumentationsgruppe aber verschiedene Fragen beantworten: „Warum?" wie bei der Argumentationskette, aber auch „Wie?" oder „Was?". Diese Kernaussage wird auf der zweiten Ebene durch zwei bis fünf Aussagen unterstützt. Im Gegensatz zur Argumentationskette stehen diese Aussage nebeneinander und bauen nicht aufeinander auf. Die unterstützenden Aussagen müssen alle von der gleichen Art sein, beispielsweise Begründungen, Beispiele, Schritte oder Vorteile. Die Argumentationsgruppe ist induktiv, die Kernaussage ergibt sich aus den einzelnen genannten Aussagen.

Wie schon beim Hypothesenbaum Abschn. 3.1.2 beschrieben, müssen die einzelnen Aussagen „MECE" sein, d. h. die einzelnen Aussagen dürfen sich nicht überlappen (mutually exclusive) und das Problem soll vollständig durch die Aussagen beschrieben werden (collectively exhaustive).

Die Argumentationsgruppe wird oft als einfacher empfunden, da sie Aussagen aufzählt und nicht in Zusammenhang bringt. Sie hat auch den Vorteil, dass, wenn eine der Aussagen angegriffen werden kann, die Argumentation insgesamt nicht zusammenbricht. Ihre Schwäche ist, dass sie nicht so überzeugend wirkt, wie die Argumentationskette.

Bezogen auf das Fallbeispiel mit der Rekrutierung von Pflegekräften aus dem Ausland Abschn. 1.4 wird hier in der Argumentationsgruppe wieder die Frage „warum?" beantwortet. Warum sollten Pflegekräfte aus dem Ausland rekrutiert werden? Darunter können dann alle Argumente bzw. Vorteile aufgeführt und entsprechend belegt werden Abb. 10.5.

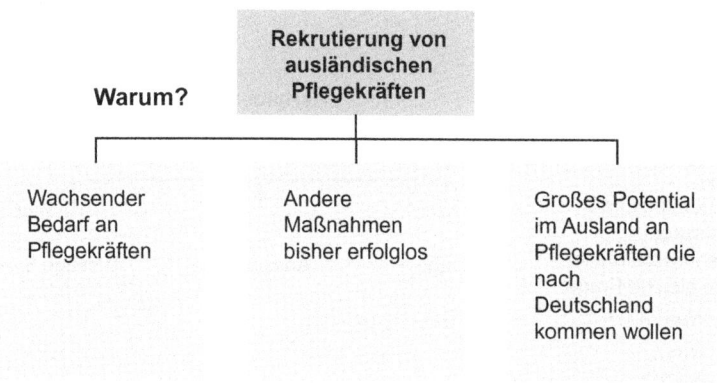

Abb. 10.5 Argumentationsgruppe Fallbeispiel Rekrutierung ausländischer Pflegekräfte

10.2 Schriftliche Kommunikation

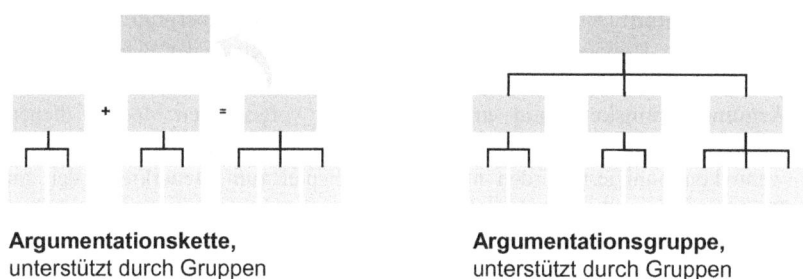

Argumentationskette,
unterstützt durch Gruppen

Argumentationsgruppe,
unterstützt durch Gruppen

Abb. 10.6 Kombination Argumentationsketten und -gruppen

Argumentationsgruppen und Argumentationsketten können auch miteinander kombiniert werden: Eine Kette kann durch Gruppen, eine Gruppe kann durch weitere Gruppen unterstützt werden Abb. 10.6.

Das Pyramidenprinzip dient vorwiegend der schriftlichen Kommunikation. Texte, aber auch PowerPoint-Präsentationen können so überzeugend strukturiert werden. Gerade die Argumentationskette kann aber auch bei der mündlichen Kommunikation hilfreich sein – wenn beispielsweise eine Voicemail hinterlassen werden soll, die kurz und prägnant ein Problem beschreibt und wie es gelöst werden soll. Oder wenn ein Projektteammitglied dem Projektmanager von einem Problem im Projekt berichten will. Dann hilft es dem Projektmanager, wenn der Mitarbeiter kurz beschreibt, worum es geht (Situation), das Problem schildert und bereits seine Ideen zur Lösung teilt.

Bei der Vielzahl an bisher vorgestellten Modellen und „pyramidenartigen" Strukturen hier noch eine kurze Übersicht zur Unterscheidung. Bei allen Modellen geht es darum, ein komplexes Thema zu strukturieren, um es besser bearbeiten, verstehen und analysieren zu können. Sie werden jedoch zu einem unterschiedlichen Zweck und zu einem anderen Zeitpunkt im Projekt eingesetzt:

- **Projektstrukturplan** (PSP): Hier geht es um eine strukturierte Aufteilung der verschiedenen Aufgaben in Arbeitspakete. Der PSP wird v. a. in der Planungsphase verwendet Abschn. 2.3
- **Hypothesenbaum:** Der Hypothesenbaum startet mit einer Annahme und überprüft, wie diese Annahme nachgeprüft werden kann. Der Hypothesenbaum kann gleichermaßen in der Planungsphase (zusammen mit dem PSP), aber auch während der Durchführung des Projekts genutzt werden Abschn. 3.1.2.

- **Diagnosebaum:** Der Diagnosebaum sammelt Ideen, die überprüft werden sollen. Wie der Hypothesenbaum kann er gleichermaßen in der Planungsphase, aber auch in der Durchführungsphase genutzt werden Abschn. 3.1.2
- **Argumentationskette und -gruppe:** Die hier vorgestellten Modelle dienen dazu, die Kommunikation zu strukturieren. Sie werden immer dann genutzt, wenn kommuniziert werden muss, zum Beispiel zum Steuerkreis oder am Projektende im Abschlussbericht.

Neben einer guten Struktur sollten aber noch ein paar weitere Punkte bei der schriftlichen Kommunikation berücksichtigt werden:

- **Klar und leicht verständlich formulieren:** Keine langen Sätze, keine Abkürzungen oder Fachtermini, wenn nicht ganz sicher ist, dass auch jeder Stakeholder sie versteht. Die Terminologie kann sich zwischen den Einrichtungen des Gesundheitswesens deutlich unterscheiden, manchmal werden in jeder Station einer Klinik andere Abkürzungen und Begriffe verwendet.
- **Kurz und präzise:** Zusammenfassungen und Übersichten nutzen. Nur die wenigsten Stakeholder haben Zeit und Lust, sich durch lange Dokumentationen zu kämpfen. Ein Überblick am Anfang der Dokumentation („Management Summary") hilft.
- **Optisch ansprechend:** Dies gilt für Berichte (Absätze, Seiten nicht zu voll) und erst recht für die häufig genutzten PowerPoint Präsentationen in einem Projekt. Ein gutes Design mit graphischen Elementen, einer lesbaren Schriftgröße, einer dezenten Farbwahl, wenig Animationen und eine gute Gestaltung der Seiten trägt maßgeblich dazu bei, die Ergebnisse überzeugend und verständlich zu präsentieren. Für eine gute Gestaltung der Graphiken sei auf das Standardwerk von Gene Zelazny (2005) verwiesen.
- **Sorgfalt:** Keine Fehler und keine Wiederholungen und Überschneidungen. Aber auch: Sicherstellen, dass der Absender der Informationen klar ist, prüfen, ob der Stakeholder das Projekt überhaupt kennt, und sicherstellen, dass die Unterlagen zum richtigen Empfänger gesendet werden und dort auch angekommen sind.
- **Standardisierung:** In einem Projekt sollten immer wieder die gleichen Formate genutzt werden, beispielsweise für den Projektstatusreport Abschn. 5.1. Das erleichtert die Übersichtlichkeit.

10.3 Mündliche Kommunikation

10.3.1 Kommunikationsprobleme

Kommunikation könnte so einfach sein, wenn man dem Kommunikationsmodell folgt: Der Sender muss nur sicherstellen, dass der Empfänger die Nachricht erhält und sie richtig decodiert. Und genau das „nur" ist das Problem, denn im Decodieren können viele Schwierigkeiten liegen, beim Empfänger, aber auch bei der Rückmeldung des Empfängers an den Sender. So kann es zu vielen Missverständnissen und Meinungsverschiedenheiten kommen, wenn Codierung und Decodierung fehlerhaft sind. Das Thema, wie die Verständigung zwischen Personen am besten laufen sollte, ist so komplex, dass es hier nur soweit nötig für die Projektkommunikation angerissen werden kann. Ansonsten wird auf weiterführende Literatur verwiesen (Preuß-Scheuerle, 2016; Röhner & Schütz, 2020).

Ein Problem mit der Codierung und Decodierung kann auftreten, wenn die Mitarbeiter nicht fließend Deutsch sprechen und es dadurch zu Missverständnissen kommt. Davon unabhängig liegt aber ein wesentliches Problem in der Interpretation. Friedemann Schulz von Thun, ein deutscher Psychologe und Kommunikationswissenschaftler, unterscheidet drei Empfangsvorgänge, aus denen sich die innere Reaktion des Empfängers aufbaut (Schulz von Thun, 2010):

- **Wahrnehmung:** Beispielsweise etwas hören oder sehen.
- **Interpretation:** Das Wahrgenommene wird mit einer Bedeutung versehen. Eine Aussage kann als Kritik empfunden werden, ein Blick als abwertend interpretiert. Die Interpretation kann richtig oder falsch sein.
- **Gefühl:** Auf das Wahrgenommene und die Interpretation wird mit einem Gefühl reagiert. Dieses Gefühl ist eine direkte Reaktion und kann nicht als richtig oder falsch beurteilt werden. Welches Gefühl ausgelöst wird, hängt auch von der momentanen Stimmung ab. Ein abwertender Blick kann, je nach Stimmung, ganz unterschiedliche Gefühle auslösen – Unsicherheit, Angst, Ärger, Wut – er kann aber auch souverän ignoriert werden.

In der Regel sind Menschen wenig geübt, diese drei Vorgänge sauber zu trennen, die Rückmeldung basiert auf einer Verschmelzung von Wahrnehmung, Interpretation und eigenem Gefühl (Schulz von Thun, 2010). Der abwertende Blick löst dann gleich eine Reaktion aus, die, je nach Gefühl, Verteidigung oder Angriff heißt. Der Empfänger muss sich im Klaren sein, dass seine Reaktion immer *seine*

Reaktion ist und von seiner Interpretation abhängt. Diese Interpretation kann er hinterfragen und überprüfen.

In unserem Fallbeispiel kann das zum Beispiel bedeuten, dass der Projektmanager im Steuerkreis wahrnimmt, dass der Chefarzt und der kaufmännische Direktor die ganze Zeit miteinander tuscheln. Entscheidend ist jetzt die Interpretation, die der Projektmanager vornimmt. Er kann interpretieren, dass

- sie seine Präsentation langweilig finden oder über ihn als Projektmanager lästern oder sie einen Fehler gefunden haben.
- sie seine Präsentation spannend finden und weitere Ideen entwickeln.
- sie über etwas ganz Anderes reden (das letzte Bundesligaspiel oder ein Problem mit einer anderen Station).

Die Reaktion des Projektmanagers wird davon bestimmt, mit welcher Bedeutung er das Wahrgenommene versieht und wie sein Gefühl dadurch ist. Gelingt es ihm, sich klarzumachen, dass es *seine* Interpretation ist, kann er souverän nachfragen und den Punkt klären.

10.3.2 Meetings

In jedem Projekt gibt es eine Vielzahl von Meetings und Besprechungen. Der Begriff Meeting wird gerne inflationär benutzt, hier soll im Folgenden unter Meeting ein gezieltes Zusammentreffen von mindestens zwei Personen bezeichnet werden, die über eine das Projekt betreffende Thematik sprechen (Wegmann & Winklbauer, 2006).

Meetings haben eine Vielzahl von Funktionen:

- Relevante Probleme zu diskutieren und Lösungen zu entwickeln
- Wichtige Informationen auszutauschen
- Wichtige Entscheidungen zu treffen
- Sich auf eine Vorgehensweise zu einigen
- Ergebnisse und Erkenntnisse zu präsentieren und Stakeholder zu überzeugen
- Beziehungen aufzubauen, Feedback zu geben, Akzeptanz zu schaffen und Teamgeist zu entwickeln

Während Meetings in einem eingespielten Projektteam meistens ganz gut funktionieren, sind größere Besprechungen mit einer Vielzahl von Projektteammitgliedern oder Stakeholdern oft weniger effizient.

10.3 Mündliche Kommunikation

Zu den typischen Fehlern gehören:

- **Schlechte Vorbereitung:** Keine Tagesordnung, es wurden die falschen Teilnehmer eingeladen oder wichtige Teilnehmer fehlen, es ist unklar, warum man sich trifft.
- **Schlechte Durchführung:** Keine klare Moderation, mangelnde Disziplin der Teilnehmer.
- **Schlechter Abschluss:** Keine Entscheidung über die nächsten Schritte, keine vereinbarten Ziele, keine Verantwortlichkeiten.

In der Folge ist das Meeting ineffizient und die Teilnehmer sind frustriert. Es gibt keine Ergebnisse und es besteht Unklarheit über Entscheidungen und die nächsten Schritte. Damit besteht die Gefahr, dass auch das nächste Meeting nicht viel besser wird, da die Teilnehmer es bestenfalls noch als „nette Unterhaltung" oder doch gleich als „Zeitverschwendung" betrachten und es keine wirklichen Fortschritte gibt.

Entscheidend ist eine gute **Vorbereitung** des Meetings. Ist eine persönliche Besprechung wirklich notwendig oder reicht es, wenn die Unterlagen den potentiellen Teilnehmern zugeschickt oder Einzelgespräche geführt werden?

Wenn ein Meeting notwendig ist sollten

- realistische Ziele für das Meeting definiert werden.
- die richtigen Teilnehmer eingeladen werden, die für das Erreichen der Ziele notwendig sind (und sichergestellt werden, dass sie auch kommen). Eine Stakeholder Analyse Kap. 7 hilft dabei, die relevanten Stakeholder zu identifizieren und deren Bedürfnisse zu verstehen.
- Tagesordnung und Dokumente vorbereitet und vorab den Teilnehmern zugeschickt werden.
- die Programmpunkte mit einem realistischen Zeitansatz geplant und die Tagesordnung nicht überfrachtet werden.
- entsprechend ausgestattete Räumlichkeiten zur Verfügung stehen.

Die **Durchführung** folgt einer einfachen Gliederung: Einführung, Hauptteil und Abschluss der Veranstaltung.

In der **Einführung** werden nach der Begrüßung die Teilnehmer, sollten sie sich noch nicht kennen, vorgestellt. Die Tagesordnung und das Ziel der Meetings werden geklärt.

Im **Hauptteil** werden die wichtigsten Ergebnisse vorgestellt. Zur Strukturierung eignet sich das bereits erwähnte Pyramiden-Prinzip. Den Teilnehmern sollte die Möglichkeit gegeben werden, Fragen zu stellen und eigene Ideen einzubringen oder Informationen zu liefern.

Wichtig ist zum **Abschluss** die Ergebnisse zusammenzufassen, nächste Schritte mit klaren Verantwortlichkeiten und Terminen zu vereinbaren und das Meeting mit einem Dank an alle Teilnehmern des Meetings für die Teilnahme abzuschließen.

Genauso wichtig wie die Durchführung ist aber auch die **Nachbereitung** des Meetings. Je wichtiger das Meeting war – wichtig im Sinne einer Teilnahme entscheidender Stakeholder, aber auch in dem Sinne, dass wichtige Entscheidungen für das Projekt getroffen wurden – desto sorgfältiger muss das Meeting nachbereitet werden. Dazu gehört es, ein Protokoll zu schreiben und die Ergebnisse zusammenzufassen. Das Protokoll wird an die Teilnehmer geschickt. Bei dem folgenden Meeting kann dann noch einmal nachgefragt werden, ob es Änderungen zum Protokoll gibt. Auch können weitere Dokumente versendet werden. Und das Projektteam sollte sich Gedanken machen, wie das Meeting gelaufen ist, die sogenannten „Lessons learnt": Was hat funktioniert – was nicht? Was können wir künftig anders machen? Worauf müssen wir künftig noch mehr achten?

Neben Teammeetings im Projektteam selbst, kann es eine Vielzahl von Meetings im Projekt mit Stakeholdern geben Abb. 10.7.

Kick-off Meeting

Das erste wichtige Meeting im Projekt ist typischerweise das sogenannte **Kick-off Meeting**. Teilnehmer sind in der Regel die Stakeholder, die auch im Steuerkreis vertreten sind – oder der Kick-off findet im Lenkungsausschuss statt, sofern einer eingerichtet wurde Abschn. 6.2. Natürlich nehmen auch der Projektmanager und – sofern schon verfügbar – die Projektteammitglieder teil.

Im Kick-off Meeting geht es darum, das Projekt offiziell zu starten. Projektmanager und das Projektteam werden offiziell mit der Aufgabe betraut. Sollte das Projektteam noch nicht vollständig sein kann in diesem Meeting geklärt werden, wer noch das Projekt unterstützt. Es geht aber auch um die Inhalte des Projekts. Ein gemeinsames Verständnis des Projektziels sollte genauso erzielt werden, wie klare Antworten auf das „Why Statement" Abschn. 3.1.1, warum das Projekt überhaupt gemacht werden soll. Auch die Vorgehensweise wird abgestimmt.

Auch projektintern sollte es ein Kick-off Meeting geben – meist sogar noch vor dem offiziellen Kick-off mit dem Steuerkreis. In dem Treffen kommen zum ersten Mal alle Projektteammitglieder zusammen. Es entspricht Tuckmans Forming-Phase, die im Kapitel Team beschrieben wird Abschn. 13.1. Es ist ein ganz entscheidendes

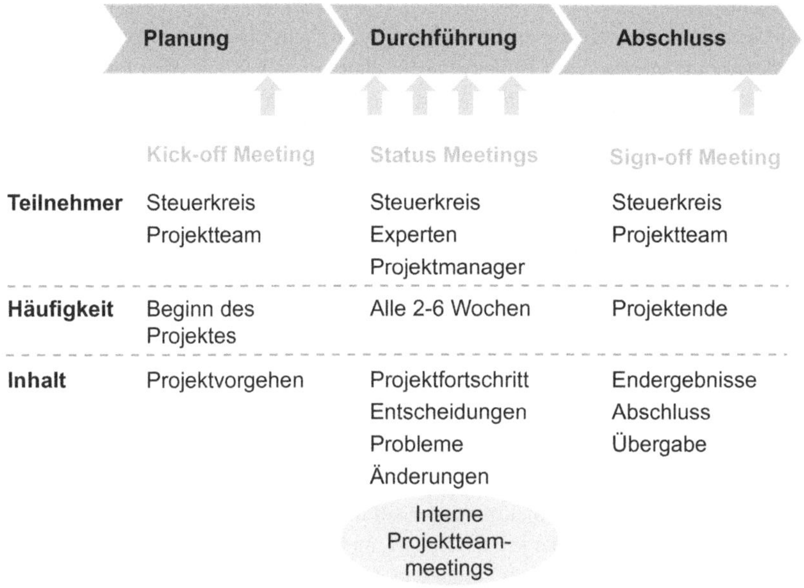

10.3 Mündliche Kommunikation

	Planung	Durchführung	Abschluss
	Kick-off Meeting	Status Meetings	Sign-off Meeting
Teilnehmer	Steuerkreis Projektteam	Steuerkreis Experten Projektmanager	Steuerkreis Projektteam
Häufigkeit	Beginn des Projektes	Alle 2-6 Wochen	Projektende
Inhalt	Projektvorgehen	Projektfortschritt Entscheidungen Probleme Änderungen	Endergebnisse Abschluss Übergabe
		Interne Projektteammeetings	

Abb. 10.7 Meetingstruktur Projekt

Meeting, denn hier wird das Fundament für die weitere Zusammenarbeit gelegt. Der Projektmanager stellt sich vor, die Teammitglieder lernen sich kennen. Das Projekt wird vorgestellt, um alle Teammitglieder auf den gleichen Wissensstand zu bringen. In diesem Meeting können auch die Regeln der Zusammenarbeit festgelegt werden, beispielsweise Organisation und Abläufe, aber auch die weitere Kommunikation im Projektteam.

Typische Themen sind (Larson & Gray, 2011; Litke et al., 2018):

- Klare Definition der Rollen und Verantwortlichkeiten
- Fragen zur Planung des Projekts und Fortschrittskontrolle
- Informationsaustausch und Kommunikationsstruktur
- Umgang mit Veränderungen im Projekt

Das Meeting sollte vom Projektmanager gut vorbereitet werden. Wenn das Treffen gut und überzeugend abläuft, die Mitglieder sich kennenlernen und eine gute Atmosphäre herrscht, steigt die Vorfreude auf das Projekt und auf die gemeinsame

Zusammenarbeit. Umgekehrt, wenn der erste Eindruck eher negativ ist, vieles noch nicht klar ist und ein gewisses Chaos herrscht, besteht die Gefahr, dass Teammitglieder wenig Interesse am Projekt haben, eher versuchen aus dem Projekt noch rauszukommen und das den Start des Projekts erheblich erschwert.

Sollte mehr Zeit zur Verfügung stehen und die Teammitglieder bereits zu einer früheren Phase dem Projekt zur Verfügung stehen, kann das interne Kick-off Meeting auch zu einem Projektstart-Workshop ausgebaut werden und das Team in die Planung des Projekts verstärkt einbezogen werden.

Status Meetings
Dann sollte es im Projekt regelmäßig Meetings mit dem Steuerkreis geben und, sofern vorhanden, mit dem Lenkungsausschuss. Statusmeetings mit dem Steuerkreis finden meistens einmal zu Beginn jeder Projektphase und einmal bei Phasenende statt. Auch können die Treffen je nach Projekt wöchentlich, monatlich oder einmal im Quartal abgehalten werden. Oft sind die Steuerkreis-Meetings auch identisch mit den Meilensteinen im Projektplan. Am Statusmeeting nehmen die Mitglieder des Steuerkreises teil, der Projektmanager, sofern vorhanden die Teilprojektmanager und einzelne Teammitglieder je nach Bedarf, meistens aber nicht das gesamte Team. Auf der Agenda stehen zentrale Dinge wie der Bericht über den Projektfortschritt, Entscheidungen und Maßnahmen zur Steuerung oder Planänderungen. Zudem gibt es Gelegenheit, Probleme und Fragen zu diskutieren (Litke et al., 2018).

Zusätzlich finden regelmäßig interne Meetings im Projektteam statt, oft als Jour fixe bezeichnet, der dazu dienen, alle Beteiligten im Team auf den gleichen Stand zu bringen. Der Projektstatus wird besprochen, Arbeitsergebnisse, aber auch die weitere Vorgehensweise und aktuelle Herausforderungen. Probleme und Lösungsvorschläge können diskutiert werden. Je nach Größe des Projekts kann sich das gesamte Projektteam oder auch nur einzelne Teilprojekte treffen. Dann berichten die Teilprojektmanager zusätzlich in einem Status-Meeting an den Projektmanager.

Je besser die Teamsitzungen geplant und strukturiert sind, desto effizienter sind sie. Dazu gehört ein gut ausgestatteter Besprechungsraum mit Flipchart und Projektor, eine klare Agenda, ein geregelter Ablauf und eine Dokumentation der Ergebnisse. Neben den zu erledigenden Punkten sollte auch immer der Verantwortliche und der Termin, bis zu dem der Punkt erledigt sein soll, festgelegt werden. Diese To-Dos müssen dann entsprechend nachgehalten werden (Litke et al., 2018).

Manche Projektteams schätzen darüber hinaus zusätzliche kurze Treffen (die manchmal auch im Stehen durchgeführt werden, um lange Diskussionen zu erschweren), in denen beispielsweise Montagmorgens besprochen wird, was anliegt und die kommende Woche geplant wird. Oder auch Freitagnachmittags, um

10.3 Mündliche Kommunikation

die Woche noch einmal Revue passieren zu lassen und den Ausblick auf die Anforderungen der nächsten Woche zu richten.

Neben den offiziellen Teammeetings sollte sich der Projektmanager aber auch ausreichend Zeit für das persönliche Gespräch mit den Mitarbeitern nehmen. Dabei geht es nicht nur um offizielle Termine, sondern vielmehr auch das informelle Gespräch, in dem der Projektmanager im Austausch mit seinem Team ist und mitbekommt, wo es vielleicht hakt, wie die Stimmung ist und wo es Probleme geben könnte. Das geht individuell oft besser als in einer größeren Gruppe, wo Befindlichkeiten nicht ohne Weiteres angesprochen werden. Natürlich sollten da alle Mitarbeiter gleichbehandelt werden.

Sign-off Meeting

Das letzte Meeting im Projekt ist typischerweise die Abschlussbesprechung am Ende des Projekts, manchmal auch Sign-off Meeting genannt. Das Projekt wurde erfolgreich abgeschlossen – oder es wird abgebrochen, weil eine Weiterführung nicht mehr erwünscht ist. Die Endergebnisse werden vorgestellt. Die Dokumente und noch offene Aufgaben werden an die künftig Verantwortlichen übergeben. Der Projektmanager und das Projektteam werden entlastet. In Kap. 14 wird auf den Projektabschluss detaillierter eingegangen.

10.3.3 Interviews

Unter Interview wird im Folgenden eine gezielte Befragung verstanden, um beispielsweise Informationen für das Projekt zu gewinnen. Diese Befragungen gehören zum Tagesgeschäft bei der Projektarbeit. Projektteammitglieder, die das Interview führen, haben meistens eine klare Vorstellung, was aus diesen Gesprächen rauskommen soll. Sie wollen Fakten abfragen, Informationen, manchmal auch inoffizielle, erhalten, einen Expertenrat bekommen oder Hypothesen testen. Es kann aber auch um Unterstützung gehen, der Befragte soll von etwas überzeugt werden oder etwas genehmigen.

Im Idealfall ist der Interviewpartner kooperativ, er kann aber auch ganz andere Interessen haben und nicht die Erwartungen der Interviewer erfüllen. Der Interviewpartner möchte vielleicht

- seine eigene Agenda umsetzen.
- das Interview kurzhalten und wenig Zeit darauf verwenden.
- zusätzliche Arbeit abblocken.
- keine klaren Aussagen machen, um Verantwortung zu vermeiden.

- sich selbst positiv darstellen.
- unangenehme Fakten verschweigen.

Ein Beispiel ist ein Projekt, bei dem es um Kosteneinsparungen im Klinikeinkauf geht. Um die angestrebten 30 % Einsparpotential zu erreichen, werden alle internen Prozesse untersucht. Die Befragten aus dem Einkauf können das Projekt unterstützen, weil sie es sinnvoll finden, die Prozesse zu straffen und Geld einzusparen. Sie werden sehr wahrscheinlich aber auch eigene Interessen haben: Ihren Arbeitsplatz zu sichern, weiterhin die gleiche Tätigkeit ausüben zu können wie bisher und mit den gleichen Kollegen zusammenzuarbeiten oder die gleichen Freiheiten wie bisher zu haben. Je nachdem, wie sie das Projekt und seine Bedeutung für sich selbst sehen, werden sie sich entsprechend kooperativ oder unkooperativ zeigen und die Antworten in der Befragung werden so gegeben, dass sie zu ihren eigenen Interessen passen.

Deshalb ist eine gute **Vorbereitung** auf das Interview Voraussetzung für einen erfolgreichen Ablauf des Gesprächs im Sinne des Projekts. Neben der organisatorischen Vorbereitung, wie Terminabsprache und Bereitstellen benötigter Unterlagen, geht es um die inhaltliche Vorbereitung des Gesprächs.

- **Ziel festlegen:** Was sollte am Ende des Gespräches rauskommen? Wenn nicht alles klappt wie geplant – was ist dann das minimale Ziel, was erreicht werden soll? Wenn der Befragte beispielsweise die Informationen nicht selbst zur Verfügung stellen kann, kann er vielleicht sagen, wer die Daten hat.
- **Adressatenprofil erstellen:** Je besser der Befragte eingeschätzt werden kann, desto besser kann auch das Gespräch vorbereitet werden. Bevor mit der Erstellung des Gesprächsleitfadens begonnen wird, sollte man sich deshalb in die Lage des Gegenübers versetzen, um dessen Reaktionen und Erwartungen zu antizipieren. Welchen Einfluss hat der Befragten auf das Projekt? Wie wird die Einstellung des Befragten zum Projekt sein? Wie wichtig wird das Thema für den Befragten sein, bekommt das Projekt seine volle Aufmerksamkeit? Wie viel weiß der Befragte bereits über das Thema? Hier können Erkenntnisse aus der Stakeholder Analyse hilfreich Kap. 7 sein.
- **Inhalte strukturieren:** Welche Themen sollten besprochen werden? Ein flexibler Leitfaden hilft dabei, ein Gespräch zu führen und nicht in Richtung „Verhör" abzurutschen. Das Gespräch sollte mit allgemeinen Fragen zum „Aufwärmen" beginnen, bevor zu spezifischeren Fragen übergegangen wird. Diese zielen dann darauf ab, beispielsweise Probleme genau zu verstehen und die Interview-Ziele zu erreichen. Gegen Ende können die Fragen wieder breiter werden, damit das Gespräch in einer entspannten Atmosphäre abschließt.

10.3 Mündliche Kommunikation

Oft kommen gerade dann noch einmal wertvolle Informationen, wenn der Gesprächspartner fast beiläufig noch ein paar informellere Hinweise gibt.
- **Rollen definieren:** Sollte das Gespräch durch mehrere Projektteammitglieder geführt werden kann es hilfreich sein, vor dem Interview klare Rollen festzulegen. Wer führt das Gespräch, wer schreibt mit?

Im eigentlichen Interview, dem **Hauptteil,** bewährt sich die bereits bei Meetings genannte Aufteilung in Einleitung, Hauptteil und Abschluss.

In der **Einleitung** wird nach der Vorstellungsrunde der Hintergrund für das Interview erklärt. Wenn möglich kann hier der Nutzen für den Interviewpartner hervorgehoben werden. Die Punkte, die besprochen werden sollen, werden vorgestellt und der Zeitrahmen für das Interview abgeklärt. In dieser Einführung kann auch schon versucht werden herauszufinden, ob das bei der Vorbereitung erstellte Adressatenprofil zutreffend ist.

Im **Hauptteil** wird der Gesprächsleitfaden flexibel abgearbeitet, der Kommunikationsstil sollte auf den Befragten abgestimmt werden. Bewusst sollten offene Fragen gestellt werden. Mindestens das oben definierte Minimalziel sollte erreicht werden.

Zum **Abschluss** werden die Hauptthemen noch einmal zusammengefasst und bestätigt. Es wird geklärt, ob der Befragte noch weitere Punkte hat, auf die er eingehen möchte. Das weitere Vorgehen wird besprochen, beispielsweise, dass der Befragte noch ein Protokoll des Gespräches bekommt und ob er bereit ist, an weiteren Gesprächen teilzunehmen. Es kann auch nach weiteren Ansprechpartnern für das Thema gefragt werden.

Wie bei einem Meeting ist auch beim Interview die **Nachbereitung** wichtig, um die gewonnen Informationen sinnvoll im Projekt nutzen zu können. Gesprächsnotizen oder ein Protokoll sollten geschrieben werden. Das Protokoll kann an den Interviewpartner geschickt werden und um Kommentare und Bestätigung gebeten werden – verbunden mit einem Dank für das Gespräch.

10.4 Praxisbeispiel: Führungskräfteentwicklung

Qualität beginnt im Kopf

Prof. Dr. med. Parwis Fotuhi, MBA
Geschäftsführer, EMVIA Living GmbH

Emvia Living bietet unter verschiedenen Markennamen Pflegeeinrichtungen an 50 Standorten bundesweit für rund 5800 Pflegebedürftige an.

Ziel des Projekts, das im Jahr 2020 startete und noch andauert, ist Führungskräfte in ihrer persönlichen Führungsentwicklung zu unterstützen und eine kontinuierliche Verbesserung der Arbeitssituation für alle Mitarbeiter zu erreichen. Hintergrund des Projekts: Bei einer Befragung von ehemaligen Mitarbeitern, warum sie das Unternehmen verlassen haben, nannten über 80 % Gründe, die auf eine unzureichende Führung hingewiesen haben.

In einem ersten Schritt wurde eine Mitarbeiterbefragung durchgeführt. Dabei wurde Fragen zu den Themen Führung, Marktorientierung, Organisation, Prozess, Qualität und Zusammenarbeit gestellt. Die Besonderheit: Es wurden immer zwei Fragen gestellt – zum einen nach der Bewertung zu der Frage oder Aussage (trifft voll zu oder trifft gar nicht zu), zum anderen aber auch, wie wichtig den Mitarbeitern dieser Punkt ist. Wenn Mitarbeiter beispielsweise sehr zufrieden mit ihren Führungskräften sind und angegeben haben, dass ihre Führungskräfte in den Einrichtungen professionell arbeiten und gut ausgebildet sind, können sie sich dennoch wünschen, dass sie noch mehr einbezogen werden bei Verbesserungsmaßnahmen und es einen besseren Informationsfluss geben soll. In einem zweiten Schritt

10.4 Praxisbeispiel: Führungskräfteentwicklung

werden dann die Führungskräfte entsprechend geschult. Das im Projekt neu entwickelte Führungskräfteentwicklungs-Programm hat den Aufbau von vier Handlungskompetenzen (Methodenkompetenz, Sozialkompetenz, Fachkompetenz, Persönlichkeitskompetenz) zum Ziel. Startpunkt war ein Führungskräftekongress im Herbst 2020, auf dem bereits eine Vielzahl von Seminaren und Workshops angeboten wurde.

Mit jeder Führungskraft wird ein persönlicher Entwicklungsplan vereinbart, der auf zwei Jahre angelegt ist. Im Rahmen dieses Entwicklungsplans werden Seminare, Workshops und Coachings angeboten, damit die Führungskräfte ihre Kompetenzen als Führungskraft weiterentwickeln können, um die Zufriedenheit der Mitarbeiter und damit auch die Mitarbeiterbindung zu steigern.

Das Projektteam besteht aus Mitarbeitern der Personal- und Marketingabteilung. Um die Anonymität zu wahren wurde die Befragung durch einen externen Dienstleister durchgeführt.

Herausforderungen im Projekt:

- **Durchführung:** Eine Mitarbeiterbefragung in der Unternehmensgruppe hat es in der Vergangenheit noch nicht gegeben. Die Befragung wurde online durchgeführt, jeder Mitarbeiter erhielt einen zufälligen Zugangscode (per „Lostopf", in der Einrichtung zu ziehen) und konnte dann anonym die Fragen beantworten. Es musste eine Lösung gefunden werden, da nicht jedem Mitarbeiter für die tägliche Arbeit ein PC zur Verfügung steht und auch privat nicht jeder Mitarbeiter einen Computer besitzt. Die Teilnahmequote war sehr unterschiedlich und lag je nach Standort zwischen 4 % und 59 %.
- **Kommunikation:** Gerade, weil erstmals eine Mitarbeiterbefragung durchgeführt wurde, war die Akzeptanz ein ganz wichtiger Punkt. Es musste erreicht werden, dass die Mitarbeiter einen Sinn darin sehen, sich zu beteiligen, weil sie überzeugt sind, dass sich dadurch auch was ändert. Zudem musste den Führungskräften ihre Sorgen genommen werden, dass sie schlecht beurteilt werden und Nachteile erleiden könnten. Deshalb wurde ein sehr umfangreiches Kommunikationskonzept aufgesetzt. Die Einbindung der Regional- und Gebietsleiter erfolgte im ersten Schritt. Anschließend gab es für alle Mitarbeiter inklusive der Führungskräfte eine Vielzahl von Mitarbeiter-Infobriefen, Poster, die in

den Räumlichkeiten aufgehängt wurden, Info-E-Mails, Ankündigungen in der neu geschaffenen Mitarbeiterzeitung, Bekanntmachungen vor Ort und einen Beileger bei der Gehaltsabrechnung. Die Erwartungshaltung der Mitarbeiter musste aber auch proaktiv gemanagt werden: Nicht alles, was sich Mitarbeiter wünschen kann in der betrieblichen Praxis auch immer umgesetzt werden.
- **Implementierung:** Sehr wichtig war, dass nach der Durchführung der Befragung auch Maßnahmen ergriffen wurden, die für alle sichtbar sind. Um Transparenz zu schaffen, wurde die Auswertung der Befragung für alle Standorte veröffentlicht und allen Mitarbeitern in gedruckter Form zur Verfügung gestellt. Zudem wurden die Ergebnisse vorgestellt und diskutiert, um deutlich zu vermitteln, dass eine Beteiligung an diesen Befragungen Sinn macht, weil sich etwas bewegt. Auch in der hauseigenen Mitarbeiterzeitung erscheinen Beiträge zur Mitarbeiterbefragung. Der Führungskräftekongress und der oben genannte Entwicklungsplan verdeutlichen glaubwürdig, dass dieses Thema ernst genommen wird. In Zukunft soll die Mitarbeiterbefragung alle zwei Jahre stattfinden. Während bisher keine offenen Fragen gestellt wurden, ist auch angedacht mit zunehmender Erfahrung der Mitarbeiter mit diesem Instrument den Fragenkatalog zu erweitern.

Literatur

APM. (2019). *Body of knowledge*. Association for Project Management.
Hagen, S. Warum scheitern Projekte? Projektmanagement Blog, 2009. http://pm-blog.com/2009/07/04/warum-scheitern-projekte/. Zugegriffen: 6. März. 2021.
Larson, E. W., & Gray, C. F. (2011). *Project management. The managerial process* (5. Aufl.). McGraw-Hill. International Edition
Litke, H. D., Kunow, I., & Schulz-Wimmer, H. (2018). *Projektmanagement*. Haufe Lexware.
Minto, B. (2005). *Das Prinzip der Pyramide*. Pearson Studium.
Preuß-Scheuerle, B. (2016). *Praxishandbuch Kommunikation. Überzeugend auftreten, zielgerichtet argumentieren, souverän reagieren*. Springer Gabler.
Röhner, J., & Schütz, A. (2020). *Psychologie der Kommunikation*. Springer.
Schulz von Thun, F. (2010). *Miteinander reden 1: Störungen und Klärungen. Allgemeine Psychologie der Kommunikation* (49. Aufl.). Rowohlt Taschenbuch Verlag.
Watzlawick, P. (2007). *Menschliche Kommunikation, Formen, Störungen, Paradoxien* (11. Aufl.). Verlag Hans Huber.

Wegmann, C., & Winklbauer, H. (2006). *Projektmanagement für Unternehmensberatungen.* Gabler.

Zelazny, G. (2005). *Wie aus Zahlen Bilder werden. Der Weg zur visuellen Kommunikation — Daten überzeugend präsentieren.* Springer Gabler.

Führung 11

11.1 Die Rolle des Projektmanagers

Die Führung in einem Projekt unterscheidet sich deutlich von einer Führungsaufgabe in der Linienfunktion einer Fachabteilung. In der Linienorganisation arbeiten Mitarbeiter über einen längeren Zeitraum zusammen, es geht um Kontinuität und Erfüllung definierter Aufgaben. In einer Projektorganisation kommen Mitarbeiter für eine begrenzte Zeit zusammen, es geht um Veränderung und die Aufgaben zur Zielerreichung müssen erst noch definiert werden.

Entsprechend anders sind die Herausforderungen in der Führung, vor denen der Projektmanager steht (ähnlich Hinz, 2008; Kuster et al., 2019; Meyer & Reher, 2020):

- **Führungsposition „auf Zeit":** Der Projektmanager ist oft nur für dieses eine Projekt in der Führungsposition und erfüllt sonst andere Aufgaben in der Organisation. In Projektorganisationen werden Rollen oft nur unklar definiert oder fehlen ganz. Schwierig wird es, wenn es Doppelrollen gibt – ein Entscheidungsträger arbeitet im Team mit. Aufgrund seiner Machtposition will er entscheiden (von oben), als Teammitglied steht ihm diese Rolle jedoch nicht zu. Der Projektmanager kommt durch diese Doppelrolle des Entscheidungsträgers in einen Rollenkonflikt. Deswegen müssen die Rollen und Verantwortlichkeiten im Projekt am Anfang geklärt werden.
- **Zeitliche Befristung:** Im Gegensatz zur Linienorganisation kommt das Projektteam nur für einen zeitlich befristeten Zeitraum zusammen, um an einer konkreten Aufgabe zu arbeiten.

- **Unklare Zieldefinition:** In manchen Projekten ist von vorneherein vorgegeben, welche Aufgabe erfüllt werden muss. Oft ist dies aber am Anfang noch nicht klar, es gibt nur unklare Projekt- und Leistungsziele. Die Tätigkeiten sind noch nicht genau umrissen und es kann nicht auf Routinen zurückgegriffen werden, daher ist der Abstimmungsaufwand hoch. Dazu kommen eine hohe Aufgabenkomplexität, knappe Ressourcen und der Zeitdruck bei der Bearbeitung der Projektaufgaben in einem dynamischen Umfeld.
- **Neues Team:** Der Projektmanager und die Projektmitarbeiter kennen sich oft nicht und haben noch nie zusammengearbeitet. Im Projektteam können unterschiedliche Fachabteilungen vertreten sein. Wenn im Unternehmen bereits Differenzen zwischen den verschiedenen Fachabteilungen bestehen, können diese im Projekt noch deutlicher zutage treten. Dahinterstehende Interessen- und Machtkonflikte schaffen ein höheres Konfliktpotenzial als in einer Linienorganisation. Im Projektteam können auch unterschiedliche Hierarchieebenen aufeinandertreffen. Dann müssen die Teammitglieder unabhängig von ihrer normalen Rolle in der Organisation zusammenfinden, der Sachbearbeiter mit dem Arzt und die Pflegekraft neben dem persönlichen Referenten des Kaufmännischen Leiters zusammenarbeiten. Die Teammitglieder können im Laufe des Projekts wechseln, je nach Projektphase werden Spezialisten für bestimmte Arbeitspakete eingebunden, um das Projekt nach erfüllter Aufgabe wieder zu verlassen. Damit muss sich der Projektmanager immer wieder darum bemühen, die neuen Kollegen zu integrieren.
- **Temporäre Projektorganisation:** Nur in der reinen Projektorganisation ist der Projektmanager auch der disziplinarische Vorgesetzte und hat Weisungsbefugnis. In den meisten Fällen ist der Projektmanager nur Fachvorgesetzter und muss sich mit dem disziplinarischen Vorgesetzten abstimmen. Der Projektmanager kann daher auch keine Sanktionen oder Belohnungen, wie einen Bonus oder eine Beförderung, aussprechen. Motivation kann nur über die attraktive Projektaufgabe, den guten Teamzusammenhalt und eine inspirierende Führung erfolgen. Gerade in der Matrixorganisation sitzen die Teammitglieder oft nicht zusammen, da sie auch noch ihre Linienaufgabe wahrnehmen und nur zeitlich begrenzt dem Projekt zur Verfügung stehen. Darunter leidet nicht nur der spontane Austausch, sondern diese Aufteilung kann auch zu Konflikten über die Priorisierung von Projekt- und Linienaufgaben führen, wenn es sowohl im Projekt als auch in der Fachabteilung zu einer hohen Arbeitsbelastung kommt.

Es gibt zwei mögliche Sichtweisen auf den Begriff der Rolle:

11.1 Die Rolle des Projektmanagers

- Es gibt eine **personenabhängige** Sicht, nach der eine Rolle beschreibt, wie sich jemand auf eine bestimmte Art verhält, mit anderen in Beziehung tritt und arbeitet. Es ist ein wiederkehrendes Verhaltensmuster, das in der Person des Handelnden begründet ist. Belbin hat in diesem Zusammenhang neun Teamrollen definiert, die personenabhängig sind und im Kapitel Abschn. 13.1.3 näher untersucht werden (Batenburg et al., 2013; Meyer & Reher, 2020).
- Die zweite Sicht ist die **personenunabhängige** Sicht. Unter Rolle wird hier die Summe der Erwartungen verstanden, die an den Inhaber einer Position, hier den Projektmanager, gerichtet werden. Die Rolle ist nicht mit einer Person gleichzusetzen, verschiedene Personen können diese Rolle in einer Position oder Funktion ausfüllen. Die Rolle ergibt sich aus den Erwartungen, die von anderen Funktionen an die spezifische Position gerichtet werden (Patzak & Rattey, 2017).

Eine Position beschreibt den formalen Platz in einer Organisation. Organisationen ermächtigen nicht einzelne Personen, sondern definieren Zuständigkeitsbereiche für einzelne Positionen, die mit Status- und Entscheidungsmacht ausgestattet sind. Diese Kompetenzen sind nicht an einzelne Personen gebunden, sondern bleiben auch bestehen, wenn es zu einer Neubesetzung kommt. Eine Position beinhaltet oft mehrere Rollen. Im Projektmanagement hat der Projektmanager innerhalb seiner Position mehrere ganz unterschiedliche, in Bezug auf das Projekt auch nur temporäre Aufgaben. Diese werden als Rollen bezeichnet (Kuster et al., 2019).

Rollen helfen die Komplexität zu reduzieren und schaffen Vertrauen. Durch die Rollendefinition werden Verhaltenserwartungen an den Projektmanager gerichtet, die jeder Rollenhandelnde auf etwa gleiche Weise erfüllen soll. Dadurch sind Handlungen, Verantwortungsbereiche und Schnittstellen im Projekt definiert, ohne jedes Detail im Einzelfall explizit abklären zu müssen. Damit wird es für die Projektteammitglieder einfacher und es entsteht Sicherheit und Vertrauen. Die eigene Rolle zu klären gehört zur Selbstverantwortung jedes Projektmanagers. Oft muss diese Rolle richtiggehend verhandelt werden, weil die Erwartung und der Anspruch der Organisation die Möglichkeiten der einzelnen Person übersteigt. (Kuster et al., 2019; Meyer und Reher, 2020; Patzak & Rattey, 2017).

Zirkler (et al., 2019) beschreibt die Rolle des Projektmanagers wie folgt „Als höchstes Organ im Projektmanagement soll der Projektmanager nicht nur die projektspezifischen Ziele in Bezug auf das magische Dreieck erreichen, sondern darüber hinaus auch den gesamten Prozess des Projektablaufs fördern und unterstützen, damit die Erwartungen der Stakeholder erfüllt werden".

Kompetenzmodelle

Aufgrund der anspruchsvollen Rolle muss ein Projektmanager viele Kompetenzen mitbringen. Ein Kompetenzmodell beschreibt die Kompetenzen von Menschen, die in einer Organisation oder einem bestimmten Arbeitsplatz erfolgreich sind oder es in Zukunft sein werden (Krumm et al., 2012). Als wesentliche Kompetenzen werden in der Regel Methodenkompetenz, Fachkompetenz, Selbstkompetenz und Sozialkompetenz betrachtet. In Anlehnung an Kuster (et al., 2019) wird hier für den Projektmanager auch die Team- und Führungskompetenz berücksichtigt Abb. 11.1.

Projektmanagement ist untrennbar mit der Führung der Mitarbeiter verbunden, deshalb sind Team- und Führungskompetenz eine Schlüsselqualifikation für Projektmanager. Aber auch die anderen genannten Kompetenzen, die sich gegenseitig ergänzen, braucht der Projektmanager, um ein Projekt erfolgreich zu führen (siehe auch Kuster et al., 2019; Project Management Institute, 2017):

Methodenkompetenz: Hierzu zählen Problemlösungskompetenz und analytische Fähigkeiten. Der Projektmanager muss das Projekt inhaltlich durchdringen, realistische Projektpläne entwickeln, Arbeitsabläufe strukturieren und koordinieren, eine hohe Qualität der Ergebnisse sicherstellen, komplexe und versteckte Probleme identifizieren und komplexe Daten analysieren.

Abb. 11.1 Kompetenzmodell

11.1 Die Rolle des Projektmanagers

Fachkompetenz: Die Fachkompetenz ergibt sich durch die jeweilige Aufgabenstellung und ist abhängig vom Projekt. Gerade bei größeren Projekten steht die Fachkompetenz des Projektmanagers weniger im Vordergrund als die Methoden- und Führungskompetenz.

Selbstkompetenz: Vereinfacht gesagt ist Selbstkompetenz der Umgang mit sich selbst und mit anderen – in verschiedene Situationen und Lebenslagen. Dazu gehört auch der Umgang mit Stress. Der Projektmanager muss mit vielfältigen Anforderungen, wechselnden Prioritäten und schnellen Veränderungen umgehen. Projektmanagement bedeutet meistens auch eine anspruchsvolle Aufgabe in einer relativ kurzen Zeit zu erledigen und die oft widersprüchlichen Interessen der verschiedenen Stakeholder zu managen. Wenn die Kosten steigen, der Zeitplan nicht so eingehalten werden kann wie geplant, technische Probleme das Team vor neue Herausforderungen stellen oder Stakeholder Veränderungen im Projekt wünschen – all das bedeutet Stress und der Projektmanager muss ausreichend Resilienz haben, um damit umgehen zu können.

Sozialkompetenz: Sozialkompetenz ist der Oberbegriff für eine Vielzahl von Fähigkeiten, über die der Projektmanager verfügen sollte. Dazu gehören beispielsweise eine gute Teamatmosphäre zu schaffen, interdisziplinär zusammenzuarbeiten und der Umgang mit Konflikten Wichtig sind gute Kommunikationsfähigkeiten – sowohl im Team als auch nach außen.

Team- und Führungskompetenz: Führungskompetenz bedeutet die Fähigkeit, ein Team anzuleiten, zu motivieren und zu steuern. Der Projektmanager muss das richtige Maß an Delegation und Kontrolle finden. Er stellt Fachwissen und Anleitung bereit. Damit verbunden ist auch ein hohes Maß an Sozialkompetenz. Er muss Konflikte im Team lösen und einen guten Informationsaustausch im Team sicherstellen. Der Projektmanager sollte ein Umfeld schaffen, in dem Mitarbeiter sich weiterentwickeln können. Er muss die Erwartungen der Teammitglieder managen und individuelle Entwicklungspläne berücksichtigen. Das Ausmaß der Team- und Führungskompetenz hängt auch von der Projektart ab. Je weniger das Fachwissen des Projektmanagers im Vordergrund steht, desto mehr ist seine Führungskompetenz gefragt und umgekehrt.

Mit einem ähnlichen Kompetenzmodell wurde übrigens auch im Praxisbeispiel zum Thema Führung Abschn. 10.4 gearbeitet. Hier ging es nicht um den Projektmanager, sondern um die Führungskräfte in der Pflegeeinrichtung.

Sandwichposition

Der Projektmanager braucht die genannten Kompetenzen, vor allem Sozialkompetenz und Selbstkompetenz, weil er damit umgehen muss, dass er nicht allen

Anforderungen gerecht werden kann – und einige Anforderungen vielleicht sowieso unrealistisch und nicht umsetzbar sind.

Projektmanager haben wie das mittlere Management in der Organisation eine sogenannte Sandwichposition. Von allen Seiten, vor allem von oben und unten, kommen Anforderungen und Erwartungen auf sie zu und quetschen sie ein, wie die Sandwichhälften den Belag in der Mitte Abb. 11.2. Von oben kommen die Anforderungen von Geschäftsführung, Projektsponsor, Steuerkreis und Stakeholdern, von unten die Erwartungen der Projektteammitglieder. Und im Zweifel von der Seite noch Anforderungen von Dienstleistern und Kollegen und natürlich auch aus dem privaten Umfeld, aber auch die Ansprüche die der Projektmanager an sich selbst hat.

Und diese Anforderungen werden sich typischerweise widersprechen. Von oben kommt der Druck, das Projekt im Zeitrahmen, unter Einhaltung der Kosten und mit der vereinbarten Qualität abzuliefern – während andere Aspekte wie die Zufriedenheit der Mitarbeiter vielleicht ausgeklammert werden. Gleichzeitig beklagen sich die Projektmitarbeiter über eine zu hohe Arbeitsbelastung. Der Projektmanager muss diese verschiedenen Anforderungen ausbalancieren.

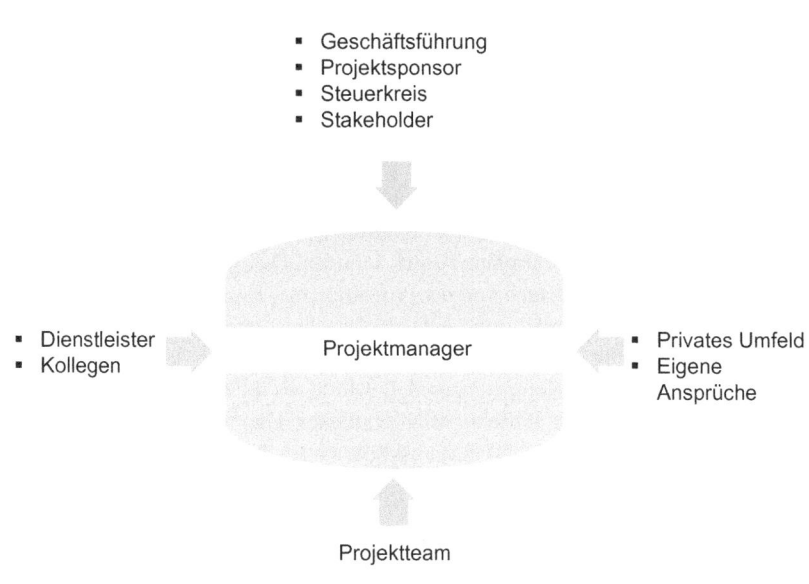

Abb. 11.2 Der Projektmanager in der Sandwichposition

11.2 Führungsstil

Yukl (2013) definiert Führung als den Prozess andere zu beeinflussen, um gemeinsam zu definieren, was getan werden muss und wie es zu tun ist, sowie als individuelle und kollektive Anstrengungen um gemeinsame Ziele zu erreichen. Northouse (2010) definiert Führung als den Prozess, bei dem ein Individuum eine Gruppe von Individuen beeinflusst, um ein gemeinsames Ziel zu erreichen. Daraus können drei Komponenten abgeleitet werden, die Führung definieren (siehe auch Becker, 2014; Rowe & Guerrero, 2018):

1. **Führung ist ein Prozess und beinhaltet die Beeinflussung anderer**
   Führung ist ein Prozess der Beeinflussung, der zwischen Menschen stattfindet. Es kommt zu einer wechselseitigen Transaktion zwischen der Führungskraft und den Mitarbeitern. Führungskräfte beeinflussen ihre Mitarbeiter und werden von ihnen beeinflusst. Beeinflussung bedeutet auch immer Macht zu haben. Der Einfluss ist nicht nur auf den Projektmanager beschränkt, der eine formale Machtposition hat, auch die Mitarbeiter können Macht haben. Einfluss kann dabei auf unterschiedliche Art und Weise stattfinden, etwa durch Belohnungen und Sanktionen, rationale Argumente oder emotionale Ansätze Kap. 12.
2. **Führung findet im Kontext einer Gruppe statt**
   Im Projektumfeld ist es das Projektteam, dass der Projektmanager führen muss.
3. **Führung beinhaltet die Erreichung von Zielen**
   Führungskräfte und ihre Mitarbeiter haben gemeinsame Ziele, die sie im besten Fall zusammen festgelegt haben. Der Projektmanager beeinflusst eine Gruppe von Menschen, die im Projekt ein gemeinsames Ziel erreichen wollen.

Management versus Führung

Von dem Begriff der Führung ist der Begriff des Managements zu trennen. Beide werden oft gleichwertig verwendet, unterscheiden sich aber deutlich (stellvertretend für viele: Larson & Gray, 2011; Project Management Institute, 2017; Rowe & Guerrero, 2018; Shirley, 2020; Yukl, 2013) Abb. 11.3:

- **Management** bedeutet, einem vorgegebenen Weg zu folgen, Dinge richtig zu tun (Doing things right) und auch die Mitarbeiter nutzen bekannte Verhaltensweisen, um das Ziel zu erreichen.
- **Führung** hingegen heißt, einen neuen Weg zu beschreiten, die richtigen Dinge tun (Doing the right things), was Neues auszuprobieren und die Mitarbeiter zu motivieren und inspirieren.

Management	Führung
• Status quo	• Veränderung
• Kurzfristig	• Langfristig
• Dinge richtig tun	• Das Richtige tun
• Problemlösung	• Motivation und Inspiration
• Aufrechterhalten	• Weiterentwickeln
• Verwalten	• Innovationen herbeiführen
• Hierarchie, Steuerung	• Beziehung, Vertrauen
• Fokus aus System und Struktur	• Fokus auf Beziehungen mit anderen
• Nach dem Wie und Wann fragen	• Nach dem Was und Warum fragen

Abb. 11.3 Management und Führung im Vergleich. (In Anlehnung an Project Management Institute, 2017)

Alleine durch den Begriff Projekt*manager* wird im Projektmanagement viel zu oft der Fokus auf das Management gelegt und weniger auf die Führung der Projektteammitglieder. Highsmith schreibt „most projects are over-managed and under-led" (2009).

Zur Rolle eines **Managers** im Projekt gehören alle Aufgaben, die in den ersten Kapiteln dieses Buches beschrieben wurden und sich vor allem auf die Methodenkompetenz beziehen: Projektdefinition, Projektplanung, Analyse und Strukturierung der Arbeitspakete, Projektcontrolling.

Zu den Aufgaben einer **Führungskraft,** eines „Project leaders" gehören die Aufgaben, die in der zweiten Hälfte des Buches genannt werden, und viel mit der Team- und Führungskompetenz und der Sozialkompetenz zu tun haben: Kommunikation, Teamführung, Motivation und Konfliktlösung.

Projektmanager müssen beides anwenden, sowohl Führung als auch Management, um erfolgreich zu sein. Die Fähigkeit liegt darin, beides richtig zu balancieren.

Je genauer das Projektziel von Anfang an definiert ist und es auch klar ist, wie das Ziel erreicht werden kann, desto eher muss der Projektmanager nur noch umsetzen und ist ein Manager. Wenn das Projektziel weniger klar ist und der Weg noch gefunden werden muss, wie das Projektziel erreicht werden kann, dann sind eher Führungsqualitäten erforderlich: Der Projektmanager muss herausfinden, was

11.2 Führungsstil

das „Richtige" ist, Beziehungen mit anderen spielen eine große Rolle, er muss motivieren, inspirieren und überzeugen.

Führungskontinuum
Im Projektalltag ist der Führungsstil die Art und Weise, wie im Projekt Planung, Steuerung und Kontrolle durchgeführt werden. Ein bestimmter Führungsstil bedeutet, dass jede Führungssituation durch ein einheitliches Grundverhalten gekennzeichnet ist. Führung spielt sich aber auch immer in Beziehungen ab. Dies bedeutet, dass die an der Führung beteiligten Personen und die jeweilige Situation den Führungsstil beeinflussen (Kuster et al., 2019).

Das Führungskontinuum von Tannenbaum und Schmidt (1973) zeigt zwei Pole auf, die für autoritäre und demokratischer Führung stehen. Zwischen den beiden Polen sind insgesamt sieben unterschiedliche Ausprägung eines Führungsstils möglich Abb. 11.4.

Beim autoritären Führungsstil verfügt der Projektmanager über die Entscheidungskompetenz. Beim demokratischen Führungsstil wird die Entscheidungskompetenz teilweise oder vollständig an die Projektmitarbeiter abgegeben. Das Führungskontinuum unterscheidet nicht zwischen guten oder schlechten Führungsstilen. Die Eignung eines Führungsstils hängt von der konkreten Situation ab, in der sich die Führungskraft und ihre Mitarbeiter befinden. In einer Krisensituation,

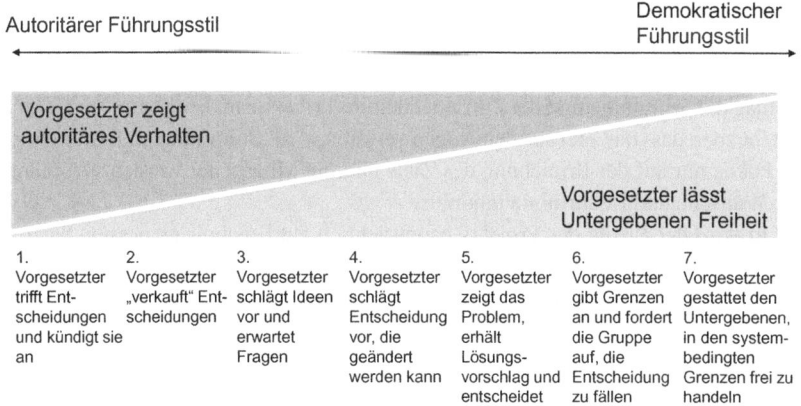

Abb. 11.4 Kontinuum des Führungsverhaltens. (In Anlehnung an Tannenbaum & Schmidt, 1973)

wenn schnell eine Entscheidung getroffen werden muss, kann bewusst ein autoritärer Führungsstil genutzt werden. Für ein komplexes Problem hingegen ist ein demokratischer Führungsstil hilfreich, bei dem das gesamte Projektteam diskutiert und am Ende gemeinsam entscheidet.

Situative Führung
Projektmanager können ihr Team auf viele verschiedene Weisen führen. In der gleichen Situation können verschiedene Projektmanager mit sehr unterschiedlichen Führungsstilen erfolgreich sein. Der Projektmanager muss seinen optimalen Führungsstil finden, der zu ihm selbst passt, zu seinem Projektteam, aber auch zu weiteren situativen Faktoren, die das Projekt beeinflussen. Zu den situativen Faktoren gehören die Art des Projekts und die Projektphase, in der sich das Projekt befindet, die Situation im Projekt, das Projektumfeld, die Erfahrung der Projektmitarbeiter und die Organisationskultur der medizinischen Einrichtung, in der das Projekt umgesetzt werden soll.

Grundsätzlich hat ein Führungsstil zwei Dimensionen:

- **Aufgabenbezogen:** Zielorientierung, Arbeitsaktivitäten organisieren, Aufgaben vergeben und deren Erfüllung überprüfen. Fokus auf Planung, Steuerung und Kontrolle.
- **Mitarbeiterbezogen:** Mit Menschen in Kontakt treten, um Beziehungen aufzubauen, gegenseitiges Vertrauen, eine gute Zusammenarbeit, Unterstützung und Weiterentwicklung, sowie eine Identifikation mit dem Team.

Dazwischen gibt es viele Varianten. Ist der Fokus zu stark auf die Mitarbeiter gerichtet, mag die Stimmung und die Zufriedenheit im Projektteam hoch sein, die Gefahr besteht aber, dass das Ziel aus den Augen verloren wird. Beim anderen Extrem liegt der Fokus nur auf der Erreichung des Ziels und die Mitarbeiter werden verbrannt, ihre Wünsche und Bedürfnisse ignoriert.

Oft wird der Erfolg des Projekts hauptsächlich am Ergebnis gemessen, das für die Organisation erreicht wurde. Wie dieser Erfolg zustande gekommen ist, wie der Projektmanager seine Führungsaufgaben wahrgenommen hat, wird oft vernachlässigt und scheint von sekundärer Bedeutung (Kuster et al., 2019). Es wird von Projektmanagern aber zunehmend erwartet, dass sie ihr Team „mitnehmen", es motivieren, dass die Projektteammitglieder zufrieden sind, da sie dann auch eine bessere Leistung erbringen und die Bereitschaft steigt, auch künftig in Projekten mitzuarbeiten.

Ein guter Projektmanager beherrscht beide Dimensionen. Aber er wird auch immer eine Präferenz für entweder aufgaben- oder für mitarbeiterbezogene Führung

11.2 Führungsstil

haben und nur selten ein Multitalent sein, dass gleichermaßen den Fokus sowohl auf die Zielerreichung als auch auf die Zufriedenheit der Mitarbeiter legen kann.

Hersey und Blanchard
Einen Schritt weiter geht das situative Führungsmodell von Hersey und Blanchard (1982; Yukl, 2013). Nach der „Situational Leadership Theory" hängt der geeignete Führungsstil nicht nur von der aktuellen Situation und den zu erreichenden Zielen ab, sondern auch davon, wie der „Reifegrad" der Mitarbeiter eingeschätzt wird. Der Reifegrad ist die Fähigkeit (können) und die Bereitschaft (wollen) des Mitarbeiters, zu leisten und Verantwortung für die eigene Arbeit zu übernehmen.

Leistungsfähigkeit bezieht sich auf die Erfahrung, das Wissen und die Fertigkeiten des Mitarbeiters. Leistungsbereitschaft ist dessen Motivation, sein Engagement und Selbstvertrauen. Dabei können die Fähigkeit und die Bereitschaft je nach Aufgabe durchaus unterschiedlich sein. Gerade in einem Projekt kann ein erfahrener Mitarbeiter eine neue Aufgabe übernehmen müssen, für die er noch nicht die Expertise und Erfahrung hat. Entsprechend ist seine Leistungsfähigkeit bei dieser spezifischen Aufgabe geringer.

Dem Reifegrad des Mitarbeiters wird dann ein passender Führungsstil zugeordnet. Daraus folgen nach Hersey und Blanchard vier verschiedene Führungsstile Abb. 11.5

1. **„Telling" (anweisen)**: Bei einer geringen Reife des Mitarbeiters wird eine hohe Aufgabenorientierung bei gleichzeitig geringer Beziehungsorientierung empfohlen. Der Projektmanager sagt dem Mitarbeiter, was er zu tun hat.
2. **„Selling" (anleiten)**: Bei einem mittleren Reifegrad sollte die Führungskraft gleichzeitig eine hohe Aufgabenorientierung und eine hohe Beziehungsorientierung nutzen. Die Führungskraft gibt die Richtung vor und überzeugt den Mitarbeiter, unterstützt aber gleichzeitig.
3. **„Participating" (partizipieren)**: Bei einem höheren Reifegrad sollte der Projektmanager mit einer hohen Beziehungsorientierung führen und weniger aufgabenbezogen. Der Mitarbeiter wird an der Entscheidungsfindung beteiligt.
4. **„Delegate" (delegieren)**: Beim höchsten Reifegrad braucht der Mitarbeiter weder genaue Vorgaben (Aufgabenorientierung) noch die besondere Unterstützung (Beziehungsorientierung) des Projektmanagers, er kann eigenständig agieren.

Auch wenn das Modell nicht ganz unumstritten ist (Johansen, 1990) und die Entwicklung in einer langfristigeren Zusammenarbeit noch klarer wird, macht es sehr

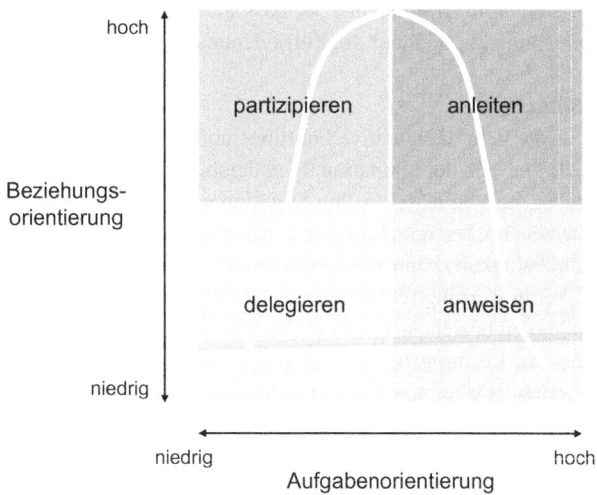

Abb. 11.5 Situatives Führungsmodell nach Hersey und Blanchard

schön deutlich, dass ein Projektmanager sich individuell auf seine Mitarbeiter einstellen muss. In einem Projekt deckt der persönliche Reifegrad der Teammitglieder die ganze Spannbreite zwischen sehr erfahrenen Experten bis hin zu „Juniors" ab. In dieser Situation ist es nicht zielführend, wenn der Projektmanager nur einen Führungsstil anwendet. Vielmehr geht es darum, in der Beziehung mit den jeweiligen Einzelpersonen den passenden Führungsstil zu finden (Kuster et al., 2019).

Ein erfahrener Mitarbeiter der Stabsstelle Gesundheitsförderung hat erstmals die Projektleitung übernommen. Ihm ist sehr wichtig alle Mitarbeiter gleich zu behandeln. Umso erstaunter ist er, als er vom Projektsponsor erfährt, dass sich zwei Mitarbeiter seines Projekts über ihn beschwert haben. Dabei hat er Ihnen doch sehr viel Freiheiten gegeben, sie sollten zu ihm kommen, wenn sie Unterstützung brauchen – was sie aber nie getan haben. Von anderen Teammitgliedern hat er sehr viel positive Rückmeldung bekommen, da sie seinen Führungsstil sehr schätzen. Wenn er sich das Führungsmodell von Hersey und Blanchard in Erinnerung ruft und den Reifegrad der Mitarbeiter beurteilt, kann er vermutlich die zufriedenen Mitarbeiter in Kategorie 4 einsortieren, die sehr gut mit einer Delegation und viel Freiheiten zurechtkommen. Die beiden Mitarbeiter, die sich beschwert haben, gehören hingegen vermutlich in eine der beiden ersten Kategorien und haben sich einfach ohne weitere Unterstützung verloren gefühlt, sich aber auch nicht getraut, ihn um Hilfe zu bitten.

Leader Member Exchange Theorie
Oben wurde bereits erwähnt, dass Führung sich immer auch in Beziehungen abspielt. Auf die Beziehung zwischen Führungskraft und Mitarbeiter geht die Leader Member Exchange Theorie (LMX) ein. Die Beziehungen zwischen Führungskraft und Mitarbeiter können qualitativ sehr unterschiedlich sein. Jede dieser Beziehungen ist individuell und einzigartig. Sie wird von beiden beteiligten Parteien definiert und entwickelt sich über die Zeit. Es werden zwei Typen von Beziehungen unterschieden: Sogenannte **High-Exchange Relations** (hochwertige Beziehungen) mit einem intensiven Austausch und **Low Exchange Relations** (geringwertige Beziehungen) mit einem begrenzten Austausch (Yukl, 2013; Sohm 2012).

Zu Beginn eines Projekts kennen sich Projektmanager und Teammitglieder oft noch nicht, sie agieren in den vorgegebenen Rollen. Erst über die Zeit kann sich Vertrauen, Respekt und Loyalität entwickeln. Im Idealfall kommt es zu einer High-Exchange Beziehung. Dann schätzen Projektmanager und Mitarbeiter gegenseitig ihre fachlichen und sozialen Kompetenzen. Sie fangen an, gemeinsame Interessen zu verfolgen und in den Austausch zu gehen. Es kann sich über die Projektlaufzeit eine enge Zusammenarbeit entwickeln und bei beiden das Gefühl vorherrschen, sich auf den anderen verlassen zu können und von der Zusammenarbeit zu profitieren. Diese Entwicklung ist umso wahrscheinlicher, wenn der Mitarbeiter als kompetent, sympathisch und eher extrovertiert wahrgenommen wird und ähnliche Wertvorstellungen wie der Projektmanager hat. Aus Perspektive des Projektmitarbeiters, wenn der Projektmanager ein unterstützendes Verhalten zeigt, ihm vertraut und Aufgaben delegiert. Diese Mitarbeiter, bei denen es eine High-Exchange Beziehung gibt, werden als Teil einer „In-Group" bezeichnet. Es kommt zu einer besseren Arbeitsleistung, sie engagieren sich stark und tun sogar mehr, als von ihnen erwartet wird. Und sie haben eine größere Motivation und Zufriedenheit. Umgekehrt können auch die In-Group Mitglieder damit rechnen, dass ihr Projektmanager mehr für sie tut. Sie erhalten mehr Unterstützung, interessantere Aufgaben, mehr Verantwortung im Projekt und weitere Anreize.

Das Gegenteil ist der Fall bei einer Low-Exchange Beziehung. Projektmanager und Mitarbeiter schätzen sich weniger. Der Projektmanager kann an den fachlichen Fähigkeiten oder der Motivation des Mitarbeiters zweifeln, der Mitarbeiter hält nicht viel von seinem Projektvorgesetzten und orientiert sich vielleicht mehr an seinem Linienvorgesetzten in der Matrix-Projektorganisation. Er hat kein Interesse, sich im Projekt besonders zu engagieren oder besondere Aufgaben zu übernehmen, seine Leistung und Motivation sind deutlich geringer als bei einer High-Exchange

Beziehung. Dabei kann es dann zu einer negativen Entwicklung kommen, bei der der Projektmitarbeiter die weniger interessanten Aufgaben bekommt und sich immer mehr vom Projekt distanziert. Mitarbeiter in einer Low-Exchange Beziehung werden als Out-Group bezeichnet.

Projektmanager und Mitarbeiter tragen beide zu der Beziehung bei. Ein Projektteammitglied, das sich sehr engagiert und eine gute Leistung bringt, wird dem Projektmanager auffallen, der sich seinerseits dann um den guten Mitarbeiter kümmern und sein Verhalten honorieren wird. Wenn der Projektmanager ein Teammitglied sehr unterstützt, ist das Teammitglied motiviert und wird versuchen, eine gute Leistung zu bringen, um den Erwartungen des Projektmanagers gerecht zu werden. Hochwertige Beziehungen wirken sich positiv für Projektmanager und Teammitglieder aus. Auch bei einer geringwertigen Beziehung tragen beide dazu bei. Der Projektmanager vertraut seinem Mitarbeiter nicht, zweifelt an dessen fachlichen Fähigkeiten und kontrolliert immer mehr, worauf der Mitarbeiter immer unzufriedener wird und seine Leistung nachlässt, weil er keine Lust mehr hat, in dem Projekt zu arbeiten.

Die größte Herausforderung ist, dass es nach dem Modell zwei Gruppen von Mitarbeitern gibt, die Mitarbeiter in der In-Group und die in der Out-Group. Behandelt der Projektmanager sie zu unterschiedlich, kann es zu Spannungen und Frustration im Team kommen. Der Projektmanager kann zwar hochwertigen Beziehungen entwickeln, gleichzeitig muss er aber auch den anderen Mitarbeitern das Gefühl geben, respektierte, gleichwertige Gruppenmitglieder zu sein. Umgekehrt formuliert macht die LMX-Theorie Führungskräften deutlich, wie wichtig es ist, alle fair und gleichberechtigt zu behandeln, denn die Einsortierung in eine In-Group und Out-Group läuft oft unreflektiert und automatisch ab.

Und diese Einstufung in In-Group oder Out-Group hat auch weitere Konsequenzen. Der Projektmanager macht auch unterschiedliche Zuschreibungen (Attributions). Wenn die Leistung bei einem Mitglied in der In-Group nicht stimmt, werden eher externe Umstände dafür verantwortlich gemacht, wie Fehler anderer Personen, fehlende Ressourcen oder andere Gründe. Das Teammitglied wird dann die entsprechende Unterstützung bekommen, beispielsweise zusätzliche Ressourcen, um die Aufgabe noch gut erledigen zu können. Der Projektmanager wird insgesamt weniger kritisch sein. Bei einer guten Leistung wird er diese den Fähigkeiten und Kompetenzen zuschreiben und mehr loben – was dann auch wieder zu einer besseren Leistung führt. Umgekehrt bei einem Mitglied der Out-Group: Da ist die Wahrscheinlichkeit größer, dass eine schlechte Leistung auf mangelnde Fähigkeiten oder fehlende Einsatzbereitschaft zurückgeführt wird. Statt Unterstützung wird das Teammitglied eher Ermahnungen bekommen, genaue Anweisungen und eine stärkere Kontrolle.

Die Leader-Member-Exchange Theorie liefert einen positiven Beitrag zum Verständnis des Führungsprozesses, da es die erste Theorie ist, die die dyadische (dem Zweiersystem zugehörende) Beziehung zwischen Führungskraft und Mitarbeiter betrachtet und aufzeigt, wie wichtig Kommunikation, Vertrauen, Respekt als Bestandteile zwischenmenschlicher Beziehungen sind.

Laterale Führung
Bereits bei der Projektorganisation Abschn. 6.1 wurde angesprochen, dass der Projektmanager oft nur fachliche, aber keine disziplinarische Weisungsbefugnis hat. In der Projektkoordination hat er nicht mal diese, sondern muss ganz ohne Weisungsbefugnis führen. Für die Führung ohne Weisungsbefugnis hat sich der Begriff laterale Führung etabliert.

Laterale Führung stellt eine besondere Herausforderung an den Projektmanager dar, der neben der fachlichen Qualifikation eine hohe persönliche Führungskompetenz aufweisen muss. Der Projektmanager hat keine institutionelle Macht, sondern nur „geliehene" Macht vom Projektauftraggeber Abschn. 12.1. Die Projektmitarbeiter sind nicht nur dem Projekt verpflichtet, sondern arbeiten in der Projektkoordination und der Matrix-Projektorganisation gleichzeitig auch noch in ihrer Fachabteilung. Der Projektmanager muss sich mit den Verantwortlichen in der Linienorganisation gut abstimmen. Denn er muss seine Ziele erreichen und dabei bestimmte Rahmenbedingungen erfüllen. Rahmen sind Grenzen, beispielsweiser Prozesse oder Entscheidungswege, die mit der Arbeit im Projektteam nicht überschritten werden dürfen. Die Herausforderung besteht darin, die Rahmen, die oft nicht klar definiert sind, rechtzeitig am Projektanfang abzuklären. Ein wesentlicher Erfolgsfaktor der lateralen Führung ist das Festlegen der Rahmenbedingungen für das Umfeld (Organisationsrahmen), den Projektleiter (Persönlicher Rahmen) sowie das Team (Teamrahmen) (Kuster et al., 2019; Radatz, 2009):

Organisationsrahmen: Welche Organisationsziele müssen verfolgt, welche Leistungen erbracht und welche Prozesse berücksichtigt werden? Welche Themen sind kritisch? Mit wem muss das Projekt abgestimmt werden, welche personellen und finanziellen Ressourcen stehen zur Verfügung?

Persönlicher Rahmen: Hier geht es um die Zusammenarbeit des Projektmanagers mit dem Projektteam, aber auch darum, was der Projektmanager für sich erreichen will. Welche Anforderungen werden an das Team gestellt? Was braucht die Führungskraft vom Team, damit die Aufgabe gut erfüllt werden kann? Welche Regeln der Zusammenarbeit sollen befolgt werden? Es geht um Kommunikation, Absprachen, Einhaltung von Abmachungen und Konsequenzen bei Nichterfüllung. Was macht die Aufgabe für den Projektmanager attraktiv? Was soll oder darf nicht passieren?

Teamrahmen: Nicht nur der Projektauftraggeber, sondern auch die Linienvorgesetzten der ins Projekt delegierten Mitarbeiter spielen für die laterale Führung eine wesentliche Rolle. Die Projektmitarbeiter werden im Zweifelsfall auf die Arbeiten den Fokus legen, die für ihren Linienvorgesetzten Priorität haben. Nur wenn das Projekt auch im Interesse des Linienvorgesetzten ist, wird er das Projekt unterstützen und die Mitarbeiter auch im Interesse des Projekts arbeiten. Der Projektmanager braucht als laterale Führungskraft die Unterstützung der direkten Linienvorgesetzten, um seine Ziele zu erreichen. Deshalb sollte er frühzeitig abklären, welchen Nutzen jeder einzelne Linienvorgesetzte vom Projekt hat. Eine sorgfältige Abstimmung im Vorfeld stellt sicher, dass das Projekt reibungslos läuft und es nicht zu Zielkonflikten kommt. Zielkonflikte treten auf, wenn Teammitglieder einerseits zur Erreichung der Ziele in ihrer Abteilung beitragen sollen, andererseits aber auch Projektziele verfolgen, die der Erreichung der Abteilungsziele möglicherweise entgegenstehen. Auch die Ressourcenverfügbarkeit ist ein Thema, wenn plötzlich Linienvorgesetzten Ressourcen nicht freigeben. Es kann aber auch zu Konflikten im Team kommen, wenn sich Teammitglieder vom Projektmanager nichts sagen lassen wollen und ablehnen, wenn er ihnen Aufgaben delegiert. Konflikte müssen frühzeitig erkannt werden, um entsprechend darauf reagieren zu können, siehe hierzu auch Abschn. 13.2.

11.3 Motivation

Führungstheorien geben eine Antwort auf die Frage: Wie können Menschen so beeinflusst werden, dass sie das tun, was die Führungskraft will? Motivationstheorien beantworten die Frage: Was treibt Menschen an, Dinge zu tun (Bohinc, 2012)?

Projektteammitglieder im Gesundheitswesen können sehr motiviert sein, im Projekt mitzuarbeiten, bietet es doch eine Abwechslung vom Arbeitsalltag und die Möglichkeit, etwas dazuzulernen. Außerdem bekommen sie die Möglichkeit, das Projekt mit ihrer Expertise zu unterstützen und Einfluss zu gewinnen. Vielleicht sind sie aber auch gar nicht glücklich für das Projekt ausgewählt worden zu sein, weil es nur eine zusätzliche Arbeitsbelastung darstellt und sie ihre gewohnte Tätigkeit in der Linienorganisation einem komplexen, dynamischen und manchmal chaotischen Projekt vorziehen.

In seinem Buch *Mythos Motivation* stellte Sprenger schon vor Jahren die These auf, dass Führungskräfte ihre Mitarbeiter nicht motivieren, sondern nur demotivieren können (Sprenger, 2014).

11.3 Motivation

Kann demnach ein Projektmanager seine Mitarbeiter überhaupt motivieren oder müssen sie von sich aus motiviert sein, weil sie das, was sie tun, gerne tun? Ist es die Aufgabe des Projektmanagers, die Rahmenbedingungen so zu setzen, dass die Projektteammitglieder motiviert sind?

Motivation ist der Wunsch oder die Bereitschaft etwas zu tun. Oder anders definiert: Der Aufwand, den eine Person betreibt, um etwas zu tun (Francesco & Gold, 2005). Roßnagel (2017) beschreibt, dass Motivation die Kenntnisse, Fertigkeiten und Fähigkeiten eines Mitarbeiters in Leistung umsetzt, indem sie Richtung, Intensität und Dauer des arbeitsbezogenen Verhaltens bestimmt.

Intrinsische und extrinsische Motivation
In der Motivationslehre wird zwischen zwei grundlegende Varianten der Motivation unterschieden:

- **Extrinsische Motivation** bedeutet, dass Projektmitarbeiter motiviert sind, weil sie sich von ihrem Engagement etwas versprechen, sei es eine Form von Anerkennung oder die Vermeidung von Nachteilen. Entscheidend ist das Ergebnis ihres Verhaltens, sie sind nicht unbedingt an der Aufgabe selbst interessiert.
- **Intrinsische Motivation** bedeutet, dass die Projektmitarbeiter Spaß an der Aufgabe haben, sie interessant und herausfordernd oder auch bedeutsam finden. Die Tätigkeit selbst ist attraktiv für sie.

Beide Varianten der Motivation spielen eine Rolle im Projektmanagement. Nach dem erfolgreichen Abschluss des Projekts winkt eine Beförderung, eine Sonderzahlung oder andere Vorteile und motivieren den Projektmitarbeiter genauso extrinsisch wie die Wertschätzung des Vorgesetzten. Der Vorteil der extrinsischen Motivation ist, dass sie von außen erzeugt werden kann. Der Vorgesetzte oder der Projektsponsor kann beispielsweise einen Bonus am Projektende für die erfolgreiche Arbeit zahlen. Ein großer Nachteil ist, dass dieser Anreiz sich abnutzt. Bei einem längeren Projekt motiviert die Bonuszahlung nur dann, wenn sie höher ist als erwartet oder als sie in der Vergangenheit gewesen ist.

Intrinsische Motivation kommt aus der Aufgabe selbst und ist eher langfristig. Projektmitarbeiter, die intrinsisch motiviert sind, verfolgen beharrlich ihr Ziel, wollen das Problem lösen und dazulernen. Intrinsische Motivation kann aber im Gegensatz zu extrinsischer Motivation nicht von außen erzeugt werden. Die einzige Möglichkeit, die der Projektmanager hat, ist entweder Mitarbeiter für sein Projekt auszuwählen, die von vorneherein intrinsisch motiviert sind oder die entsprechenden Rahmenbedingungen zu schaffen, um Mitarbeiter zu motivieren.

Manchmal lassen sich intrinsische und extrinsische Motivation auch nicht klar unterscheiden. Ist das Angebot der Klinik an den Mitarbeiter, in einem spannenden Projekt mitzuarbeiten und dafür vorab eine von der Klinik finanzierten Weiterbildung zu machen, eine extrinsische Belohnung oder spricht sie eher intrinsisch die Freude am Wissenserwerb an?

Grundsätzlich gibt es aber eine Wechselwirkung zwischen intrinsischer und extrinsischer Motivation. Wenn ein Projektmitarbeiter intrinsisch motiviert ist, aber zusätzlich auch noch extrinsisch motiviert wird, kann es passieren, dass dieser zusätzliche extrinsische Anreiz die vorhandene intrinsische Motivation reduziert (Deci et al., 1999, S. 627). Verschiebt sich beispielsweise der Fokus von der spannenden und herausfordernden Projekttätigkeit auf einen Bonus am Projektende, wird dieser dann aber absehbar nicht gezahlt, beispielsweise, weil das Projekt aus dem Zeitrahmen gelaufen ist, entfällt auch die intrinsische Motivation. Und dies, obwohl sie bereits vorhanden war, bevor der Bonus in Aussicht gestellt wurde.

Motivationstheorien
Es gibt eine Vielzahl von Motivationstheorien, quasi eine ganze Toolbox, aus der sich Führungskräfte und Projektmanager bedienen können.

Roßnagel (2017) nennt drei Prozesstheorien als zentrale Motivationstheorien:

- Die **Goal-Setting-Theory** (Zielsetzungstheorie) von Locke und Latham (1990) beschreibt, wie Ziele zur Hochleistung motivieren. Die Ziele müssen genau definiert, bedeutsam und herausfordernd sein (siehe SMART Abschn. 2.2). Wichtig ist, dass der Mitarbeiter regelmäßig zwischendurch Feedback bekommt. Die Ziele sollten mit dem Mitarbeiter verhandelt und in gegenseitigen Einvernehmen festgelegt werden, damit der Mitarbeiter auch selbst an das Ziel glaubt. Beim Projektmanagement geht es darum, das Projektziel zu erreichen und die Meilensteine sind wichtige Zwischenziele. Deshalb kann diese Motivationstheorie in der Projektarbeit gut durch ein Management by Objectives umgesetzt werden, bei einer Führung über Ziele.
- Die **Expectancy Theory** (Erwartungstheorie) von Vroom (1964) geht davon aus, dass Mitarbeiter sich zu einem bestimmten Verhalten motivieren lassen, wenn sie am Ende etwas dafür bekommen, was ihnen wichtig ist. Der Mitarbeiter macht demnach drei Annahmen: Dass der Aufwand, den er in die Aufgabe steckt, zu einer guten Leistung führt (Expectancy), dass die gute Leistung zu einem Ergebnis führt (Instrumentality) und dass das Ergebnis für den Mitarbeiter attraktiv ist (Valence). Diese Motivationstheorie kann in der Projektarbeit beispielsweise durch eine Bonusvereinbarung angewendet werden.

11.3 Motivation

- Das **Job Characteristics Model** von Hackman und Oldham (1980) stellt dar, dass die Art der Tätigkeit die Motivation steigern kann Abb. 11.6. Wenn ein Mitarbeiter kein Interesse an einer Aufgabe hat, geht seine Motivation, und damit auch seine Leistung, runter. Umgekehrt steigern abwechslungsreiche Aufgaben Motivation und Leistung. Die beiden Forscher definierten Strukturmerkmale der Arbeit, die eine Tätigkeit aufweisen muss, um Mitarbeiterzufriedenheit zu gewährleisten:
  - **Anforderungsvielfalt** (Skill variety): Die Aufgaben sind abwechslungsreich, fordernd und verschiedene Fähigkeit müssen genutzt werden,
  - **Aufgabenidentität** (Task identity): Eine Aufgabe wird von Anfang bis Ende mit einem sichtbaren Ergebnis abgeschlossen, statt nur einen Teil zu erledigen.
  - **Bedeutung der Aufgabe** (Task significance): Die Aufgabe ist bedeutsam und der Mitarbeiter weiß, welche Auswirkungen seine Arbeit für andere hat und kennt den eigenen Beitrag zur Zielerreichung.
  - **Autonomie** (Autonomy): Der Mitarbeiter kann selbst entscheiden, wie er eine Aufgabe bewältigt und eigenverantwortlich handeln. Er hat Entscheidungsspielräume.
  - **Rückmeldung** (Feedback): Der Mitarbeiter erhält Feedback zu seiner Leistung.

  Diese Strukturmerkmale führen zu drei psychologischen Erlebniszuständen. Der Mitarbeiter
  - muss die Sinnhaftigkeit und Bedeutsamkeit seiner Arbeit erleben,
  - muss Verantwortung für seine Arbeitsergebnisse haben und
  - muss die Ergebnisse seiner Arbeitstätigkeiten kennen.

  Aus einer gezielten Gestaltung der Arbeitsbedingungen ergibt sich dann am Ende eine hohe intrinsische Motivation und eine hohe Arbeitszufriedenheit und Arbeitsqualität, gleichzeitig sind Fehlzeiten und Fluktuation gering. Voraussetzung ist dabei das Bedürfnis einer Person nach persönlicher Leistung, Lernen und Entwicklung. Diese Motivationstheorie kann im Projekt beispielsweise durch einen hohen Freiheitsgrad und Selbstbestimmung bei der Arbeit umgesetzt werden.

Jetzt wäre es im Projektmanagement denkbar, dass einfach alle drei Modelle kombiniert werden: Es werden die Projektziele auf den einzelnen Mitarbeiter heruntergebrochen, es gibt eine Bonuszahlung nach erfolgreichem Abschluss des Projekts und die Arbeit wird so gestaltet, wie es den Vorgaben des Job Characteristics Model entspricht.

Folgt man der **Self-determination Theory** (Selbstbestimmungstheorie) von Ryan und Deci (2000) wäre dieses Vorgehen aber eher kontraproduktiv. In ihrem

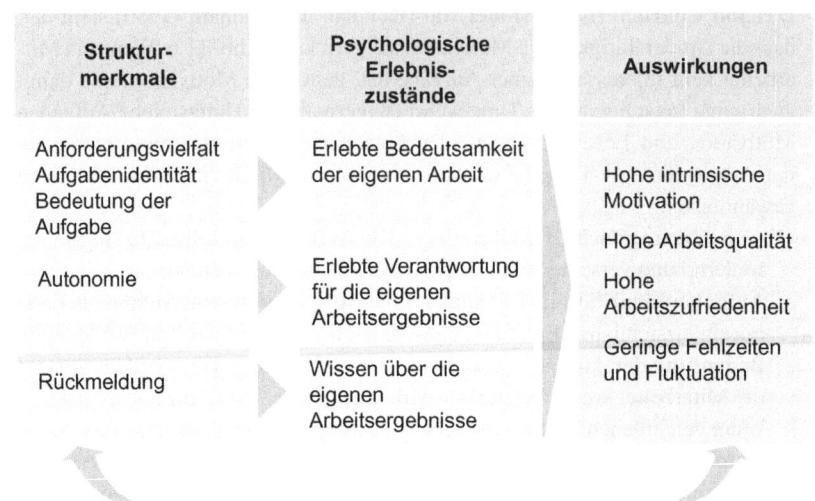

Abb. 11.6 Job Characteristics Modell nach Hackman Oldham

Modell definieren sie drei psychologische Grundbedürfnisse, die befriedigt werden müssen, damit ein Mitarbeiter motiviert ist. Motivation ist dabei nicht nur als Interesse an der Ausführung der Aufgabe selbst definiert, sondern auch als Ausmaß an Kreativität, Problemlöseverhalten und Durchhaltevermögen sowie der damit verbundenen Zufriedenheit Abb. 11.7.

- **Autonomie:** Entscheidungsfreiheit, selbst die Kontrolle zu haben und nach eigenem Ermessen zu entscheiden.
- **Kompetenz:** Die notwendigen Fähigkeiten zu besitzen, effektiv auf die Aufgabe einwirken zu können und die gewünschten Resultate zu erzielen, aber auch die Möglichkeit zu haben, dazuzulernen.
- **Verbundenheit:** Sich anderen zugehörig zu fühlen, wichtig für andere zu sein, aber auch, dass andere wichtig für einen selbst sind.

Wenn diese drei psychologischen Grundbedürfnisse erfüllt sind, steigt die Wahrscheinlichkeit, dass die Mitarbeiter intrinsisch motiviert sind und externe Ziele als ihre eigenen annehmen. Sind diese Grundbedürfnisse nicht (vollständig) erfüllt, ist die Motivation eher extrinsisch (Roßnagel, 2017).

11.3 Motivation

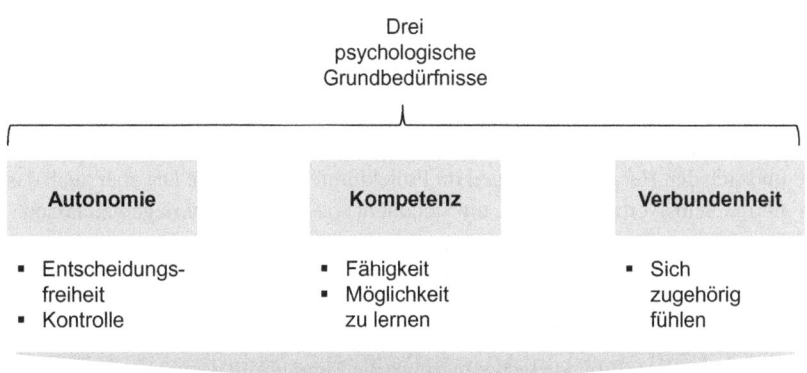

Abb. 11.7 Self-Determination Theory nach Ryan und Deci

Die Selbstbestimmungstheorie verdeutlicht, warum es nicht ausreicht, die verschiedenen genannten Motivationstheorien einfach zu benutzen, wenn nicht gleichzeitig die Grundbedürfnisse beachtet werden. Im Gegenteil, Deci et al. (1999) zeigen auf, dass eher das Gegenteil erreicht werden kann. Wenn die Grundbedürfnisse nicht erfüllt werden, wenn Ziele oder die in Aussicht gestellten Belohnungen das Gefühl von Autonomie bedrohen, die eigene Kompetenz infrage stellen oder die Verbundenheit auflösen, werden sie eher als negativ, als Kontrolle oder Druck wahrgenommen.

Motivation ist keine leichte Aufgabe für eine Führungskraft. Der Projektmanager muss viele verschiedene Faktoren berücksichtigen, extrinsische Faktoren wie Zielvorgaben und monetäre Anreize, aber eben auch intrinsische Faktoren, wie die richtigen Arbeitsbedingungen und die psychologischen Grundbedürfnisse. Und diese psychologischen Grundbedürfnisse sind auch noch sehr individuell in ihrer Ausprägung, für jeden Mitarbeiter bedeuten Autonomie, Kompetenz und Verbundenheit etwas Anderes, abhängig vom soziokulturellen Kontext (Ryan & Deci, 2000). Die Aufgabe der Führungskraft ist es deshalb, die Rahmenbedingungen im Projekt so zu setzen, dass Mitarbeiter motiviert sind – nicht, weil der Projektmanager sie mit Lob, Ermutigung und weiteren Anreizen dazu bringt, sondern weil die Rahmenbedingungen so attraktiv für sie sind, dass sie selbst sich „entscheiden" motiviert zu sein. Der Projektmitarbeiter kann das nur für sich selbst entscheiden,

der Projektmanager kann Motivation nur durch die richtigen Rahmenbedingungen unterstützen.
Was kann der Projektmanager tun, um Motivation zu ermöglichen?

- Die **Projektmitarbeiter** aussuchen, die ein Interesse daran haben, dazuzulernen und sich den Herausforderungen im Projektumfeld zu stellen. Die aber auch das nötige Selbstvertrauen haben, um sich nicht so schnell Kleinkriegen zu lassen.
- Die richtigen **Rahmenbedingungen** schaffen:
  - **Autonomie:** Arbeitspakete vergeben, die eigenverantwortlich zu bearbeiten sind und verdeutlichen, welcher Entscheidungsspielraum gegeben ist und wie die Aufgabe in das „große Ganze" des Projekts passt.
  - **Kompetenz:** Projekte bieten meistens die Möglichkeit dazuzulernen und herausfordernde Aufgaben auszuführen. Der Projektmanager muss dabei die richtige Balance finden zwischen fordern, aber nicht überfordern, und ausreichend Unterstützung oder Coaching geben – in welchem Ausmaß hängt vom einzelnen Mitarbeiter ab.
  - **Zugehörigkeit:** Das Team wächst idealerweise zu einem Hochleistungsteam zusammen, in dem sich die Mitarbeiter gegenseitig unterstützen. Das sollte entsprechend vom Projektmanager gefördert und unterstützt werden.
- Regelmäßig **Feedback** geben. Feedback ist zwar grundsätzlich eher extrinsisch, kann jedoch die intrinsische Motivation verstärken.

Kommunikation ist der Kernpunkt für die Motivation der Projektmitarbeiter. Der Projektmanager sollte herausfinden, was für den Mitarbeiter wichtig ist, aber auch seine Ängste und Sorgen ernst nehmen. Das kostet Zeit und geht im hektischen Projektgeschäft gerne mal unter. Eine Technik ist die sogenannte **Motivierende Gesprächsführung** (Motivational Interviewing, MI), die zum Ziel hat intrinsische Motivation zur Verhaltensänderung aufzubauen (Miller & Rollnick, 2015). Es ist ein kooperativer Gesprächsstil, mit dem Menschen in ihrer eigenen Motivation und ihrem eigenen Engagement gestärkt werden. Sie werden geleitet und nicht gelenkt, um selbst herauszufinden, was sie können und was sie motiviert.

In einem Projekt sollen im Klinikeinkauf Kosten eingespart werden. Bei einem Arbeitspaket soll dabei eine neue Software eingesetzt werden. Der Projektmitarbeiter ist sehr unsicher, ob er mit der neuen Technologie klarkommt. Der Projektmanager sucht das Gespräch mit ihm und äußert sich enthusiastisch über die Vorteile der neuen Software. Etwaige Bedenken des Projektmitarbeiters wischt er damit weg, dass er völlig überzeugt ist, dass er das schon hinbekommt und spricht sein vollstes Vertrauen aus. Der Mitarbeiter hat aber immer noch Zweifel, er sieht die genannten Vorteile, zumindest für seine Arbeit, nicht. Der Optimismus, dass er das schon schafft, verunsichert ihn eher, weil er Angst hat, die Erwartungen des Projektmanagers zu enttäuschen. Hätte der Projektmanager eine Motivierende Gesprächsführung genutzt, wäre er das Gespräch anders angegangen. Sein Ziel wäre nicht gewesen, die Motivation zu steigern, sondern Motivationsbarrieren abzubauen. Nach der Selbstbestimmungstheorie haben Mitarbeiter das Bedürfnis, sich kompetent zu fühlen und zu glauben, dass ihre Bemühungen zu Leistung führen. Wenn ihnen diese Überzeugung fehlt, wird die Motivation gering sein. Da hilft es dann auch nicht, die Vorteile der neuen Software aufzuzeigen, wenn der Mitarbeiter Zweifel hat, überhaupt die notwendigen Fähigkeiten zu haben, um die Aufgabe zu erfüllen. Deshalb würde der Projektmanager eher versuchen, diese Ängste zu reduzieren. Statt dem Mitarbeiter pauschal Mut zuzusprechen („Sie schaffen das schon..."), würde er ihn selbst herausfinden lassen, dass seine Ängste vor dem Versagen übertrieben sind. Der Mitarbeiter sollte begründen, warum er glaubt der neuen Aufgabe nicht gewachsen zu sein. Auch ein Bezug auf die Vergangenheit kann hilfreich sein, wenn gefragt wird, wie er ähnliche Situationen früher gelöst hat. Damit wird die aktuelle Situation weniger bedrohlich, wenn dem Mitarbeiter selbst klar wird, dass er durchaus die Stärke hat, mit den neuen Anforderungen klarzukommen (in Anlehnung an Roßnagel, 2017).

Motivation spielt während der gesamten Projektlaufzeit eine Rolle. Schnell kann Motivation im Laufe des Projekts nachlassen, wenn es nicht so läuft wie geplant, es Probleme mit den Stakeholdern gibt oder es zu Konflikten im Team kommt. Im schlimmsten Fall geht jegliche Motivation verloren, wenn es zunehmend fraglich wird, ob das Projekt überhaupt die gewünschten Ergebnisse liefern kann (Litke et al., 2018).

11.4 Feedback und Leistungsbeurteilung

Motivation bedeutet auch immer Kommunikation. Feedback ist eine Form von Kommunikation, die das Verhalten anspricht. Feedback ist ein Kommentar, der eine Reaktion auf etwas ist, das eine Person gemacht hat und ihr mitteilt, wie ihr Verhalten wahrgenommen und erlebt wurde. Es unterscheidet sich deutlich von der Leistungsbeurteilung, obwohl beide Begriffe immer wieder synonym verwendet werden.

Ein Feedback hat intrinsische Konsequenzen, der Feedbackempfänger entscheidet, was er mit dem Feedback macht. Eine Leistungsbeurteilung hingegen ist ein formales Urteil und führt meist zu extrinsischen Konsequenzen. Es wird über eine Person entschieden, beispielsweise in Bezug auf die Leistung oder die weitere Entwicklung (ähnlich Trost, 2019).

11.4.1 Feedback

Die Rückmeldung zum Verhalten wird als Feedback bezeichnet. Es kann positiv sein (Bestätigung einer Leistung, eines Resultates) aber auch negativ (nicht erbrachte Leistung, Kritik, Fehlverhalten). Die Art und Weise, wie Kritik formuliert wird, beschreibt die Kultur und den Führungsstil in einer Organisation – ist es eine Rückmeldung mit dem Wunsch, das Verhalten zu überdenken und zu ändern, oder ist es ein Anordnen und Zurechtweisen (Kuster et al., 2019)?

Positives Feedback motiviert nicht nur den Mitarbeiter, zeigt ihm die Wertschätzung und gibt ihm Selbstvertrauen, sondern konstruktives Feedback kann auch helfen, dass sich der Mitarbeiter besser einschätzen kann und sieht, ob er auf dem richtigen Weg ist. Es vermittelt ihm dann Sicherheit. Konstruktives Feedback kann dem Teammitglied auch Orientierung geben, wie es von anderen wahrgenommen wird und dabei helfen, Verhaltensweisen zu korrigieren, die nicht die beabsichtigte Wirkung erzielen oder negativ wahrgenommen werden. Im Projektteam hilft Feedback Missverständnisse zu klären und erleichtert damit die Zusammenarbeit und verbessert sie nachhaltig.

Studien zeigen immer wieder, dass Vorgesetzte zwar das Gefühl haben, sie würden sehr viel loben, ihre Mitarbeiter jedoch eine ganz andere Wahrnehmung haben und bemängeln, dass der Chef sich nie positiv äußert. Hier gibt es eine Diskrepanz in der Wahrnehmung zwischen Mitarbeiter und Vorgesetzten. Insofern sollte der Projektmanager darauf achten, möglichst viel positives Feedback zu geben, was auch gerne spontan erfolgen kann und Anerkennung ausdrückt. Mit negativem Feedback ist das schon ein bisschen schwieriger, hier sollte der Projektmanager sich etwas mehr Zeit nehmen und es nicht zwischen „Tür und Angel" machen. Es spricht aber nichts dagegen, dieses Feedbackgespräch in einer ungezwungenen Atmosphäre bei einer Tasse Kaffee zu führen.

Feedback ist ein zentrales Instrument bei der Teamentwicklung. Wenn Projektteammitglieder sich weiterentwickeln wollen, müssen sie verstehen, wie ihr Verhalten auf andere wirkt und umgekehrt anderen Feedback geben, wie sie deren Verhalten wahrnehmen. Nicht alles ist dem Teammitglied über sich selbst bewusst – und nicht alles ist er bereit, mit anderen zu teilen. Die Sozialpsychologen Joseph Luft und Harry Ingham haben ein Teamentwicklungsmodell entworfen, das Johari-Fenster, das dabei hilft, interpersonale Beziehungen besser wahrzunehmen (Kuster et al., 2019) Abb. 11.8.

Das Johari Fenster kann gut in Projektteams eingesetzt werden. Wenn die Teammitglieder verstehen, wie sie auf andere wirken, können sie deren Verhalten auch besser verstehen.

Abb. 11.8 Johari Fenster

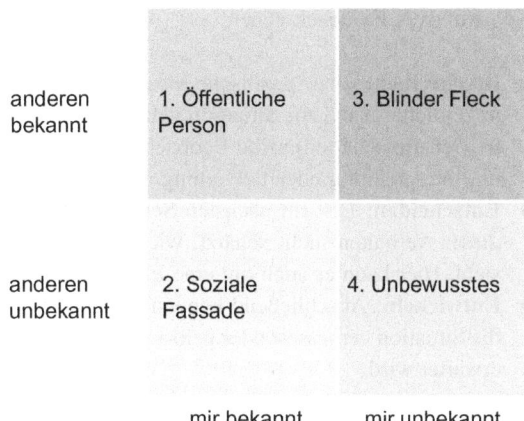

1. **Öffentliche Person:** Ein Projektteammitglied weiß einiges über sich selbst, dass auch anderen bekannt ist. Hier stimmen Selbstbild und Fremdbild überein. Je mehr die Projektteammitglieder übereinander wissen, desto einfacher kann die Zusammenarbeit sein, weil sie sich besser einschätzen können.
2. **Soziale Fassade:** Es gibt auch Dinge, die das Teammitglied nicht mit anderen teilen möchte, vielleicht, weil es fürchtet, dass eine persönliche Schwäche von anderen erkannt und ausgenutzt wird. Es kann unglaublich anstrengend für ein Teammitglied sein, immer eine bestimmte Fassade aufrechtzuerhalten.
3. **Der blinde Fleck** beschreibt die Eigenschaften oder Fähigkeiten, die dem Teammitglied selbst nicht bewusst sind, die andere aber sehr wohl an ihm wahrnehmen. Die Fremdwahrnehmung weicht hier von der Selbstwahrnehmung ab. Ein Beispiel ist, dass das Teammitglied unter Stress sehr ungeduldig und fordernd auftritt und sehr dominant wirkt. Nur wenn es dem Teammitglied zurückgemeldet wird kann es dazulernen.
4. **Unbewusstes:** Es gibt Eigenschaften und Fähigkeiten, die bisher allen unbekannt sind, beispielsweise schlummernde Talente, von denen keiner was ahnt. Viel Feedback kann helfen, dieses Fenster zu verkleinern.

Feedback kann dem einzelnen Projektmitarbeiter helfen, sich weiterzuentwickeln, ist aber auch wichtig für das Team, um eine gute Zusammenarbeit zu fördern. Feedback funktioniert nur, wenn bestimmte Regeln eingehalten werden.

Konstruktives Feedback geben:

- **Beschreiben:** Eine spezifische Situation wird beschrieben, das Feedback wird in zeitlicher Nähe zur Situation geben. Der Projektmanager beschreibt subjektiv (Ich-Botschaften) seine Beobachtung. Es geht um die Wahrnehmung, nicht um Interpretation oder Bewertung.
- **Entscheiden:** Erst im nächsten Schritt erklärt der Projektmanager, warum er dieses Verhalten nicht schätzt, wie es auf ihn wirkt und wo er das Problem sieht. Hier kann er auch um eine Einschätzung des Mitarbeiters bitten.
- **Entwickeln:** Abschließend können konkrete Vorschläge gemacht werden, wie die Situation verbessert oder gelöst werden kann und welches Verhalten künftig erwartet wird.

Feedback annehmen:

- **Zuhören:** Der Projektmitarbeiter hört zu, ohne zu unterbrechen, zu argumentieren oder sich zu verteidigen. Er kann aber nachfragen, um das gegenseitige Verständnis zu überprüfen.
- **Danken:** Der Projektmitarbeiter bedankt sich für das Feedback. Er akzeptiert, das Feedback grundsätzlich wertvoll ist.
- **Entscheiden:** Am Ende überlegt er, wie er mit dem Feedback umgehen will. Was sollen die nächsten Schritte sein, akzeptiert er das Feedback und ändert was – oder nicht? Was sind die Konsequenzen des gewählten Verhaltens?

Der Projektmanager sollte aktiv daran arbeiten, dass es im Team regelmäßig offenes Feedback gibt. Dies ist nicht unbedingt selbstverständlich, deshalb muss eine Feedbackkultur ganz bewusst eingeführt werden. Dazu gehören ein offener und konstruktiver Umgang mit Fehlern sowie der Wille und die Bereitschaft zu ständigem Lernen und Verbesserungen.

11.4.2 Leistungsbeurteilung

Je nach Projektorganisation Abschn. 6.1 muss der Projektmanager am Projektende auch seine Projektmitarbeiter beurteilen – bei langlaufenden Projekten auch zwischendurch. In der reinen Projektorganisation erfolgt die Beurteilung immer durch den Projektmanager, da die Mitarbeiter zu 100 % im Projekt arbeiten. Bei der Projektkoordination erfolgt die Beurteilung in der Regel durch die Fachabteilungen. In der Matrixorganisation wird die Beurteilung meistens sowohl vom disziplinarischen Vorgesetzten als auch vom Projektmanager vorgenommen. Wird der Projektmanager nicht einbezogen, besteht das Risiko, dass die Mitarbeiter nur darauf achten, ihre Ziele in der Linienorganisation zu erfüllen und weniger Einsatz im Projekt zeigen, da dies nicht durch eine Leistungsbeurteilung honoriert wird.

Eine Herausforderung für den Projektmanager kann es sein, dass die formalen Beurteilungssysteme meistens für Regelaufgaben konzipiert wurden und weniger auf Projekte ausgerichtet sind (Larson & Gray, 2011). Dennoch sind letztendlich die Ziele der Leistungsbeurteilung vergleichbar.

Eine Leistungsbeurteilung im Projekt erfolgt um:

- die Leistung des Projektmitarbeiters auf das Gesamtziel des Projekts auszurichten.
- Stärken und Schwächen des Mitarbeiters zu identifizieren und Verbesserungspotenzial aufzuzeigen.
- Klarheit über die gegenseitigen Erwartungen von Mitarbeiter und Projektmanager zu schaffen.
- Teammitglieder zu motivieren.
- am Projektabschluss die Projektmitarbeiter für gute Leistungen zu belohnen, beispielsweise durch einen Bonus oder durch eine Beförderung.

Der Projektmanager setzt sich bei einem formalen Beurteilungsgespräch mit dem Projektteammitglied zusammen, um die Leistung zu besprechen. Folgende Punkte können helfen, zu einem guten Ablauf beizutragen, die Akzeptanz der Rückmeldung beim Projektmitarbeiter zu erhöhen und eine gute Zusammenarbeit in der Zukunft sicherzustellen (siehe Larson & Gray, 2011; Snell & Bohlander, 2012):

- **Selbsteinschätzung:** Ein guter Einstieg ist die Selbsteinschätzung des Mitarbeiters. Damit bekommt der Projektmanager möglicherweise zusätzliche Informationen und auch ein Gefühl, ob es grundsätzliche Unterschiede bei der Einschätzung der Situation gibt und kann sich darauf einstellen. Auf die Punkte, bei denen es unterschiedliche Auffassungen gibt, kann der Projektmanager dann genauer eingehen. Wenn regelmäßig Feedback gegeben wird, sollte ein Beurteilungsgespräch keine wirkliche Überraschung für den Mitarbeiter darstellen.
- **Dialog statt Monolog:** Um die Akzeptanz zu erhöhen ist es besser, einen Dialog zu starten, und dem Projektmitarbeiter die Möglichkeit zu geben, eigene Ideen und Vorschläge zu entwickeln. Ein Monolog des Projektmanagers fühlt

sich gerade bei einer weniger guten Beurteilung schnell wie eine Anklage an. Im Dialog können die Themen besser herausgearbeitet und gemeinsam Lösungen gefunden werden. Studien zeigen, dass dann auch die Motivation höher ist, das Vereinbarte umzusetzen.
- **Wertschätzung:** Auch, wenn die Leistung nicht zufriedenstellend ist – nicht alles ist schlecht. Der Projektmanager sollte darauf achten, auch Positives anzusprechen. Lob, aber auch das Anerkennen von Fortschritten, sind starke Motivatoren.
- **Kritik:** Bei Kritik ist es wichtig, genaue Beispiele zu geben, damit der Mitarbeiter nachvollziehen kann, was gemeint ist. Es geht immer um das Verhalten, nicht um die Persönlichkeit des Mitarbeiters. Eine Person ist nicht zwingend unzuverlässig, nur weil sie immer wieder zu spät kommt. Das Verhalten, das geändert werden soll, ist die Unpünktlichkeit.
- **Keine Vergleiche:** Es sollten keine Vergleiche mit anderen Teammitgliedern erfolgen. Das kann den Zusammenhalt im Team erschweren und lenkt eher davon ab, was das Teammitglied verbessern soll. Und alle Mitglieder sollten auch fair und vergleichbar bewertet werden.

Leistungsbeurteilungsgespräch
Unabhängig davon, ob ein formelles Beurteilungsgespräch geführt werden muss, kann es notwendig sein, dass der Projektmanager ein Gespräch mit einem Mitarbeiter führen muss, dessen Leistung nicht den Anforderungen entspricht. Als Struktur empfehlen sich die folgenden Punkte Abb. 11.9:

Auch ein Leistungsbeurteilungsgespräch folgt letztlich der medizinischen Logik: Ohne Anamnese und Diagnose keine Therapie bzw. Behandlung des Problems.

Im ersten Schritt muss definiert werden, was das **Problem** ist: Zunächst muss geklärt werden, worum es in dem Gespräch geht. Die aktuelle Leistung wird bewertet und das Problem aus Sicht des Projektmanagers beschrieben und die Konsequenzen des Verhaltens dargestellt.

Im zweiten Schritt wird nach der **Ursache** gesucht: Es muss geklärt werden, warum die Leistung nicht den Erwartungen entspricht. Sehr hilfreich ist dabei das sogenannte AMO-Model. A steht für die Ability, die Fähigkeiten des Projektmitarbeiters, M für die Motivation und O für die Opportunity, die Gelegenheit zur Leistungserbringung (Boxall & Purcell, 2011).

Wenn das Ziel und die Aufgabe, die der Projektmitarbeiter leisten soll, klar sind, sind diese drei Punkte wesentlich für die Erbringung der Arbeitsleistung. Nicht berücksichtigt werden dabei persönliche Probleme, die die Leistungserbringung reduzieren können, wie gesundheitliche Beeinträchtigungen oder familiäre Probleme, beispielsweise eine Scheidung oder ein Krankheitsfall in der Familie. Hier

11.4 Feedback und Leistungsbeurteilung

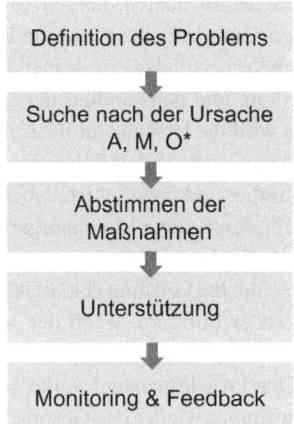

* **A**bility (Fähigkeit), **M**otivation, **O**pportunity (Gelegenheit zur Leistungserbringung)

Abb. 11.9 Leistungsbeurteilungsgespräch

kann der Projektmanager in der Regel nicht viel machen, außer den Projektmitarbeiter zu unterstützen oder die Arbeitsbelastung zu reduzieren. Es ist sehr wichtig, die Ursache für die Leistungsschwäche klar zu identifizieren, sozusagen Anamnese und Diagnose, da sonst nicht die geeigneten Maßnahmen im nächsten Schritt definiert werden können.

- Fehlt die **Ability,** das Wissen, Kompetenzen und die Erfahrung des Projektmitarbeiters, kann ein Training eine geeignete Maßnahme sein, um die Leistungsfähigkeit zu erhöhen.
- Fehlt die **Motivation,** weil vielleicht die Bedeutung der Aufgabe nicht klar ist, sie für den Mitarbeiter zu wenig herausfordernd ist oder er zu wenig Anerkennung bekommt, müssen Maßnahmen an dieser Stelle ansetzen. Der Projektmanager kann beispielsweise die Relevanz der Aufgabe betonen und ein spannenderes Arbeitspaket nach Abschluss des jetzigen Arbeitspakets in Aussicht stellen.
- Liegt es an der **Gelegenheit zur Leistungserbringung** kann das sehr unterschiedliche Gründe haben. Dazu gehören ein zu enger Zeitplan, fehlendes Equipment, fehlende Unterstützung von Kollegen, Abhängigkeiten von Arbeitspaketen, die sich verzögern, unklare Prozesse oder einfach nur fehlende Verantwortlichkeit. Hier sind es ganz unterschiedliche Maßnahmen, die ein Projektmanager ergreifen muss.

Der Projektmanager muss darauf achten, keinen sogenannten Attributionsfehler zu machen. Das heißt, den Grund für die schlechte Leistung ausschließlich beim Projektmitarbeiter zu suchen, beispielsweise seiner Persönlichkeit, seinen Fähigkeiten oder seiner Einstellung und den Einfluss der äußeren Rahmenbedingungen zu unterschätzen. Sehr oft wird die Ursache für die schlechte Leistung in der Fähigkeit (Ability) gesucht und nur selten in den Rahmenbedingungen. Dem Mitarbeiter wird unterstellt, dass er unfähig und unwillig ist, dabei fehlen ihm vielleicht nur die Informationen oder er steht durch seine Linienaufgabe so unter Zeitdruck, dass er kaum an den Projektaufgaben arbeiten kann.

Ist die Ursache für die schlechte Leistung geklärt, können konkrete **Maßnahmen** vereinbart werden. Hier ist es hilfreich, wenn der Mitarbeiter selbst Vorschläge macht, wie das Problem gelöst werden kann und was er braucht, um wieder seine Leistung zu erbringen. Der Projektmanager sollte seine weitere **Unterstützung** anbieten. Danach sollte er immer wieder das Gespräch mit dem Projektmitarbeiter suchen, überprüfen, ob die Leistung wieder besser geworden ist und entsprechend **Feedback** geben.

Ein Projektmanager muss ein Gespräch mit einem Teammitglied führen, einer erfahrenen Pflegekraft. Er ist sehr unzufrieden mit ihrer Leistung. Er hat das Gefühl, dass sie nicht teamfähig ist und nicht geeignet, um in einem Projekt zu arbeiten. Der Projektmanager gibt schon sehr detaillierte Anweisungen und kontrolliert viel, dennoch stimmt das Ergebnis nicht. Es kann tatsächlich sein, dass die Pflegekraft die erforderliche Qualifikation fehlt – die Ability. Es kann aber auch sein, da es sich um eine Matrix-Projektorganisation handelt, dass sie einfach in ihrer normalen Tätigkeit zu viel zu tun hat und deswegen die Leistung im Projekt nicht stimmt (Opportunity). Es könnte aber auch sein, dass die erfahrene Pflegekraft wirklich sehr viel Erfahrung hat und vielleicht schon früher in einem ähnlichen Projekt gearbeitet hat. Und jetzt hat sie einen Projektmanager bekommen, der alles engmaschig anweist und kontrolliert, sogenanntes „Micro-Management" betreibt. Das empfindet sie als sehr frustrierend und obwohl sie sich gefreut hat, in dem Projekt mitarbeiten zu können, ist sie jetzt demotiviert (Motivation). Genau das muss aber in einem Gespräch herausgefunden werden, die Anamnese und Diagnose, um die richtige Therapie zu finden. Ist es die Ability, könnte gegebenenfalls ein Training sinnvoll sein, ist es die Opportunity muss der Projektmanager das Gespräch mit dem disziplinarischen Vorgesetzten suchen, ist es die Motivation muss er seinen Führungsstil anpassen. Denn nach Hersey Blanchard (Abschn. 11.2) ist der Reifegrad der Mitarbeiterin sehr hoch und der Projektmanager sollte Aufgaben delegieren und nicht anweisen.

In einem dynamischen Projektumfeld ist es gar nicht so einfach, Mitarbeiter zu beurteilen und Feedback zu geben. Liegt der Fokus doch meist eher darauf, die Arbeit getan zu bekommen und die Stakeholder zufrieden zu stellen. Dennoch

11.4 Feedback und Leistungsbeurteilung

gehört es zu den Aufgaben eines Projektmanagers. Seine Projektmitarbeiter sind die wichtigste Ressource, die er hat, und nur wenn die Mitarbeiter die Wertschätzung bekommen, die sie verdienen und bei Problemen rechtzeitig eine Lösung gesucht wird, kann das Team weiter gut funktionieren.

Gerade wenn Projektmanager in der Führungsrolle noch unerfahren sind, werden immer wieder Fehler gemacht, die aber unbedingt vermieden werden sollten:

- **Vermeiden von negativem Feedback:** Vielen Projektmanagern und Führungskräften ist es unangenehm, negatives Feedback zu geben. Sie schieben es dann auf, um sich dem schwierigen Gespräch zu entziehen. Damit ist das Problem aber nicht gelöst, mangelnde Leistung eines Teammitglieds kann das Projekt gefährden und den Unmut der anderen Teammitglieder verstärken.
- **Unspezifische Beurteilung:** Wenn Projektmanager das Gespräch dann durchführen, bleiben sie unbestimmt und vage in der Beurteilung. Sie geben keine konkreten Beispiele, die auf Beobachtungen beruhen, um sich nicht festzulegen. Oder sie geben eine unrealistisch gute Bewertung, aus Gefälligkeit oder in der Hoffnung, damit weitere Probleme zu vermeiden und die Motivation des Mitarbeiters nicht zu gefährden. Damit besteht aber auch die Gefahr, dass sich die Leistung des Mitarbeiters nicht verbessert und die Frustration der anderen Teammitglieder zunimmt, die den deutlichen Leistungsunterschied wahrnehmen und sich selbst damit abgewertet fühlen.
- **Überraschen:** Der Projektmanager sollte niemals Mitarbeiter mit negativem Feedback überraschen. Wenn die Leistung nicht stimmt sollte das frühzeitig und zeitnah kommuniziert werden. Noch schlimmer ist es, wenn immer signalisiert wurde, dass alles in Ordnung ist, weil der Projektmanager unangenehmen Gesprächen aus dem Wege gehen wollte, und am Ende des Projekts der Mitarbeiter die „Abrechnung" bekommt, obwohl er glaubte, dass alles zufriedenstellend war und es nie irgendwelche Hinweise gab.

Literatur

Batenburg, R., van Waalbek, W., & der Maur, W. (2013). Belbin role diversity and team performance: Is there a relationship? *Journal of Management Development, 32*(8), 901–913.

Becker, F. (2014). *Psychologie der Mitarbeiterführung: Wirtschaftspsychologie kompakt für Führungskräfte (essentials)* Springer.

Bohinc, T. (2012). *Führung im Projekt*. Springer.

Boxall, P., & Purcell, J. (2011). *Strategy and Human Resource Management (Management, Work and Organisations)* (3. Aufl.). Macmillan Education.

Deci, E. L., Koestner, R., & Ryan, R. M. (1999). A meta-analytic review of experiments examining the effects of extrinsic rewards on intrinsic motivation. *Psychological Bulletin, 125*(6), 627–668.

Francesco, A. M., & Gold, B. A. (2005). *International Organizational Behavior* (2. Aufl.). Pearson.

Hackman, J. R., & Oldham, G. R. (1980). *Work redesign*. Addison-Wesley.

Hersey, P., & Blanchard, K. (1982). *Management of organizational behavior* (4. Aufl.). Prentice-Hall.

Highsmith, J. R. (2009). *Agile project management: Creating innovative products (Agile Software Development Series)* 2. Addison-Wesley Professional.

Hinz, O. (2008). Führung im Projekt. *PersonalEntwickeln, 122(*Erg.-Lfg., Juli 2008), 6.66.

Johansen, B. C. (1990). Situational leadership: A reviews of the research. *Human Resource Development Quarterly, 1*(1), 1990.

Krumm, S., Mertin, I., & Dries, C. (2012). *Kompetenzmodelle*. Hogrefe Publishing.

Kuster, J., Bachmann, C., Huber, E., Hubmann, M., Lippmann, R., Schneider, E., Schneider, P., Witschi, U., & Wüst, R. (2019). *Handbuch Projektmanagement. Agil – Klassisch – Hybrid*. Springer Gabler.

Larson, E. W., & Gray, C. F. (2011). *Project Management. The Managerial Process*. McGraw-Hill. International Edition.

Litke, H. D., Kunow, I., & Schulz-Wimmer, H. (2018). *Projektmanagement*. Haufe Lexware.

Locke, E. A., & Latham, G. P. (2004). What should we do about motivation theory? Six recommendations for the twenty-first century. *The Academy of Management Review, 29*, 388–403.

Meyer, H., Reher, H. J. (2020). *Projektmanagement. Von der Definition über die Projektplanung zum erfolgreichen Abschluss*. Springer Gabler.

Miller, W. R., & Rollnick, S. (2015). *Motivierende Gesprächsführung. Motivational Interviewing. 3. Auflage des Standardwerks in Deutsch*. Lambertus.

Northouse, P. G. (2010). *Leadership: Theory and practice, 5*. Sage Publications.

Patzak, G., & Rattay, G. (2017). *Projektmanagement: Projekte, Projektportfolios, Programme und projektorientierte Unternehmen, 7*. Linde Verlag Wien.

Project Management Institute. (2017). *A guide to the project management body of knowledge (PMBOK Guide)*, (6. Ausgabe). Project Management Institute.

Radatz, S. (2009). Führen ohne „Führungsmacht". ProjektMagazin, 27.01.2009. https://www.projektmagazin.de/artikel/fuehren-ohne-fuehrungsmacht_7165. Zugegriffen: 9. März 2021.

Roßnagel, C. S. (2017). Leadership and Motivation. In J. Marques & S. Dhiman (Hrsg.), *Leadership Today*. Springer Texts in Business and Economics.
Rowe, W. G., & Guerrero, L. (2018). *Cases in leadership, 5*. Sage Publishing.
Ryan, R. M., & Deci, E. L. (2000). Self-determination theory and the facilitation of intrinsic motivation, social development, and well-being. *American Psychologist, 55*, 68–78.
Shirley, D. (2020). *Project management for healthcare*. Taylor and Francis.
Snell, S., & Bohlander, G. (2012). *Principles of Human Resource Management*. Thomson South-Western.
Sohm, S. (2012) *Zeitgemäße Führung – Ansätze und Modelle. Eine Studie der klassischen und neueren Management-Literatur*. Bertelsmann Stiftung.
Sprenger, R. K. (2014). *Mythos Motivation: Wege aus einer Sackgasse* (20. Aufl.). Campus Verlag GmbH.
Tannenbaum, R., & Schmidt, W. H. (1973). Decision making: How to Choose a Leadership Pattern, HBR May 1973. https://hbr.org/1973/05/how-to-choose-a-leadership-pat tern. Zugegriffen: 9. März 2021.
Trost, A. (2019). Urteil ist nicht gleich Feedback ist nicht gleich Lob. https://resour ces.cornerstoneondemand.de/blog/urteil-ist-nicht-gleich-feedback-ist-nicht-gleich-lob. Zugegriffen: 13. März 2021.
Vroom, V. H. (1964). *Work and motivation*. Wiley.
Yukl, G. (2013). *Leadership in organizations* (8. Aufl.). Pearson.
Zirkler, B., Nobach, K., Hofmann, J., & Behrends, S. (2019). *Projektcontrolling: Leitfaden für die betriebliche Praxis, 1*. Springer Gabler Verlag.

Macht, Politik und Einfluss 12

12.1 Macht

Der Begriff Macht hat oft einen negativen Unterton, steht er doch für Überlegenheit, dafür, jemanden dazu zu bringen, etwas gegen seinen Willen oder seine Zustimmung zu tun und eigene Interessen durchzusetzen. Bloisi et al. (2007) definiert Macht als die Fähigkeit Einfluss auf jemanden zu nehmen. Wenn jemand Macht hat, kann er das Verhalten anderer ändern, sodass sie Handlungen ausführen, die sie sonst vielleicht nicht ausführen würden. Oder allgemeiner formuliert: Die Fähigkeit von A, Umstände, die auf B einwirken, so zu verändern, dass B das tut, was A will.

Dabei ist Macht weder gut noch schlecht. Sie ist vielmehr Grundvoraussetzung, um gemeinsame Ziele zu erreichen (Kuster et al., 2019). Macht kann auch definiert werden als die Fähigkeit, organisatorische Ergebnisse zu bewirken oder zu beeinflussen (Spisak & Della Picca, 2017).

Kuster (et al. 2019) schreibt, dass Macht immer nur in Beziehungen stattfindet. Ein Projektteammitglied, das macht, was der Projektmanager von ihm möchte und damit seine Erwartung erfüllt, ermächtigt den Projektmanager auf sein eigenes Verhalten Einfluss zu nehmen. Wenn jemand außerhalb des Projekts die Aufgabe dem Projektteammitglied übertragen würde, würde das Teammitglied sie vermutlich ablehnen, weil derjenige nicht ermächtigt ist, ihm Aufgaben zu geben. Wenn die Teammitglieder den Projektmanager ermächtigen, richten sie sich auf das gemeinsame Ziel aus und ordnen damit bewusst den eigenen Willen und die persönlichen Überzeugungen den Gruppenzielen unter.

Neben der Ermächtigung braucht es aber auch eine Bemächtigung. Der Projektmanager muss sich bemächtigen, um Aufgaben an Teammitglieder übertragen zu können. Er muss proaktiv daran arbeiten, die benötigte Macht und Befugnis zu erlangen, statt darauf zu warten, dass sie ihm erteilt wird. Ein Projektmanager braucht Gestaltungsmacht, um über Projektauftrag, Projektorganisation, Projektstruktur und Methoden (mit)entscheiden zu können. Dafür müssen Projektsponsor oder Auftraggeber und Steuerkreis ihn in seiner Rolle ermächtigen. Sie müssen dem Projektmanager Entscheidungskompetenzen abtreten, sowohl in Sachfragen, aber auch auf der Beziehungs- und Organisationsebene (Kuster et al., 2019; Project Management Institute, 2017).

Machtbasenmodell von French und Raven
Projektmanager können viele Arten von Macht haben. French und Raven haben eins der bekanntesten Machtbasenmodelle entwickelt. Sie haben fünf verschiedene Quellen der Macht identifiziert, später haben sie noch eine sechste Quelle hinzugefügt, die sogenannte Informationsmacht. Diese Machtbasen, oder auch Machtquellen (siehe Egeland, 2012; French & Raven, 1959; Yukl, 2013), spielen auch im Projektmanagement eine Rolle Abb. 12.1.

Legitime Macht (Legitimate power): Legitime oder formelle Macht ist die Autorität, die jemand aufgrund seiner zugewiesenen Position hat und mit der er Handlungen vorgeben kann. Projektmanager haben selten formelle Macht. Sie brauchen „geliehene Macht", die sie bekommen, wenn sie beispielsweise

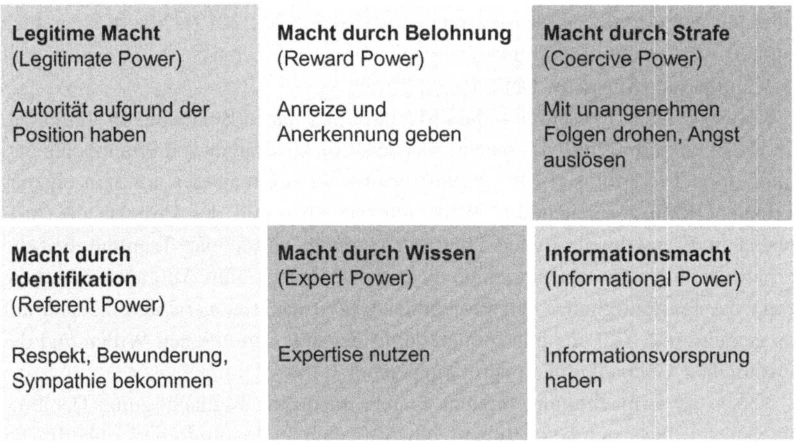

Legitime Macht (Legitimate Power)	Macht durch Belohnung (Reward Power)	Macht durch Strafe (Coercive Power)
Autorität aufgrund der Position haben	Anreize und Anerkennung geben	Mit unangenehmen Folgen drohen, Angst auslösen
Macht durch Identifikation (Referent Power)	Macht durch Wissen (Expert Power)	Informationsmacht (Informational Power)
Respekt, Bewunderung, Sympathie bekommen	Expertise nutzen	Informationsvorsprung haben

Abb. 12.1 Machtbasenmodell von French und Raven

12.1 Macht

die Rückendeckung eines wichtigen Stakeholders haben und an seiner Macht partizipieren.

Macht durch Belohnung (Reward power): Macht durch Belohnung nutzt Möglichkeiten andere zu belohnen und ihnen etwas zukommen zu lassen, was für sie bedeutsam ist. Belohnungen können finanziell sein (beispielsweise eine Prämie), Belohnungen sind aber auch Aufmerksamkeit, Lob, Beförderung oder spannende Aufgaben. Meistens haben Projektmanager nicht die Macht, finanzielle Anreize zu geben. Sie haben nur indirekt diese Macht, wenn sie dem disziplinarischen Vorgesetzten des Teammitglieds positives Feedback geben, das als Grundlage für einen Bonus oder eine Gehaltserhöhung dient. Aber sie können nicht-monetär im Projekt belohnen, wenn sie beispielsweise Mitarbeiter zu einem attraktiven Training schicken oder ihnen Arbeitspakete geben, die interessant sind und eine hohe Sichtbarkeit haben, oder ihnen positives Feedback geben, ihre Arbeit wertschätzen und sie in Entscheidungen eng einbeziehen.

Macht durch Strafe (Coercion power): Macht durch Strafe heißt, begehrte Ressourcen zurückzuhalten, Strafen auszusprechen oder denen, die sich nicht fügen, das Leben unangenehm zu machen. Macht durch Strafe arbeitet mit Angst. Der Projektmanager hat meistens keine direkte Macht. Indirekt kann er das Leben der Projektmitarbeiter aber schon unangenehm machen, indem er unattraktive Aufgaben vergibt, den Projektmitarbeiter ignoriert oder vom Kommunikationsfluss abschneidet und beispielsweise nicht zu Meetings einlädt.

Macht durch Identifikation (Referent Power): Der Projektmanager hat persönliche Macht, wenn er ein gutes Verhältnis mit den anderen hat, wenn er respektiert oder bewundert und als sympathisch empfunden wird. Wenn sein Verhalten als glaubwürdig gilt und als nachahmenswert empfunden wird, werden ihm seine Projektteammitglieder leichter folgen.

Macht durch Wissen (Expert power): Der Projektmanager hat Macht durch Wissen, wenn er Fähigkeiten, Wissen oder Erfahrung hat, die andere brauchen und nicht selbst besitzen. Die Expertise ist auch meistens der Grund, warum er als Projektmanager ausgewählt wurde. Es ist aber auch wichtig, dass die Projektmitarbeiter und auch die Stakeholder diese Expertise anerkennen.

Informationsmacht (Informational power): Informationsmacht bedeutet Informationen zu haben, die ein anderer nicht hat und darüber entscheiden zu können, ob und wie diese Informationen weitergegeben werden. Projektmanager sollten gut vernetzt sein, um an wichtige Informationen zu kommen. Diese können sie dann nutzen, um ihre Informationsmacht auszubauen. Sie haben Macht gegenüber ihren Mitarbeitern, wenn sie die einzigen sind, die für das Projekt relevante Informationen haben. Sie können sogar Fehler durch diesen Wissensvorsprung kaschieren.

Umgekehrt können aber auch Projektmitarbeiter Informationsmacht über den Projektmanager haben, wenn sie wichtige Informationen haben, die der Projektmanager nicht hat oder sie die einzigen sind, die bestimmte Daten generieren oder komplexe Analysen durchführen können. Der Projektmanager kann Informationsmacht auch gegenüber seinen Vorgesetzten und anderen Stakeholdern haben.

Projektmanager sollten sich genau überlegen, welche Macht sie wirklich ausüben wollen, um das Projekt erfolgreich zu führen. Die Möglichkeit, das Leben eines Projektmitarbeiters unangenehm zu machen, bedeutet zwar Macht, wird aber eher nicht zu einem hohen Einsatz und einer guten Leistung führen. Es kann sogar ins Gegenteil umschlagen, wenn sich die anderen Projektmitarbeiter mit diesem Mitarbeiter solidarisieren. Und auch die Macht durch Belohnung führt nicht zwingend dazu, dass Mitarbeiter hochmotiviert sind eine besonders gute Leistung zu erbringen, wie bei der Motivation bereits aufgezeigt wurde Abschn. 11.3.

Welche Macht ein Projektmanager haben kann, zeigt ein Beispiel: Übergreifend über die Fachbereiche einer Klinik müssen Mitarbeiter gut und eng zusammenarbeiten. Abhängig vom Krankheitsbild des Patienten finden verschiedene Behandlungen durch unterschiedliche Fachbereiche im gleichen Zeitraum statt. Die Abstimmung zwischen den Ärzten der verschiedenen Fachbereiche ist dann besonders wichtig, um zu verhindern, dass beispielsweise Nebenwirkungen bei gleichzeitiger Verabreichung zweier Medikamente ausgeschlossen sind.

Um die Zusammenarbeit im Krankenhaus zu verbessern wird ein Projekt aufgesetzt um klare Kommunikationsprozesse und -kanäle zu definieren und sicherzustellen, dass jeder Fachbereich Zugriff auf sämtliche relevante Information hat. Eine Mitarbeiterin der Stabsstelle Kommunikation wird als Projektmanager bestimmt. Sie ist recht neu in der Klinik, hat aber viel Erfahrung im Projektmanagement von ihrer Tätigkeit bei einer Kommunikationsberatung mitgebracht. In dem Projektteam sitzen viele erfahrene Mitarbeiter, sowohl Ärzte aus den Fachbereichen als auch aus der Verwaltung.

Unabhängig von der Projektorganisation hat sie nach French und Raven vor allem zwei Machtbasen: Macht durch Wissen durch ihre Expertise im Projektmanagement und in der Kommunikation. Sie kann auch Macht durch Identifikation erlangen, wenn sie ein gutes Verhältnis zu den Teammitgliedern aufbaut.

Individuelle und institutionelle Macht
Macht kann aus individuellen oder institutionellen Machtbasen kommen. Neben den oben genannten klassischen Machtquellen gibt es in Organisationen auch sogenannte „moderne" Machtquellen (ähnlich Kuster et al., 2019; Morgan, 1986; Project Management Institute, 2017; Spisak & Della Picca, 2017) Abb. 12.2:

12.1 Macht

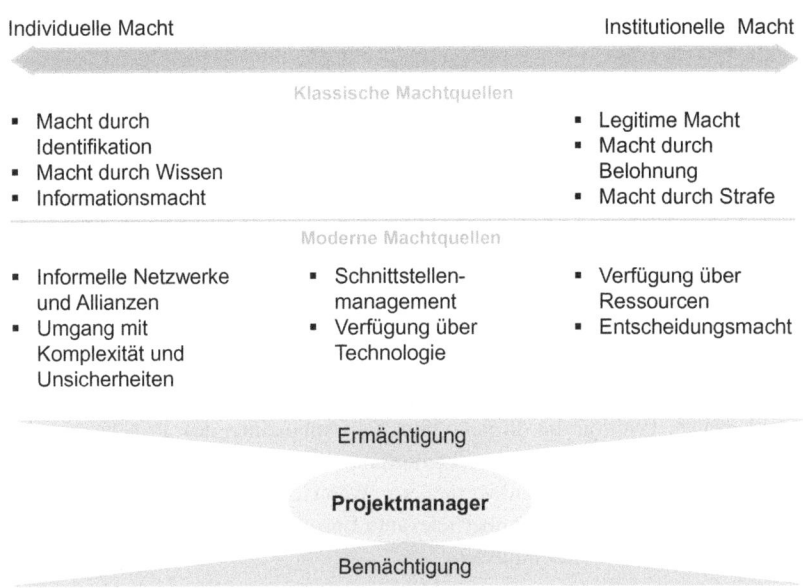

Abb. 12.2 Individuelle und institutionelle Macht. (In Anlehnung an Kuster et al., 2019)

Individuelle Macht ist an eine Person geknüpft. Im klassischen Modell von French und Raven sind das die Macht durch Identifikation, Macht durch Wissen und Informationsmacht. Der Projektmanager hat Einfluss darauf, ob er oder sie nutzen will, beispielsweise, weil er ein gutes Verhältnis zu anderen hat oder über die Expertise verfügt. Sie sind in der Person des Projektmanagers begründet.

Moderne individuelle Machtbasen sind:

- **Informelle Netzwerke und Allianzen.** Der Projektmanager kann informelle Beziehungspflege betreiben und sich sein persönliches Netzwerk schaffen. Es verleiht ihm Macht, indem es ihn mit Informationen und Unterstützung versorgt, die Außenstehenden vorenthalten sind. Siehe auch Politik Abschn. 12.2.
- **Umgang mit Komplexität und Unsicherheiten:** Wenn der Projektmanager Komplexität und Unsicherheit gut bewältigen kann hat er eine weitere Machtquelle. Sie entspringt der persönlichen Belastbarkeit und der Fähigkeit, mit Angst und Stress umgehen zu können. Wenn er eine hohe persönliche Resilienz hat, ein gutes Selbstmanagement und eine gute Selbstreflexionsfähigkeit

kann er in Situationen bestehen, die andere eher meiden oder an die sie sich nicht herantrauen.

Institutionelle Macht ist abhängig von der Position. Bei French und Raven sind das die legitime Macht, Macht durch Belohnung und Macht durch Strafe. Moderne institutionelle Machtbasen sind auch:

- **Verfügung über Ressourcen:** Der Projektmanager hat meistens die Macht im Projekte Aufgaben und Ressourcen zuzuweisen. Die Verfügung über begrenzt vorhandene Ressourcen verleiht Macht über jeden, der auf diese Ressourcen angewiesen ist. Dazu gehören fachliche Weisungsbefugnisse gegenüber den Projektteammitgliedern und die Nutzung des Projektbudgets.
- **Entscheidungsmacht:** Der Projektmanager hat Entscheidungsmacht im Rahmen seiner Position im Projekt und der Anbindung des Projekts an die Stammorganisation (bei der Projektkoordination verbleibt diese Entscheidungsmacht bei den Linienverantwortlichen). Wenn er den Entscheidungsprozess steuern kann und Kontrolle über relevante Entscheidungsfaktoren hat, kann er Entscheidungen (mit)beeinflussen.

Zwischen individueller und institutioneller Macht liegen zwei weitere Machtbasen:

- **Schnittstellenmanagement:** Die Strukturen innerhalb einer Organisation bilden Grenzen – bezogen auf einen Ressourcenzugriff, aber auch auf die Zusammenarbeit. Bei Projekten, die mehrere Funktionen und Bereiche umfassen, hat der Projektmanager cross-funktionale Macht. Er arbeitet an den Schnittstellen und hat dadurch eine zusätzliche Machtquelle und verfügt häufig über einen Informationsvorsprung.
- **Verfügung über Technologie:** Das Beherrschen von Schlüsseltechnologien wie Informations- und Kommunikationstechnologie, aber auch fachspezifische Technologien sind eine weitere Machtquelle.

Im oben genannten Projekt zur Verbesserung der Kommunikationsprozesse verfügt die Mitarbeiterin der Stabsstelle Kommunikation, die als Projektmanager benannt wurde, vermutlich noch nicht über informelle Netzwerke, da sie recht neu in der Klinik ist. Da das Projekt fachbereichsübergreifend ist, verfügt sie aber über Macht durch das Schnittstellenmanagement. Wenn sie gut mit der hohen Komplexität in dem Projekt umgehen kann und sie eine starke Resilienz hat, gibt ihr das auch eine Machtbasis.

12.1 Macht

Macht in der Projektorganisation
Je nach Art der Projektorganisation Abschn. 6.1 gibt es unterschiedliche Möglichkeiten der Machtverteilung. Projektmanager verfügen über weniger Macht als eine Führungskraft in der Linienorganisation, da ihnen meistens die disziplinarische Weisungsbefugnis fehlt. Zudem können im Projektteam auch unterschiedliche Hierarchieebenen aufeinandertreffen und der Projektmanager hat seine Führungsrolle oft nur für die befristete Laufzeit des Projekts inne.

- **Reine Projektorganisation:** Bei der Projektorganisation hat der Projektmanager meistens auch disziplinarische Verantwortung und damit die größte Machtbasis von allen drei Arten der Projektorganisation.
- **Matrix-Projektorganisation:** Bei der Matrix-Projektorganisation hat der Projektmanager die fachliche Weisungsbefugnis, während die disziplinarische Weisungsbefugnis bei der Fachabteilung verbleibt. Entsprechend ist die Machtbasis eingeschränkt, da der Projektmitarbeiter sich vornehmlich am Fachvorgesetzten orientieren wird, der letztlich über seine weitere Entwicklung entscheiden wird.
- **Projektkoordination:** Hier hat der Projektmanager nur eine Koordinationsaufgabe, die Macht und Verantwortung verbleibt bei den Linienvorgesetzten. Auch der Projektauftraggeber hat oft nur eine eingeschränkte Machtposition, da die Freigabe von Ressourcen bei den Linienvorgesetzten verbleibt und er keine Weisungsbefugnis hat. Hier spielt die laterale Führung Abschn. 11.2 die größte Rolle.

Damit Projektmanager handeln können, brauchen sie neben der individuellen Macht auch institutionelle Macht. Deswegen ist die sogenannte geliehene Macht eine wichtige Machtquelle, eine Macht, die durch Projektsponsor, Steuerkreis und Linienvorgesetzte an die Projektmanager delegiert wird. Projektorganisationen und Projektmanager können nur erfolgreich sein, wenn ihnen aus der Linienorganisation Macht und die damit verbundenen Kompetenzen abgetreten werden. Der Projektsponsor, der Auftraggeber im Projekt, teilt sich die Macht mit dem Projektmanager. Er nutzt seine formelle Macht aus seiner Linienposition und die damit verbundene Entscheidungsmacht, um den Projektmanager für seine Aufgabe zu ermächtigen. Grundlage dafür ist aber Vertrauen. Der Projektsponsor wird nur Macht abgeben, sein Wissen teilen, Entscheidungskompetenzen und Budgetkompetenz delegieren und damit seinen eigenen Einfluss reduzieren und seine Handlungsmöglichkeiten einschränken, wenn er genügend Vertrauen in den Projektmanager hat (Kuster et al., 2019).

12.2 Politik

In der angelsächsischen Organisationstheorie ist „Politics" klar definiert. Pfeffer (1981) schreibt, dass der Begriff Politik alle Aktivitäten umfasst, die innerhalb einer Organisation unternommen werden, um Macht und andere Ressourcen zu erwerben, zu entwickeln und zu nutzen und um das bevorzugte Ergebnis in einer Situation zu erreichen, in der Unsicherheit oder Uneinigkeit über Entscheidungen besteht. Im deutschen Sprachraum wird Politik eher mit dem Staatswesen in Verbindung gebracht oder mit Unternehmenspolitik, das heißt allen Maßnahmen und Entscheidungen, die sich mit der Strategie des Unternehmens, seinen Zielen und Verhaltensgrundsätzen beschäftigt.

Dennoch kennt jeder auch politisches Verhalten in Unternehmen und Organisationen. Da wird ein Projekt aufgesetzt mit einem klar definierten Ziel, einer realistischen Planung, ein gutes Team wird zusammengestellt und dann wird das Projekt durch politische Prozesse zum Scheitern gebracht. Politik in diesem Sinne, auch schon mal interne Politik oder Mikropolitik genannt, beschreibt das Verhalten und Handeln von Organisationsmitglieder, es geht um Machtstrukturen und um Entscheidungsprozesse in der Organisation.

Obwohl sie oft negativ dargestellt wird, ist interne Politik nicht automatisch schlecht. Stattdessen ist es wichtig, sich der potenziell destruktiven Aspekte der Organisationspolitik bewusst zu sein, um ihre negativen Auswirkungen zu minimieren.

Gründe für politisches Verhalten
Die Gründe für die interne Politik oder politisches Verhalten können sehr unterschiedlich sein – eher sachbezogen oder eher auf die eigenen Interessen zurückzuführen (Berner, o. D.; Bloisi, 2007; Colquitt et al., 2013):

Wettbewerb und Kampf: Aktive Machtpolitik bis hin zu Machiavellismus. In sehr konkurrenzorientierten Organisationskulturen dient interne Politik dazu, sich einen Wettbewerbsvorteil gegenüber der internen Konkurrenz zu verschaffen und um offene Rechnungen zu begleichen oder andere destruktive Spielchen zu betreiben.

Ausnutzen eines Vakuums: Wenn Rollen, Aufgaben und Strukturen nicht klar definiert sind kann das zu politischem Verhalten führen. Beispiele für eigennütziges Verhalten sind die Umgehung der Weisungslinie, um etwas durchzusetzen oder die Beeinflussung von hochrangigen Managern, kurz bevor diese eine Entscheidung treffen.

Ressourcenknappheit: Organisationen haben typischerweise begrenzte Ressourcen, die auf irgendeine Weise zugeteilt werden müssen. Einzelpersonen und

12.2 Politik

Gruppen innerhalb der Organisation können uneins darüber sein, wie diese Ressourcen zugeteilt werden sollen, so dass sie versuchen, diese Ressourcen für sich selbst oder für ihre Interessengruppen zu gewinnen.

Angst und Vorsicht: Politisches Verhalten tritt auf, wenn Rücksicht auf einflussreiche Personen genommen wird, die eine Entscheidung nicht mittragen werden und nicht brüskiert werden sollen. Auch die Befürchtung, dass eine vorgeschlagene Entscheidung die eigene Macht übersteigt und nicht durchgesetzt werden kann, kann zu politischem Verhalten führen. Oder es bestehen Befürchtungen, dass bestimmte Entscheidungen zu radikal sind und zu Nachteilen für die eigene Person führen, wie einem Verlust des Ansehens oder der Beliebtheit. Mangelnder Mut und das Zurückschrecken vor möglichen Risiken, Widerständen und Gegenreaktionen soll durch politisches Verhalten kaschiert werden.

Die typischste Form von interner Politik ist das Nutzen von Netzwerken. Dies sind Führungskräfte mit ähnlichen Zielen, Interessen und Werten, die sich gegenseitig die Bälle zuspielen. Keiner aus dem Netzwerk wird eine Entscheidung treffen, die negative Auswirkungen auf einen Netzwerkpartner hat. Stattdessen wird man sich eng abstimmen, um eine Lösung zu finden, mit der alle gut leben können und die für alle im Netzwerk vorteilhaft ist.

Politik und Projektmanagement sind untrennbar miteinander verbunden. Gerade in Projekten mit einer Vielzahl von oft auch gegensätzlichen Interessen spielt geschicktes politisches Verhalten des Projektmanagers eine große Rolle. Denn immer wieder müssen Projektmanager mit uneinsichtigen Fachverantwortlichen, vagen Ressourcenvereinbarungen, halbherziger Unterstützung des Managements und anderen Schwierigkeiten kämpfen. Projekte verändern auch immer wieder die Machtbalance und es kommt zu einer Neuverteilung der Machtverhältnisse innerhalb der Organisation. Das kann die Fachabteilungen und deren Verantwortliche durchaus nervös machen, wenn sie sich fragen, wie die zukünftigen Machtverhältnisse aussehen werden und ob das in ihrem eigenen Interesse ist. Wie bei jeder Änderung gibt es Gewinner und Verlierer. Darauf muss der Projektmanager reagieren (Pinto, 1996).

Interne Politik beinhaltet Einfluss, Verhandeln, Autonomie und Macht. Politik und die ihr zugeordneten Elemente sind nicht allein „gut" oder „böse", „positiv" oder „negativ". Je besser der Projektmanager versteht, wie die Organisation funktioniert, umso wahrscheinlicher wird er Erfolg haben (Project Management Institute, 2017). Oft wird Politik in der Organisation aber nur als negativ betrachtet und der Projektmanager versucht sich rauszuhalten und möchte sich lieber auf die fachlichen Inhalte konzentrieren. Vor allem dann, wenn er bereits erlebt hat, wie jemand zum Opfer gemacht wurde, wie rücksichtslos und im reinen Selbstinteresse gehandelt wurde. Politisches Verhalten wird dann als schädlich für die Organisation betrachtet, wenn sie die legitime Macht verdrängt, jedes Mitglied der Organisation eigennützig seine eigenen Ziele verfolgt, ohne Rücksicht darauf, ob es anderen Mitgliedern und der Organisation insgesamt schadet (Pinto, 1994).

Ein Projektmanager kann aber in den meisten Fällen nicht vermeiden, Politik auch für sein Projekt einzusetzen, um erfolgreich zu sein. Denn der Projektmanager hat, wie beschrieben, nur eine begrenzte Macht, oft nur geliehene Macht. Sein Projekt existiert außerhalb der normalen Linienorganisation, es ist temporär und oft stehen seine Mitarbeiter dem Projekt nur begrenzt zur Verfügung. Damit muss er mit den Fachvorgesetzten um die knappen Ressourcen, aber auch allgemein um Unterstützung konkurrieren. Damit sind politisches Verhalten und Beeinflussungstechniken wesentliche Instrumente, um das Projekt zu managen.

Strategien im Umgang mit interner Politik
Der Projektmanager sollte verschiedene Strategien nutzen, um einen nachhaltigen Einfluss in der Organisation zu bekommen und seine projektbezogenen Zielen besser verfolgen zu können (Berner, o. D.; Keys & Case, 1990; Pinto, 2000; Schulz, o. D.)

Akzeptanz: Akzeptieren, dass politisches Verhalten im Projektumfeld nötig ist und „angemessene" politische Taktiken nutzen. Je größer und komplexer Organisationen sind, desto größer ist oft auch der Einfluss der internen Politik auf anstehende Entscheidungen. Es geht nicht darum, etwas um jeden Preis ohne Rücksicht auf Verluste durchsetzen. Das ist genauso schädlich für das Projekt wie die naive Annahme, auch ohne Politik erfolgreich sein zu können.

Auftragsklärung: Je genauer die Ziele im Projekt und der Projektinhalt definiert sind sowie Risiken geklärt wurden, desto einfacher ist es, eine nachträgliche Änderung aus politischen Gründen abzuwehren.

Expertise: Wichtig ist, dass der Projektmanager nicht nur über die notwendige Expertise verfügt, sondern sie auch anerkannt wird. Denn nur dann bekommt er die Akzeptanz der Stakeholder, aber auch im Projektteam. Wird sein Urteil geschätzt fällt seine Projektarbeit nicht so leicht politischen Spielen zum Opfer.

Netzwerk: Der Projektmanager sollte idealerweise über ein Netzwerk mit Kontakten verfügen. Das Netzwerk sollte sich aus Organisationsmitgliedern zusammensetzen, die Macht oder Status haben, um bei der Entwicklung des Projekts zu helfen. Dazu sollten auch anerkannte Experten und die Fachvorgesetzten zählen, die knappe Ressourcen zur Verfügung stellen können. In diesem Zusammenhang sind die Menschen wichtiger, die dem Projektmanager helfen, seine Ziele zu erreichen, als diejenigen, die er normalerweise aufgrund sozialer Präferenzen aussucht. Die Netzwerke können genutzt werden, um Veränderungen voranzubringen und die notwendige Unterstützung zu bekommen – aber auch, um drohende Widerstände auszuschalten oder zumindest zu reduzieren. Dabei geht es um Bündnisse

12.2 Politik

um das Projektziel zum Nutzen der Organisation zu erreichen. Das ist auch das, was der Change Management-Experte John Kotter in seinem 8-Stufen Modell als „Einbeziehung der Menschen, die die Veränderung unterstützen" bezeichnet Abschn. 9.2.

Verhandlungsgeschick: Zum politischen Verhalten gehört auch geschicktes Verhandeln. Bei unterschiedlichen Interessen muss der Projektmanager in der Lage sein, diese Interessen zusammenzuführen. Sein Ziel sollte immer sein, fair zu verhandeln und nach Win-Win-Situationen zu suchen, um akzeptablen Lösungen für alle Seiten zu finden.

Stakeholder-Management: Dieser Punkt ist vermutlich der wichtigste von allen. Auf Stakeholder-Management wurde in Kap. 7 bereits ausführlich eingegangen. Um auf Stakeholder gezielt zugehen zu können, müssen sie zunächst einmal identifiziert werden. Dann muss bewertet werden, welche Stakeholder einen großen Einfluss auf das Projekt haben, wie ihre Bereitschaft ist, sich im Projekt zu engagieren und ob sie dem Projekt eher positiv oder negativ gegenüberstehen. Dann geht es darum, sie auch durch interne Politik zu beeinflussen, die angestrebten Veränderungen mitzutragen oder aktiv zu unterstützen. Es geht nicht um die rücksichtslose Durchsetzung der eigenen Interessen, sondern um den Aufbau von Akzeptanz und Unterstützung. Regelmäßige Kommunikation und Kontaktpflege spielen dafür eine wichtige Rolle, um Bedenken und Interessenkonflikte auszuräumen.

Ein kurzes Beispiel zu politischem Verhalten: Ein neues Projekt soll ins Leben gerufen werden und zwei Assistenzärzte der Chirurgie kommen als Projektmanager infrage. Im Projekt geht es um die Prüfung der Einführung eines speziellen, individuell konfigurierbaren Roboters für chirurgische Eingriffe. Die Einsatzplanung liegt in den Händen des Facharztes, der der Einführung eines Roboters sehr positiv gegenübersteht.

Einer der beiden potentiellen Projektmanager, ein junger Assistenzarzt, geht regelmäßig mit dem Facharzt zum Mittagessen, die beiden verstehen sich blendend. In naher Zukunft soll auch eine weitere Facharztstelle in der chirurgischen Abteilung vakant werden. Der Facharzt würde gerne den jungen Assistenzarzt auf dieser Stelle sehen. Alternativ kann auch eine Assistenzärztin das Projekt übernehmen, die bereits einige Erfahrung im Projektmanagement hat, der Roboter-Chirurgie aber sehr kritisch gegenübersteht.

Der Facharzt empfiehlt dann ausdrücklich den jungen Assistenzarzt als Projektmanager. Damit erzielt er mehrere Vorteile: Der Assistenzarzt wird sicher seinem Rat folgen und die Einführung des Roboters nach dem Projekt empfehlen. Zudem kann das Projekt auch als zusätzliches Argument für die Beförderung zum Facharzt dienen – auch das ist in seinem Interesse.

Politik spielt auch im Praxisbeispiel bei der Neuausrichtung der Wohn- und Pflegeheime Abschn. 7.4, eine wichtige Rolle, wenn bei öffentlichen Institutionen für gewählte Behördenmitglieder die Akzeptanz der Öffentlichkeit mitentscheidend ist. Und ebenfalls im folgenden Praxisbeispiel „Zusammenspiel von Politik und Projekt" Abschn. 12.3, wenn die Projektergebnisse von einem Stakeholder für seine Interessen benutzt werden.

12.3 Praxisbeispiel: Zusammenspiel Politik und Projekt

You Can't Cross a River Without Getting Wet (Sprichwort der Zulu)

Prof. Dr. sc. pol. Michael Thiede, M.Sc
Geschäftsführer, Scenarium Group GmbH

In politischen Beratungsprojekten auf der internationalen Ebene im Gesundheitssektor geht es häufig auch darum, zu analysieren, welche technische oder regulatorische Lösung zwischen unterschiedlichen Systemen übertragbar ist und bis zu welchem Grad. Gleichzeitig bilden sich in Teilbereichen von Gesundheitssystemen Konzepte heraus, die einer eigenen evolutorischen Logik zu unterliegen scheinen und die in unterschiedlichen Gesundheitssystemen in jeweils angepasster Form einen Beitrag zu übergeordneten wirtschaftlichen oder anderweitigen gesellschaftlichen Zielen leisten können. Derartige Konzepte finden sich beispielsweise im

12.3 Praxisbeispiel: Zusammenspiel Politik und Projekt

Bereich der Gesundheitsfinanzierung: auf der Ebene der Beitragsaufbringung, auf der Ebene des Risikopooling oder in der Vergütung medizinischer Leistungen.

Die Vergütung stationärer Leistungen auf Basis von Fallpauschalen unter Bezugnahme auf diagnosebezogene Fallgruppen (DRG) stellt ein Konzept dar, das in dieser Form weltweite Popularität genießt. Wo es noch nicht eingeführt ist, wird es zumindest diskutiert. In den meisten Hocheinkommensländern sind DRGs in der einen oder anderen Form im Einsatz, in vielen Ländern mit mittleren und niedrigen Einkommen ist dieses Vergütungssystem entweder bereits im Einsatz (häufig in sehr rudimentärer Form) oder in der Diskussion. In Deutschland hat man gerade begonnen, das System durch die Ausgliederung der Pflegekosten etwas aufzuweichen.

Scenarium war an zahlreichen Gesundheitsreformprojekten in unterschiedlichen Ländern beteiligt, entweder in verantwortlicher Rolle für die Durchführung von Teilprojekten oder aber in der Projekt- und Programmevaluation. Auch in der langwierigen südafrikanischen Gesundheitsreform, in welcher es um die Gestaltung und Einführung einer National Health Insurance (NHI) geht, wurden Beratungsleistungen für die Regierung erbracht. Darüber entstanden Kontakte zu zahlreichen Akteuren in unterschiedlichen Rollen und Positionen auf der Stakeholder-Matrix, so auch zu den einflussreichen südafrikanischen Krankenhausketten, von denen die größeren international, auch in Europa, aktiv sind. Die drei großen Namen sind Netcare Limited, Life Healthcare und Mediclinic.

Zu einem Zeitpunkt wurde von einer großen privaten Krankenhauskette ein Projekt an Scenarium herangetragen, in welchem es um das Training von Führungskräften zur DRG-basierten Vergütung von Krankenhausfällen ging. Daraufhin ergab sich eine Reihe von Teilprojekten, inklusive der Organisation und Durchführung von Seminaren und Studienbesuchen einzelner Führungskräfte in Deutschland. An die Projekte zum Kapazitätsaufbau schloss sich noch eine wissenschaftliche Studie zum internationalen Preisvergleich stationärer Leistungen an. Hier sollten Preise für Krankenhausbehandlung am Beispiel unterschiedlicher typischer Fallkategorien international verglichen und Einflussfaktoren auf die Preissetzung vor dem Hintergrund des regulatorischen Rahmens identifiziert werden.

Scenarium erstellte die Studie im Rahmen eines Projekts, das sich zudem mit der Frage befasste, inwieweit die Preise im privaten Krankenhaussektor gegebenenfalls als Barriere zur Inanspruchnahme von

Gesundheitsleistungen wirken. Diese Studie wurde von der beauftragenden Krankenhausgruppe als Teil eines Pakets an Beweismaterialien in ein Verfahren vor der südafrikanischen Wettbewerbskommission (Competition Commission) eingebracht, um Vorwürfe der südafrikanischen Regierung gegenüber dem Privatsektor zu entkräften. Der Wettbewerbskommission oblag es zu der Zeit, mögliche wettbewerbsfeindliche Praktiken in der Gesundheitswirtschaft zu untersuchen und dabei insbesondere dem Verdacht von Preisabsprachen im privaten Krankenhaussektor nachzugehen.

Die Einbindung des Scenarium-Berichts in die bei der Wettbewerbskommission eingereichten Unterlagen aus der privaten Gesundheitswirtschaft führte zu einem Bruch mit dem vorherigen Auftraggeber von Scenarium: Die südafrikanische Regierung fragte fortan keine Beratungsleistungen mehr nach.

Insbesondere bei Projekten im staatlichen Umfeld darf die Politik nicht unterschätzt werden. Auch wenn es sich um Projekte überwiegend wissenschaftlichen Charakters handelt, die aus einer vermeintlich neutralen Position heraus durchgeführt werden, kann die Wahrnehmung, ein Consultant bediene die „falsche Seite", zu massivem Vertrauensverlust führen. Hier ist diplomatisches Gespür gefragt.

12.4 Einfluss

Die Abgrenzung von Macht, (interner) Politik und Einfluss ist nicht ganz einfach. Vorne wurde Macht definiert als Fähigkeit Einfluss auf jemanden zu nehmen. Auch bei der internen Politik geht es darum, Macht zu bekommen, um das bevorzugte Ergebnis in einer Situation zu erreichen. Während Macht oft mit einer bestimmten Position verknüpft ist, ist Politik davon unabhängig, sie kann sogar formelle Macht ersetzen. Wie beschrieben braucht ein Projektmanager Macht – selbst, wenn sie nur geliehen ist – um sein Projekt erfolgreich zu führen und er sollte auch politisches Verhalten beherrschen. Einfluss hingegen findet meistens im Einklang mit den Interessen des anderen statt, es ist das Durchsetzen der eigenen Interessen mit Zustimmung der anderen.

Um eine effektive Führungskraft zu sein muss ein Projektmanager andere so beeinflussen, dass sie die notwendigen Entscheidungen im Projekt unterstützen und umsetzen. Ohne Einfluss gibt es keine Führung bzw. Führung ist das Beeinflussen von Ergebnissen. Einfluss ist die Fähigkeit, eine Wirkung auf jemanden

12.4 Einfluss

oder etwas zu haben. Diese Wirkung kann eine Verhaltensänderung sein, eine Änderung der Meinung oder eine Änderung des Ziels (Hall & Barrett, 2007). Der Projektmanager muss verschiedene Techniken nutzen, um jemanden zu beeinflussen – abhängig von der Situation, abhängig davon, was er erreichen will, aber auch abhängig davon, wen er beeinflussen möchte. Möchte der Projektmanager Mitglieder des Steuerkreises beeinflussen, die hierarchisch über ihm stehen? Oder geht es um die Beeinflussung seine Projektteammitglieder? Oder braucht er Daten von jemandem außerhalb des Projektteam und muss da seinen Einfluss geltend machen?

Viele Forscher haben sich damit beschäftigt, welche Beeinflussungstaktiken genutzt werden können. Dabei wird oft zwischen „weichen" und „harten" Beeinflussungstaktiken unterschieden. Der Unterschied liegt darin, wie leicht die Person, die beeinflusst werden soll, dem Einflussversuch nachgeben oder widerstehen kann. Bei harten Taktiken muss sich die Person der Beeinflussung eher fügen, bei weichen Taktiken kann sich die Person entscheiden, ob sie sich darauf einlässt oder nicht. Eine andere Unterscheidung ist in „push" und „pull" Taktiken – Push Taktiken sind eher harte Taktiken und „drücken" die andere Person dazu, etwas zu machen. Sie sind eher kurzfristig orientiert. Pull-Taktiken „ziehen" an der anderen Person und versuchen die andere Person zu überzeugen, sind längerfristig angelegt und sind eher weiche Taktiken (Hall & Barrett, 2007) Abb. 12.3.

In der Literatur finden sich eine Vielzahl unterschiedlicher Taktiken (Feser, 2016; Hall & Barrett, 2007, Yukl et al., 2008). Übertragen auf das Projektmanagement werden hier sieben relevante Taktiken vorgestellt.

Druck (Pressure): Druck auszuüben ist vermutlich die einfachste Methode, jemanden zu beeinflussen. Der Projektmanager macht eine klare Ansage was er möchte. Er nutzt seine Autorität, fordert, überprüft, hakt nach und setzt Fristen. Es ist ein Führungsstil mit „command und control" und wird oft eher negativ gesehen, als „Drohung" mit anschließenden negativen Konsequenzen. Das muss aber nicht zwingend so sein, es ist eine einfache Aufforderung, die auch ohne Drohpotential wirkt und vor allem genutzt wird, wenn es um eine klar definierte Aufgabe geht wie „Könntest Du bitte Herrn X anrufen, um ihn an den Termin zu erinnern". Diese Aufgabe soll ausgeführt werden, es bedarf keiner weiteren Diskussion. Natürlich kann die Technik auch mit Drohpotential ausgeführt werden „Wenn Sie das nicht machen, dann…". Drohpotential aufzubauen ist aber nicht ohne Risiko. Es kann zu Widerstand führen und funktioniert nur, wenn der Angesprochene auch die negativen Konsequenzen fürchtet. Ein Projektmanager sollte dieses Drohpotential nicht aufbauen, da er selten in der entsprechenden

Abb. 12.3 Beeinflussungstaktiken. (In Anlehnung an Feser, 2016)

Position ist, es auch umzusetzen. In Bezug auf die Stakeholder ist er der Dienstleister. Im Team hat er oft keine disziplinarische Weisungsbefugnis und seine Drohungen laufen ins Leere, beispielsweise wenn der Projektmitarbeiter in der Matrix-Projektorganisation ein gutes Verhältnis zu seinem Fachvorgesetzten hat. Die Technik zu nutzen, um kurze Anweisungen ohne Drohung zu geben, ist hingegen problemlos möglich.

Legitimation (Legitimating): Diese Taktik ist vergleichbar mit der Pressure-Taktik, die zuvor genannt wurde, hier wird aber zusätzlich eine andere Autorität oder eine Vorgabe angeführt, die den Druck unterstreichen soll. Hier kann der Projektmanager beispielsweise sich auf den Steuerkreis beziehen, der eine bestimmte Anforderung gestellt hat, und benutzt geliehene Macht.

Koalition (Coalition): Der Einsatz von dieser Taktik bedeutet, dass der Projektmanager andere dazu bringt ihm zu helfen, beispielsweise um seinen Einfluss auszuweiten oder um seine Ziele zu erreichen, die er alleine nicht erreichen kann. Im Projekt gibt es viele mögliche Varianten, wie den disziplinarischen Vorgesetzten zu bitten, auf seinen Mitarbeiter einzuwirken, der im Projekt mitarbeitet. Oder den einflussreichen Stakeholder, der wenig Bereitschaft zeigt sich im Projekt einzubringen, zu bitten, das Projekt zu unterstützen, da man weiß, dass er

12.4 Einfluss

dem Projekt wohlgesonnen ist. Wichtig ist hier sich vorher zu vergewissern, dass der mögliche Koalitionspartner auch wirklich das gleiche Ziel verfolgt.

Rationale Überzeugung (Rational Persuasion): Bei der rationalen Überzeugungstaktik nutzen Projektmanager logische Argumente und Fakten, um zu zeigen, dass eine Anfrage oder Aufgabe durchführbar und relevant für das Erreichen wichtiger Ziele ist. Der Projektmanager hat die Erfahrung und das Wissen oder nutzt beispielsweise Daten oder Statistiken, um es zu belegen. Rationale Überzeugungsarbeit hilft aber nicht bei emotional geladenen Themen. Und auch wenn sie „rational" ist – es ist immer die Logik und Interpretation aus der Perspektive des Projektmanagers.

Austausch (Exchange): Hier geht es um „Geben und Nehmen". Der Projektmanager gibt etwas, das den Bedürfnissen und Interessen der anderen Person entspricht und erwartet dafür eine Gegenleistung. Ziel ist eine „Win-Win"-Situation, die auch durch einen Kompromiss zustande kommen kann. Die Herausforderung für den Projektmanager ist, die Bedürfnisse und Interessen des anderen richtig zu erkennen und damit die richtige „Handelswährung" anzubieten. Und getroffene Vereinbarungen müssen natürlich auch zwingend eingehalten werden.

Konsultation (Consultation): Bei der Konsultation bittet der Projektmanager andere um ihren Expertenrat oder um Verbesserungsvorschläge, ihre Einschätzung oder eine andere Form der Unterstützung. Das Risiko bei dieser Taktik ist, dass sich der andere zwar geschmeichelt fühlen kann, weil seine Expertise anerkannt wird, aber nicht zwingend aktiv wird und die gewünschte Unterstützung liefert.

Appell (Appeal): Der Appell kann persönlich oder inspirierend sein. Persönliche Appelle setzen eine gewisse Form von Beziehung und Vertrauen zwischen dem Projektmanager und dem zu Beeinflussenden voraus. Der Projektmanager bittet beispielsweise ein Teammitglied, eine Aufgabe zu übernehmen oder einen Vorschlag aus Freundschaft zu unterstützen – oft, bevor er überhaupt sagt, worum es sich handelt. Der inspirierende Appell geht noch einen Schritt weiter: Der Projektmanager appelliert an die Werte und Ideale des anderen oder versucht, seine Emotionen zu wecken, um etwas durchzusetzen. Wird es zu emotional, kann es aber im Projektumfeld von manchen Menschen als Schwäche ausgelegt werden.

Studien (Falbe & Yukl, 1992; Feser, 2016) zeigen, das rationale Überzeugung bei weitem die häufigste Beeinflussungstechnik ist, mit deutlichem Abstand gefolgt von Druck und persönlichen Appellen.

Im Praxisbeispiel zur Einführung eines Digitalen Tagebuchs Abschn. 12.5 wurde neben der rationalen Überzeugung der inspirierende Appell gewählt, da es darum geht, das Leid der Patienten und ihrer Angehörigen zu lindern.

Die Beeinflussung kann drei mögliche Ergebnisse haben (Feser, 2016; Hall & Barrett, 2007; Yukl, 2013):

Widerstand (Resistance): Die Person, die beeinflusst werden soll, leistet Widerstand. Sie widersetzt sich der geforderten Handlung und versucht, sie zu umgehen, indem sie sich weigert, argumentiert, ignoriert, verzögert oder versucht, sie mit Unterstützung einer höhergestellten Instanz abzuwehren.

Einhalten der Vorschriften (Compliance): Die Person macht, was von ihr verlangt wird, aber im Sinne eines „Dienst nach Vorschrift". Sie bemüht sich nur minimal oder durchschnittlich, zeigt keine Initiative und gibt wahrscheinlich auf, sobald sie mit Widerstand oder Rückschlägen konfrontiert wird.

Engagement (Commitment): Die Person lässt sich beeinflussen und engagiert sich voller Motivation, weil sie vom Sinn der Aufgabe überzeugt ist. Die Person ist davon begeistert und ergreift die Initiative. Sie strengt sich an und zeigt Ausdauer, die Aufgabe erfolgreich auszuführen, auch wenn sie auf Widerstand oder Rückschläge stößt.

Verschiedene Studien (Falbe & Yukl, 1992; Zenger et al., 2009) zeigen, dass die Mitarbeiter engagierter, zufriedener und produktiver sind, wenn sie Führungskräfte haben, die inspirierende Appelle nutzen. Auch Konsultation und persönliche Appelle führen eher zu Commitment als die anderen Beeinflussungstechniken. Die harten Beeinflussungstechniken wie Druck, Koalition oder Legitimation führen eher zu Widerstand und bestenfalls Compliance.

Dennoch sind auch harte Ansätze im Projektgeschäft zu finden. Sie sind einfach und unkompliziert. Für Anfragen, die einfach und routinemäßig sind, wie das Ausführen einer einfachen, kurzen Aufgabe, und für Zeiten, in denen die Projektmitarbeiter einfach nur das machen sollen, was ihnen gesagt wird, können sie dennoch effektiv und effizient sein. Auch wenn etwas unter hohem Zeitdruck gemacht werden muss kann eine klare Ansage hilfreich sein. Weiche Beeinflussungsansätzen sind aufwendiger, denn sie benötigen Fakten und meistens auch Zeit, um sich auf den anderen einzustellen und Vertrauen zu schaffen (Feser, 2016).

Was heißt das für den Projektmanager? Die Kunst, andere zu beeinflussen, ist eine Schlüsselkompetenz für Projektmanager. Er sollte ein großes Repertoire an verschiedenen Beeinflussungstechniken haben, das er zielgenau einsetzen kann. Und er sollte sich im Vorfeld Gedanken mache, wie die Situation ist, was er erreichen will und vor allem wen er beeinflussen will und damit welche Taktik am vielversprechendsten ist. Die Überlegungen, die im Stakeholder-Management relevant sind, können auch hier genutzt werden: Welche Interessen haben die Personen, die beeinflusst werden sollen? Wenn das Vorgehen nicht das gewünschte Resultat bringt, könnte es auch an der falschen Beeinflussungstaktik liegen.

Wenn Commitment erzielt werden soll, müssen weiche Taktiken genutzt werden. Sie brauchen aber mehr Zeit und der Projektmanager muss sich im Vorfeld mehr Gedanken machen. Welche Argumente und Fakten kann er für eine rationale Überzeugung nutzen? Ist ausreichend Vertrauen vorhanden, um einen persönlichen Appell zu nutzen? Kennt er die Personen gut genug um Taktiken zu verwenden, die auf die anderen Personen fokussiert sind, wie inspirierende Appelle oder Beratung?

Einige Beispiele, bezogen auf die Fallstudie, die Rekrutierung ausländischer Pflegekräfte Abschn. 1.4.

- Im Projektteam ist auch eine ausländische Pflegefachkraft, die ihre Erfahrungen einbringen soll. Ein Projektmitarbeiter diskriminiert sie wiederholt und beleidigt sie rassistisch. Auch wenn der Projektmanager die Expertise dieses Mitarbeiters schätzen mag, sein Verhalten ist inakzeptabel. Druck und rationale Überzeugung sind die einzig möglichen Taktiken, da es keine Diskussion geben kann, das Verhalten ist sofort zu unterbinden, gegebenenfalls mit der Androhung von Konsequenzen.
- Der Projektmanager ist überzeugt, dass es sich lohnt, vor allem auf den Philippinen Pflegekräfte zu rekrutieren, da von dort bereits viele Pflegekräfte nach Deutschland gekommen sind und andere Kliniken sehr gute Erfahrungen damit gemacht haben. Die anderen Teammitglieder und einige Stakeholder bevorzugen Pflegekräfte aus dem europäischen Ausland, da es weniger aufwendig ist, beispielsweise die Arbeitserlaubnis zu bekommen. Hier können rationale Argumente (Pflegekräfte aus dem außereuropäischen Ausland bleiben länger in Deutschland, sprechen oft besser Deutsch, da ein Sprachtest obligatorisch ist) eingesetzt werden, es kann aber auch ein inspirationaler Appell helfen, da es eine langfristige Strategie ist, die am Anfang aufwendiger erscheint, sich langfristig aber auszahlt.
- Das Projekt braucht von einer Mitarbeiterin in der Personalabteilung Zahlen, wie lange in der Vergangenheit ausländische Pflegekräfte in der Klinikgruppe geblieben sind. Die Zahlen sind etwas mühsam zu recherchieren und bedeuten zusätzliche Arbeit für die Mitarbeiterin. Wenn der Projektmanager einen guten Kontakt hat, kann er einen persönlichen Appell nutzen oder auch die Taktik, die Mitarbeiterin als die Expertin anzusprechen, die dem Projekt entscheidend weiterhelfen kann.

12.5 Praxisbeispiel: Digitales Tagebuch

Das Tagebuch für Morgen

Dr. med. Dorothea Wild MPH (USA)
Stellv. Vorsitzende
Planetree e. V.

In Deutschland werden mehr als 2 Mio. Menschen pro Jahr auf einer Intensivstation behandelt, davon rund 20 % beatmet. Für diese Patientinnen und Patienten, aber auch ihre Angehörigen, kann der Aufenthalt ein tief greifendes und traumatisches Ereignis sein. Viele ehemalige Intensivpatienten haben keine vollständige und realistische Erinnerung an den Aufenthalt auf der Intensivstation. Besonders nach langen Intubationen und bei Patienten mit Sauerstoffmangel kann das sogenannte Post-Intensive Care Syndrom auftreten. Das Post-Intensive Care Syndrom (PICS) kann mit dem posttraumatischen Belastungssyndrom verglichen werden. Patienten, bei denen PICS auftritt, bleiben meistens länger im Krankenhaus. Sie können auch nach der Entlassung oft gar nicht mehr oder nur noch eingeschränkt arbeiten und erkranken häufiger an Depressionen. Viele bleiben lange pflegebedürftig.

Ein digitales Patienten Tagebuch kann zur Prävention des Post-Intensive Care Syndroms genutzt werden. Im Tagebuch werden die Ereignisse des Aufenthaltes auf der Intensivstation in Bild und Text festgehalten. Nach dem Aufenthalt können die Patienten zusammen mit ihren Angehörigen die Ereignisse nachvollziehen und verarbeiten. Das Tagebuch ist eine Web-App, die von den Angehörigen mit Texten, Videos oder Fotos gefüllt werden kann. Die Krankenhausmitarbeiter können eingeladen werden mitzuschreiben. Gerade, wenn ein Besuch kaum oder gar nicht möglich ist, erfüllt das Tagebuch eine weitere wichtige Funktion: Angehörige fühlen sich informiert und können sich besser vorstellen, was gerade passiert.

Das digitale Tagebuch wird seit April 2020 in den Niederlanden implementiert und wird dort bisher in 14 Krankenhäusern erfolgreich eingesetzt. Die bisherigen Erfahrungen zeigen, dass das Tagebuch von Pflegekräften und Ärzten gut akzeptiert wird. In dem Projekt geht es jetzt darum, das digitale Tagebuch auch in Deutschland einzuführen.

Ziele sind:

- Kosteneinsparungen, da durch das Tagebuch die Folgen des Post-Intensive Care Syndrom abgemildert werden und damit Kosten reduziert werden, beispielsweise für eine längere Liegezeit der Patienten im Krankenhaus. Deshalb wird auch angestrebt, dass die Nutzung des Tagebuchs, wie in den Niederlanden, über die DRG[1] abgerechnet wird.
- Eine Verbesserung der Situation für den Patienten, der durch das Tagebuch nachvollziehen kann, was er erlebt hat, damit seine Eindrücke besser verarbeiten kann und als weniger schlimm empfindet.
- Unterstützung der Angehörigen, die damit etwas für den Patienten „tun" können, sowie, wenn Krankenhausmitarbeiter mitschreiben, auch aktuelle Informationen bekommen. Dies vermindert den Druck, häufig anrufen zu wollen und ist umso wichtiger, wenn Besuchsmöglichkeiten eingeschränkt sind.
- Entlastung der Pflegekräfte. Sie haben zwar einen gewissen Aufwand, das Tagebuch mitzuschreiben, sie können dies aber zu einem für sie günstigen Zeitpunkt machen. Gleichzeitig reduziert ein Tagebuch die Arbeitsbelastung, das sie weniger Anrufe bekommen. Zudem bekommen sie das gute Gefühl, dass sie für ihre Patienten etwas tun können, was ihnen nach dem Intensivaufenthalt noch hilft.
- Versorgungsqualität oder wertorientierte Versorgung (Value Based Healthcare) des Krankenhauses. Mit dem digitalen Tagebuch verfügt das Krankenhaus erstmals über eine qualitative Rückkopplungsschleife zur Kommunikation über die Intensivpflege. Wenn die Familien vom

Krankenhaus über den Status ihres Angehörigen – des Patienten – informiert werden, bitten die Intensivpfleger die Familie, die Informationen im Tagebuch zu vervollständigen. Dies gibt dem Pflegepersonal und den Ärzten wertvolle Einblicke, wie die Informationen von der Familie wahrgenommen wurden und ob sie verständlich waren.

Zu den **Herausforderungen** im Projekt gehören:

- **Datenschutz.** Klärung der datenschutzrechtlichen Erfordernisse. Zwar unterliegen sowohl die Niederlande als auch Deutschland vergleichbaren Bestimmungen zur DSGVO-Gesetzgebung, jedoch sind die nationalen Interpretationen aufgrund der Unterschiede zwischen dem deutschen und dem niederländischen Rechtssystem verschieden und müssen berücksichtigt werden.
- **Pilotierung** in deutschen Krankenhäusern. Um die vielen Vorteile für alle Beteiligten auch in Deutschland aufzuzeigen, musste ein Pilot-Krankenhaus gefunden werden. Mit diesem – wie auch mit jedem anderen teilnehmenden Krankenhaus – wird dann ein individueller Implementationsplan vereinbart.
- **Akzeptanz.** Der Kernidee des Tagebuchs, das Leiden für den Patienten, aber auch die Angehörigen zu reduzieren, muss vermittelt werden. Je mehr die Mitarbeitenden davon überzeugt sind, das Richtige für die Patienten zu tun, desto besser wird das Tagebuch angenommen. Aber nicht nur die Krankenhausmitarbeiter müssen überzeugt werden, sondern auch die Patienten und Angehörigen und später auch die Kostenträger. Dabei wird ein kultureller Unterschied deutlich: Da ein digitaler Datenaustausch, wie beispielsweise die digitale Patientenakte, in Deutschland noch nicht implementiert wurde, besteht hier eine größere Zurückhaltung, derartige Medien zu nutzen, als in den Niederlanden.

Ein mögliches Pilot-Krankenhaus in der deutsch-niederländischen Grenzregion konnte gefunden werden. Da dort auch immer wieder Patienten aus den Niederlanden behandelt werden, die für diese Technologien deutlich offener sind, ist die Bereitschaft, das digitale Tagebuch auszuprobieren, sehr hoch.

Die eigentliche Umsetzung besteht aus der technischen Anpassung der Web-App an das jeweilige Krankenhaus, sowie der Schulung der

Mitarbeitenden. Dabei stellt Games for Health, der Entwickler der Web-App, die technische Expertise, richtet die App ein und sorgt für die datensichere Erstellung und Speicherung der Tagebücher. Planetree e. V. betreut die Schulung des Personals sowie die Implementation im Alltag. Das Krankenhaus stellt die personellen Ressourcen zur Verfügung, damit das Implementationsteam und die Kräfte auf der Intensivstation trainiert und begleitet werden können.

Die wichtigste Aufgabe ist es, alle Beteiligten von dem Projekt zu überzeugen. Dabei geht es vor allem darum, wichtige Fürsprecher zu finden, in der Politik wie in der Einrichtung selbst. In vielen Einzelgesprächen wurden rationale Argumente genutzt, wie die medizinischen und psychologischen Vorteile für Patienten und Angehörige, aber auch die Arbeitserleichterung für die Pflegekräfte. Mindestens genauso wichtig war aber auch der inspirierende Appell, bei dem an die Werte und Ideale der Mitarbeitenden appelliert wurde und Emotionen geweckt werden. Es ist wichtig, nicht abstrakt über ein Krankheitsbild zu sprechen, sondern das Leid und die Verwirrung der Patienten plastisch und erlebbar zu machen, um überhaupt eine Motivation dafür zu erwecken, wie wichtig hier eine Hilfestellung ist. Hier sind Peers, also Mitarbeiter, die selbst Erfahrungen mit der eigenen Versorgung gemacht haben (sei es als Angehörige oder selbst als Patienten) eine wichtige und glaubwürdige Brücke. Es hilft auch, dass die Web-App von einem Kollegen, der selbst Intensivmediziner in den Niederlanden ist, entwickelt wurde. Auch die Handhabung der Web-App spielt eine wichtige Rolle, je näher sie an gewohnten Abläufen ist, desto niedriger die Schwelle, sie zu benutzen, und desto höher die Akzeptanz.

Literatur

Berner, W. (o. D.). Interne Politik: Weshalb „Machtpolitik" integraler Bestandteil des Change Managements ist. https://www.umsetzungsberatung.de/geschaeftsleitung/politik.php. Zugegriffen: 11. März 2021.

Bloisi, W., Cook, C. W., & Hunsaker, P. L. (2007). *Management and organisational behaviour: Second* (European). McGraw-Hill.

---

[1] Diagnosis Related Groups. Vergütung stationärer Leistungen auf Basis von Fallpauschalen unter Bezugnahme auf diagnosebezogene Fallgruppen (DRG).

Colquitt, J. A., Lepine, J. A., & Wesson, M. J. (2013). *Organisational behaviour. Improving performance and commitment in the workplace.* McGraw-Hill Education.

Egeland B. (2012). Leadership. The power of the project manager. Published on 24 February 2012. https://pmtips.net/article/power-project-manager. Zugegriffen: 10. März. 2021.

Falbe, C. M., & Yukl, G. (1992). Consequences for managers of using single influence tactics and combinations of tactics. *Academy of Management Journal, 35*(3), 638–652.

Feser, C. (2016). *When execution isn't enough: Decoding inspirational leadership.* Wiley.

French, J., & Raven, B. H. (1959). The bases of social power. In D. Cartwright (Hrsg.), *Studies of social power* (S. 150–167). Institute for Social Research.

Hall, A., & Barrett, L. (2007). Influence: the Essence of Leadership, Nebaraska Extension Publications. https://extensionpubs.unl.edu/publication/9000016364323/influence/. Zugegriffen: 4. Febr. 2021.

Keys, B., & Case, T. (1990). How to become an influential manager. *Academy of Management Executive, IV, 4,* 38–51.

Kuster, J., Bachmann, C., Huber, E., Hubmann, M., Lippmann, R., Schneider, E., Schneider, P., Witschi, U., & Wüst, R. (2019). *Handbuch Projektmanagement. Agil – Klassisch – Hybrid.* Springer Gablers.

Morgan, G. (1986). *Images of organisation.* Sage.

Pfeffer, J. (1981). *Power in organisations.* Pitman.

Pinto, J. K. (1994). Successful project management: Do you know your politics? *PM Network, 8*(7), 33–35.

Pinto, J. K. (1996). Power and politics: Managerial implications. *PM Network, 10*(8), 36–39.

Pinto, J. K. (2000). Understanding the role of politics in successful project management. *International Journal of Project Management, 18,* 85–91.

Project Management Institute. (2017). *A guide to the project management body of knowledge (PMBOK Guide),* (6. Ausgabe). Project Management Institute.

Schulz, C. (o. D.). Politik in Unternehmen – worauf es als Berater ankommt. https://www.consulting-life.de/politik-in-unternehmen-worauf-es-als-berater-ankommt/. Zugegriffen: 11. März 2021.

Spisak, M., & Della Picca, M. (2017). *Führungsfaktor Psychologie.* Springer.

Yukl, G. (2013). *Leadership in organizations* (8. Aufl.). Pearson.

Zenger, J. H., Folkman, J. R., & Edinger, S. K. (2009). *The Inspiring leader.* McGraw-Hill.

Zusammenarbeit 13

13.1 Team

13.1.1 Teambildung

Als Projektteam wird eine begrenzte Anzahl von Menschen bezeichnet, die sich ergänzende Fähigkeiten haben und während eines bestimmten Zeitraums zusammenarbeiten. Sie haben gemeinsame Ziele und sind in Verhalten und Arbeitsleistung voneinander abhängig. Projektmitarbeiter können aus verschiedenen Abteilungen oder Organisationen kommen, sie können teilweise oder vollständig für das Projekt arbeiten.

Der Vorteil eines Teams ist, dass Synergien genutzt werden können, dass die Teammitglieder sich gegenseitig unterstützen und ihr Wissen kombinieren können. Dies wird gerne als mathematische Gleichung dargestellt, beispielsweise $1 + 1 = 4$. Es soll verdeutlichen, dass das Ergebnis der Teamarbeit besser ist als die Addition der Einzelergebnisse. Natürlich ist auch ein negatives Ergebnis möglich, wenn das Team nicht richtig funktioniert. Denn in einem Projektteam gibt es viele verschiedene Teammitglieder mit unterschiedlichen Vorstellungen und Erwartungen. Nur, wenn sie gut zusammenarbeiten kann die gewünschte Leistung erbracht werden.

Ein Projekt ist zeitlich befristet – entsprechend hat auch die Zusammenarbeit im Projektteam eine zeitliche Begrenzung. Nicht alle Mitarbeiter sind aber während der gesamten Projektlaufzeit im Projektteam. Sie können auch nur für einen bestimmten Zeitraum, eine bestimmte Projektphase, das Projekt unterstützen. Wenn eine Projektphase endet verlassen einige Mitarbeiter das Projekt, während neue Teammitglieder hinzukommen. Auch sind nicht alle Projektteammitglieder

Vollzeit für das Projekt tätig, viele arbeiten weiterhin parallel im Tagesgeschäft oder in mehreren Projekten gleichzeitig.

Die optimale Teamgröße wird immer wieder diskutiert, in der Regel werden 3 bis 5, maximal 8 Projektmitglieder genannt. Natürlich gibt es auch deutlich größere Projekte mit mehr Mitarbeitern, entsprechend sollte das Projekt dann in einzelne Teilprojekte gegliedert werden, um in den Teilprojekten wieder die optimale Größe zu erreichen. Mehr Mitarbeiter bedeutet mehr Ideen, mehr Kreativität, mehr Kommunikation, was ein Vorteil sein kann – gleichzeitig führt es aber auch zu einem erhöhten Abstimmungsbedarf und einer höheren Komplexität.

Aus einer Gruppe von Menschen, die oft erstmals zusammenarbeiten und sehr unterschiedliche Kompetenzen, Erfahrungen und Erwartungen haben, ein leistungsstarkes Team zu machen, ist eine herausfordernde Aufgabe für den Projektmanager. Teams entwickeln sich nicht von alleine, nur, weil Menschen zufällig zusammenarbeiten müssen, auch wenn Teamfähigkeit mittlerweile als Anforderung in jeder Stellenanzeige zu finden ist. Teamarbeit wird oft als Form der Zusammenarbeit betrachtet, die nicht nur in der Projektarbeit spezielle Aufgaben und Probleme am besten lösen kann. Der Projektmanager muss aber die richtigen Rahmenbedingungen schaffen und seine Projektmitarbeiter als Einzelpersonen mit verschiedenen Qualifikationen und Bedürfnissen verstehen, die individuell behandelt werden wollen. Nur dann kann aus Mitarbeitern, die zufällig zusammenarbeiten müssen, auch wirklich ein Team werden.

Gruppe versus Team
Dabei sind Arbeitsgruppen von Teams zu unterscheiden: Ein Team ist eine Gruppe von Individuen, deren Gesamtleistung die Summe der Einzelleistungen der Gruppenmitglieder aufgrund der Art ihrer Zusammenarbeit übersteigt. Teamarbeit heißt, dass mehrere Personen für eine gewisse Zeit zusammenwirken und gemeinsame Interessen oder Ziele verfolgen (Hintz, 2018). Eine Gruppe hingegen hat kein gemeinsames Ziel, sie arbeiten unabhängig voneinander Abb. 13.1.

Katzenbach und Smith beschreiben in ihrem Buch „The Wisdom of Teams" (2015) wie leistungsfähige Teams geschaffen werden können. Nicht jedes Team ist unbedingt erfolgreich – es kann große Leistungsunterschiede geben. Menschen in Arbeitsgruppen können ihre Arbeit individuell erledigen und sind weniger abhängig von einer guten Zusammenarbeit. Deshalb können Arbeitsgruppen produktiver sein als Teams, die nicht funktionieren und nicht gut zusammenarbeiten, sogenannte „Pseudo-Teams". Mitarbeiter in „Pseudo-Teams" sollen eigentlich zusammenarbeiten, schaffen es aber aus verschiedenen Gründen nicht.

Katzenbach und Smith (2013) stellen die folgende Teamleistungskurve auf Abb. 13.2:

13.1 Team

Arbeitsgruppe	„Echtes" Team
• Individuelle Verantwortung	• Individuelle und gemeinsame Verantwortung
• Individuelle Arbeitsergebnisse	• Kollektive Arbeitsergebnisse
• Einzelne arbeiten unabhängig voneinander	• Ziele werden durch gemeinsame Arbeit erreicht
• Eher loser Zusammenhalt	• Stark kooperative und produktive Arbeitsatmosphäre
• Eigene Interessen	• Gemeinsame Interessen

Abb. 13.1 Arbeitsgruppen und „echtes" Team. (In Anlehnung an Katzenbach & Smith, 2013)

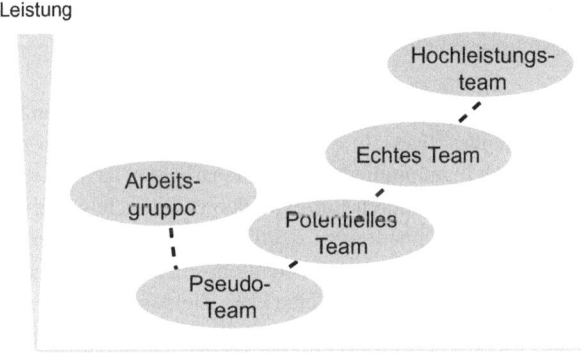

Abb. 13.2 Teamleistungskurve. (In Anlehnung an Katzenbach & Smith, 2013)

- Eine **Arbeitsgruppe** hat kein gemeinsames Ziel. Ihre Mitglieder interagieren um Informationen oder „Best-practices" auszutauschen und Entscheidungen zu treffen, die es dem Einzelnen ermöglichen, seine Leistung in seinem Verantwortungsbereich zu erfüllen
- Das **Pseudo-Team** ist eher eine Gruppe, die zwar ein gemeinsames Ziel hat, dem sich die Mitglieder aber nicht voll verpflichtet fühlen. Das Pseudo-Team kann sich als „Team" bezeichnen, vermeidet aber die Zusammenarbeit. Das kann

sogar die individuellen Leistungen der einzelnen Teammitglieder verringern. Die Gesamtleistung des Pseudo-Teams ist geringer, als es das Gesamtpotential der einzelnen Teammitglieder wäre. Es hat von allen Teams die geringste Leistungsfähigkeit.
- **Potentielles Team:** Die Mitglieder des potentiellen Teams versuchen, ein anspruchsvolles gemeinsames Ziel zu erreichen. Aber das Ziel und die angestrebten Arbeitsergebnisse sind nicht klar definiert und es fehlt die Disziplin, einen gemeinsamen Arbeitsansatz zu erarbeiten und eine gemeinschaftliche Verantwortung zu entwickeln. Potentielle Teams sind in Unternehmen sehr verbreitet, mit einem guten Projektmanager kann die Leistungsfähigkeit aber deutlich gesteigert werden und das Team zu einem echten Team werden.
- **Echtes Team:** Eine kleine Gruppe von Mitarbeitern mit sich ergänzenden Fähigkeiten, die zusammen ein gemeinsames Ziel verfolgen und einander gegenseitig zur Verantwortung ziehen. Sie haben klare Ziele und eine gemeinsame Vorgehensweise definiert und halten sie auch ein.
- **Hochleistungsteam:** Im Hochleistungsteam arbeiten die Teammitglieder wie in einem echten Team zusammen, fühlen sich aber zusätzlich in hohem Maße für die persönliche Entwicklung und den Erfolg ihrer Teamkollegen mitverantwortlich. Das Hochleistungsteam übertrifft die an sie gestellten Erwartungen.

Arbeitsgruppen können sehr produktiv sein, sie sind in vielen Fällen besser als ein schlecht funktionierendes Team. In Projekten gibt es diese Option aber meistens nicht. Hier müssen die Teammitglieder zusammenarbeiten, da die Arbeitspakete so verknüpft sind, dass sie nicht durch Einzeltätigkeiten erbracht werden können.

Gute Projektmanager können einen deutlichen Unterschied bei der Leistung des Projektteams machen, wenn sie ein potentielles in ein echtes Team oder sogar Hochleistungsteam verwandeln. Durch eine klare Zieldefinition und einen gemeinsamen Arbeitsansatz sowie einer gemeinschaftlichen Verantwortung können sie das maximale Potential ihres Teams ausschöpfen.

Teamleistung
Wie macht ein Projektmanager ein Team zu einem Hochleistungsteam? Viel liegt an der Zusammenstellung des Teams, der Führung, aber auch der Zusammenarbeit. Zu den wesentlichen Faktoren, die positive Synergien schaffen, gehören (Katzenbach & Smith, 2013; Larson & Gray, 2011):

- Ein sinnvolles **gemeinsames Ziel,** das das Team mitgestaltet und sich zu eigen gemacht hat. Es ist dann nicht nur ein Auftrag von außen, sondern etwas, dass

das Team aus eigenem Interesse verfolgt und daraufhin arbeitet, dieses Ziel zu erreichen.
- Hohe persönliche **Leistungsziele,** die sich aus dem gemeinsamen Ziel ergeben und das Team inspirieren und herausfordern. Sie führen dazu, dass das Team wirklich zusammenarbeitet und sich auf die Zielerreichung konzentriert. Der Projektmanager ermuntert sie zu Kreativität, aber auch Risikobereitschaft, Fehler werden als Lernchancen gesehen.
- Eine Mischung aus sich ergänzenden **Fähigkeiten:** Individuellen Talente und Fachkenntnisse der Projektmitglieder, sei es technisches oder funktionales Fachwissen, Problemlösungs- oder Entscheidungsfindung, werden effektiv genutzt. Zwischenmenschliche Fähigkeiten entwickeln sich über die Zeit. Erfolgreiche Teams haben selten von Anfang an alle benötigten Fähigkeiten, aber wenn die Aufgabe es erfordert, können sie sich die notwendigen Fähigkeiten schnell aneignen.
- Ein starkes **Engagement,** um die Aufgaben zu erledigen. Das Team einigt sich darauf, wer welche Aufgaben übernimmt, wie Zeitpläne festgelegt und eingehalten werden und wie Entscheidungen getroffen werden. In einem echten Team erledigen alle Teammitglieder, und auch der Projektmanager, gleichwertig alle Aufgaben und sie identifizieren sich stark mit ihrem Team. Die Rollen sind klar definiert und erleichtern die Zusammenarbeit.
- Gegenseitiges **Vertrauen** innerhalb des Teams, aber auch gegenüber dem Projektmanager. Durch den Fokus auf das gemeinsame Ziel sind alle Projektteammitglieder eng miteinander verbunden. Zwischenmenschliche Probleme im Team werden sofort gelöst und unterschiedliche Meinungen offen diskutiert.

13.1.2 Rekrutierung des Projektteams

Sobald der Projektmanager mit seiner Aufgabe betraut wurde, ist neben der Projektplanung seine wichtigste Aufgabe, das Team zusammenzustellen. Wie der Prozess aussieht, kann je nach Organisation und Art des Projekts sehr unterschiedlich sein.

Je wichtiger das Projekt für die Organisation ist, desto leichter wird es sein, hochqualifizierte Mitarbeiter für das Projekt zu gewinnen. Zum einen, weil die Vorgesetzten ein Interesse daran haben und bereit sind, ihre besten Mitarbeiter dafür freizustellen. Zum anderen aber auch, weil die Mitarbeiter selbst motiviert sind und gerne dabei mitwirken. Wenn sich Mitarbeiter freiwillig melden ist das eine gute Voraussetzung, um ein leistungsfähiges Team zu schaffen.

Je weniger attraktiv das Projekt erscheint, desto schwieriger kann es sein, Projektmitarbeiter zu gewinnen. Im schlimmsten Fall werden dem Projektmanager nur Mitarbeiter zugewiesen, die den Abteilungsleitern entbehrlich erscheinen. So ist Vorsicht geboten, wenn Projektmitarbeitern sofort zur Verfügung stehen, weil sie dann vermutlich keine anderen Aufgaben haben und der Vorgesetzte eher froh ist, sie loszuwerden.

Im Idealfall sind die Mitarbeiter während der gesamten Projektlaufzeit dabei und können sich voll auf das Projekt konzentrieren und berichten nur an den Projektmanager. Das ist aber nur bei der reinen Projektorganisation der Fall Abschn. 6.1. In den meisten Fällen werden sie – wie in der Matrix-Projektorganisation oder der Projektkoordination – weiterhin in ihrer Linienfunktion arbeiten und nur phasenweise das Projekt unterstützen und auch weiterhin an ihren Fachvorgesetzten berichten. Bei der Ressourcenplanung Abschn. 4.2.1 muss sorgfältig geprüft werden, mit welcher Kapazität sie dem Projekt zur Verfügung stehen.

Projektarbeit versus Linienaufgabe
Projektarbeit unterscheidet sich deutlich von einer Tätigkeit in der normalen Linienorganisation. In der Linienorganisation sind die Rollen und Verantwortlichkeiten klar definiert, die Tätigkeiten sind eher repetitiv und klar umrissen. Mitarbeiter und Vorgesetzte kennen sich und ihre Stärken und Schwächen und arbeiten idealerweise über einen längeren Zeitraum zusammen. Die Projektarbeit ist in vielen Punkten das genaue Gegenteil. Rollen und Verantwortlichkeiten müssen am Anfang für die Dauer des Projekts definiert werden. Auch wenn das Projektziel feststeht, muss der Prozess, wie man das Ziel erreicht, erst noch definiert werden. Wie die Zusammenarbeit mit den Projektteammitgliedern und dem Projektmanager funktioniert, ist zunächst noch völlig unklar. Während einige Mitarbeiter genau diese Dynamik und Flexibilität schätzen, bevorzugen andere eher ihre gewohnten Tätigkeiten. Auch das sollte bei der Auswahl der Mitarbeiter berücksichtigt werden. Idealerweise finden sich Mitarbeiter, die sich gerne bereiterklären, an dem Projekt mitzuarbeiten.

Neben Mitarbeitern der eigenen Organisation können auch neue Mitarbeiter für das Projekt rekrutiert werden. Wichtig ist, ihnen gleich von Anfang an eine Perspektive zu zeigen, was ihre Funktion nach Ende des Projekts sein kann. Bereits in Kapitel Abschn. 6.1 wurde als ein großer Nachteil der reinen Projektorganisation beschrieben, dass die Unklarheit, wie es nach dem Projektende weitergeht und ob es zu einer Weiterverwendung kommt, zu Unruhe und einer Verschleppung des Projektendes führen kann. Zusätzlich können auch externe Mitarbeiter, beispielsweise von Beratungen oder IT-Dienstleistern, zum Projektteam dazukommen.

Qualifikation der Projektmitarbeiter
Bei der Ressourcenplanung Abschn. 4.2.1 wurde bereits erwähnt, dass bei der Planung die Anzahl der benötigten Mitarbeiter, ihre Verfügbarkeit und natürlich auch ihre Qualifikation eine große Rolle spielen. Neben der bereits angesprochenen Motivation in einem Projekt zu arbeiten, sollten sie auch über die notwendige Erfahrung und das entsprechende Fachwissen, sowie idealerweise projektspezifische Kompetenzen wie Problemlösungsfähigkeiten und analytische Fähigkeiten verfügen. Das erleichtert es, die oft komplexen Problemstellungen im Projekt zu verstehen und einer Lösung zuführen zu können. Auch eine große Stressresistenz erweist sich von Vorteil. Andere Faktoren sind eine gute Vernetzung in der Organisation. Es ist hilfreich im Projekt Teammitglieder zu haben, die die Organisation gut kennen und wissen, an wen man sich bei bestimmten Fragestellungen wenden muss. Wer im Projekt mitarbeitet definiert auch, wie wichtig und angesehen das Projekt ist. Insofern ist es vorteilhaft, Mitarbeiter mit einer guten Reputation für das Projekt zu gewinnen und nicht nur die Mitarbeiter, die woanders nicht gebraucht werden. Denn das kann nicht nur die inhaltliche Arbeit, sondern auch die Akzeptanz der Projektergebnisse erschweren. Diese Mitarbeiter, die gut in der Organisation vernetzt sind, sind auch hervorragende Botschafter für das Projekt und erhöhen die Akzeptanz.

Der Bekleidungsraum Abschn. 9.3 im Praxisbeispiel kann als Vorlage dienen: Wenn ein angesehener, beliebter Mitarbeiter in dem Projekt mitarbeitet und seinen Kollegen begeistert von den neuen Möglichkeiten berichtet, die der Bekleidungsraum bietet, wird er damit sofort die Akzeptanz erhöhen.

13.1.3 Teamrollen nach Belbin

Wenn ein Projektmanager sein Team zusammenstellt, kann der erste Gedanken sein, sich ein sehr homogenes Team zusammenzustellen, das von vorneherein auch gut zusammenarbeitet und bei dem die Teammitglieder ähnlich denken wie der Projektmanager selbst.

Dies ist aber nicht unbedingt realistisch, da, wie oben beschrieben, der Projektmanager meistens nicht die freie Auswahl hat und vor allem fachliche Kompetenzen und die Verfügbarkeit eine große Rolle spielen. Der Projektmanager wird deshalb mit Teammitgliedern arbeiten müssen, die sehr verschieden sind und auch unterschiedliche Stärken, Schwächen, Bedürfnisse und Erwartungen haben. Je nach Projekt kommen sie aus sehr unterschiedlichen Bereichen der Organisation, aus der Verwaltung, der Pflege und der Ärzteschaft – ergänzt vielleicht noch um externe Berater.

Interessanterweise ist das aber nicht unbedingt ein Nachteil. Das hat der englische Forscher Meredith Belbin bereits in den 70er Jahren untersucht. Nach Belbin arbeiten Teams dann am erfolgreichsten, wenn sie heterogen sind. Basierend auf seinen Studien am Henley Management College definierte er insgesamt neun verschiedenen Teamrollen, die idealerweise in einem Team vertreten sein sollen. Belbin fand heraus, dass eine gute Kombination verschiedener Rollen ein Team erfolgreicher macht. Das Konzept erlaubt es, möglichst ausgeglichene und damit auch leistungsfähige Teams zusammenzustellen. Über einen psychometrischen Test kann festgestellt werden, wer welche Rolle einnimmt (Belbin, 2010).

Belbin ordnet die neun Teamrollen in drei Kompetenz-Gruppen (Batenburg et al., 2013, Mai o. D.) Abb. 13.3:

Kommunikationsorientierte Rollen:

- **Teamarbeiter** (Teamworker): Schafft einen Teamgeist, verbessert die Kommunikation durch persönliche Unterstützung und kann Spannungen und Konflikte überwinden. Ist aber selten entscheidungsstark.
- **Koordinator** (Co-ordinator): Organisiert, koordiniert und kontrolliert die Aktivitäten des Teams. Weist Aufgaben und Verantwortlichkeiten zu und ermutigt

Abb. 13.3 Teamrollen nach Belbin

die Teammitglieder, sich zu engagieren und Ziele zu erreichen. Der Koordinator ist der ideale Teamleiter. Ansonsten hat er aber nur durchschnittliche Fähigkeiten.
- **Wegbereiter** (Resource Investigator): Richtet das Team nach externen Bedürfnissen aus, identifiziert Ideen, Informationen und Ressourcen. Entwickelt Kontakte, koordiniert und verhandelt mit anderen Teams und Einzelpersonen. Verliert aber schnell das Interesse.

Wissensorientierte Rollen:

- **Beobachter** (Monitor Evaluator): Analysiert Ideen und Vorschläge auf ihre Machbarkeit und den Wert für das Erreichen der Ziele. Weist konstruktiv auf die Schwächen von Vorschlägen hin. Er ist wenig inspirierend und motivierend und bremst andere schon mal aus.
- **Spezialist** (Specialist): Er hat ein enormes und stets aktuelles Fachwissen, dass er an das Team weitergibt. Er kann sich aber in technischen Details verlieren.
- **Erfinder** (Plant). Erfindet immer neue Ideen und Strategien zur Erreichung der Ziele. Ist kreativ, denkt quer und provokant. Kann aber auch abgehoben sein und ignoriert formale Vorgaben.

Handlungsorientierte Rollen:

- **Umsetzer** (Implementer): Befasst sich mit der praktischen Umsetzung der vom Team entwickelten Konzepte und Pläne. Durchsetzungsvermögen bei Schwierigkeiten. Kann unflexibel und eigensinnig sein.
- **Perfektionist** (Completer/Finisher): Stellt sicher, dass die Qualität der Teamarbeit hoch ist und Fehler vermieden werden. Kann aber auch zaghaft und kontrollsüchtig sein und delegiert ungern.
- **Macher** (Shaper). Hinterfragt, argumentiert und widerspricht. Drängt die anderen zum Handeln, kann Hindernisse überwinden. Er hat eine niedrige Frustrationsschwelle und ist ungeduldig.

Es gibt keine „guten" oder „schlechten" Teamrollen. Jede Teamrolle beinhaltet wichtige positive Eigenschaften (Stärken) für die erfolgreiche Teamarbeit, aber auch negative Konsequenzen (Kuster et al., 2019). Jedes Team profitiert davon, wenn es jemanden in der Gruppe hat, der die Kommunikation verbessert und die Projektmitarbeiter zusammenhält (Teamarbeiter), jemanden, der gute Kontakte nach außen hat (Weichensteller) oder jemanden, der neue Ideen einbringt (Erfinder). Aber alle diese Rollen haben auch Schwächen. Der Teamarbeiter versucht tendenziell Konflikte zu vermeiden, der Weichensteller kann das Interesse verlieren und der Erfinder versinkt zu sehr in seinen Ideen und kommuniziert nicht ausreichend.

Auch wenn im Team keine neun Teammitglieder sind und nicht alle Rollen besetzt werden können, kann ein Team gut funktionieren. Ein guter Projektmanager sollte bei der Zusammenstellung seines Teams aber darauf achten, dass es nicht zu homogen ist, dass es verschiedene „Typen" umfasst und berücksichtigen, dass die unterschiedlichen Fähigkeiten der einzelnen Teammitglieder auch zu unterschiedlichen Verhaltensweisen und damit Rollen führen. Denn es ist nachvollziehbar, dass zu viele Macher im Team zu Konflikten führen können und viele Teamarbeiter für eine gute Atmosphäre sorgen, vielleicht aber weniger zielstrebig am Projekt arbeiten.

Wenn der Projektmanager ein Verständnis für die Stärken und die (zulässigen) Schwächen seiner Teammitglieder hat, kann er die Stärken optimal nutzen. Er kann von seinen Teammitgliedern nur das erwarten, was sie auch leisten können. Ein Macher wird nie geduldig warten, bis sich ein Perfektionist endlich entschieden hat. Die Belbin Rollen beschreiben aber auch die Bedürfnisse der Teammitglieder, beispielsweise nach Freiheit oder Unterstützung. Damit kann der Projektmanager seinen Führungsstil entsprechend anpassen. Im Modell von Hersey und Blanchard Abschn. 11.2 wurde das Ausrichten auf die Bedürfnisse der Mitarbeiter und ihren Reifegrad bereits vorgestellt.

Dennoch gibt es eine Herausforderung, wenn das Team heterogen ist und verschiedene Rollen vertreten sind. Kuster et al. (2019) nennt das Beispiel, dass zufällig ein starker Teamarbeiter in ein Team kommt, das eher von wissens- und handlungsorientierten Rollen geprägt ist. Diese Person hat vermutlich einen schweren Stand, weil sie nicht dem Selbstverständnis der anderen Kompetenzgruppen entspricht. Wenn diese Person also ihre Rolle ausübt und beispielsweise eine Aussprache zu einer Konfliktsituation möchte, besteht die Gefahr, dass ihre Bedürfnisse nicht ernst genommen und abgeschmettert werden.

Deshalb sollte der Projektmanager versuchen, verschiedene Teamrollen in seinem Team zu integrieren, dann aber auch bewusst mit den daraus entstehenden intensiven Debatten und Konflikten umgehen. Denn oft sind gerade sie es, die nicht nur immer wieder eine neue Balance zwischen den positiven und negativen Eigenschaften der verschiedenen Teamrollen herstellen, sondern das Team letztendlich auch erfolgreich machen (Kuster et al., 2019).

Ein Teammitglied kann zwar grundsätzlich verschiedene Rollen übernehmen, wird aber seine volle Stärke nur dann zeigen können, wenn die Rolle wirklich zu ihm passt. Wenn der Projektmanager seine Mitglieder entsprechend ihren Stärken einsetzt und eine gute Kombination verschiedener Rollen im Team hat, wird die Zusammenarbeit zwar nicht unbedingt einfacher, das Team aber erfolgreicher. Insbesondere, wenn der Projektmanager berücksichtigt, was das übergeordnete Projektziel ist und welche Typen hilfreich sein können, um das Ziel zu erreichen. Ein Faktor bleibt dennoch bei allen Rollen-Überlegungen noch zu berücksichtigen: Alle Teammitglieder sind Menschen, die sich unabhängig von ihrer Rolle gut verstehen, die gleiche Wellenlänge haben – oder eben nicht, weil sie sich als Konkurrenten sehen und es Abneigungen zwischen den einzelnen Mitgliedern gibt.

13.1.4 Teamphasen

Wenn das Team zusammengestellt ist und sich das erste Mal trifft, startet ein Entwicklungsprozess den Tuckman (1965) mit fünf Phasen beschrieben hat. Demnach entwickeln sich gut funktionierende Teams erst im Projektverlauf. Dies gilt insbesondere dann, wenn das Team aus Mitarbeitern von unterschiedlichen Organisationen (beispielsweise intern und extern) oder verschiedenen Bereichen stammt.

Für die Phasen haben sich die englischen Begriffe etabliert: Forming, Storming, Norming, Performing und Adjourning. Jede dieser Phasen beinhaltet spezifische Herausforderungen, Chancen und auch Gefahren (Gellert & Nowak, 2007; Tuckman, 1965) Abb. 13.4.

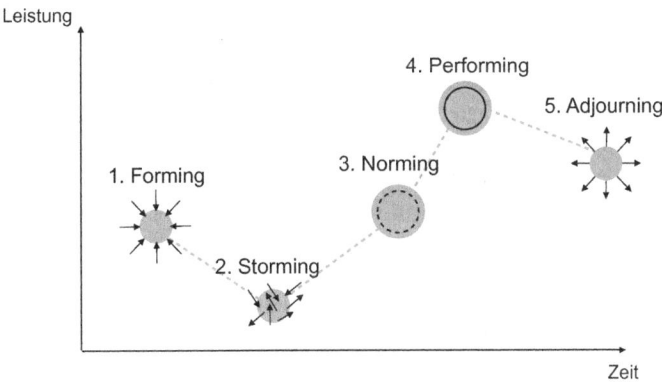

Abb. 13.4 Teamphasen. (In Anlehnung an Tuckman, 1965)

1. **Forming:** Das Team kommt erstmalig zusammen, der Umgang miteinander ist zunächst eher höflich und distanziert. Die Teammitglieder, die sehr unterschiedliche Erfahrungen, Vorlieben und einen verschiedenen fachlichen Hintergrund haben, wollen ihre Position im Team begreifen. Welche Rolle werden sie spielen, was wird von ihnen erwartet? Sie versuchen ihre neuen Kollegen einzuschätzen und die Machtstrukturen im Team zu erkennen, sich kennenzulernen und Vertrauen zueinander zu entwickeln. Genauso geht es darum, das Projekt, das Ziel und ihre Aufgaben zu verstehen. Der Projektmanager muss in dieser Phase Orientierung geben, Rollen, Aufgaben und Verantwortlichkeiten festlegen und die Grundlage für eine gute Zusammenarbeit schaffen. Gegebenenfalls müssen auch alte Ressentiments abgebaut werden und der Projektmanager muss seine Position gegenüber Projektmitgliedern durchsetzen, die sie zunächst nicht anerkennen.
2. **Storming:** Nachdem sich das Team in der ersten Phase gebildet hat, beginnt die Arbeit an den inhaltlichen Zielen und Aufgaben, sie geht aber oft nur langsam voran. In dieser Phase kann es zu unterschwelligen Konflikten kommen, es gibt lange Diskussionen und gegenseitige Konfrontationen. Die Mitarbeiter müssen sich in ihre neuen Aufgaben einfinden. Es kann zur Unzufriedenheit mit anderen Teammitgliedern, aber auch der eigenen Rolle kommen. Die Aufgabe des Projektmanagers ist es, Konflikte direkt anzusprechen und zu lösen und Unstimmigkeiten transparent zu machen. Eine gute Kommunikations- und Feedbackkultur ist jetzt wichtig.
3. **Norming:** Dies ist die entscheidende Phase, um das Projekt auf den richtigen Weg zu bringen. Es geht darum Regeln und Wege des Umgangs miteinander zu etablieren. Es gibt einen offenen Austausch von Ideen und Meinungen. Konfrontationen sind erlaubt, solange sie sachlich unterschiedliche Standpunkte beleuchten. Die Teammitglieder haben ihre Rolle gefunden, sind vertraut mit den Aufgaben und engagieren sich im Projekt. Es ist die Phase des Zusammenhalts und der Kooperation, es entstehen freundschaftliche Gefühle und eine Gruppenidentität. Die Aufgabe des Projektmanagers ist es, die Aufgaben und den Umfang klar zu definieren, die Feedback-Kultur weiter auszubauen und den Teamgeist zu fördern. Hier wird der Projektmanager eine eher coachende Rolle einnehmen.
4. **Performing:** In dieser Phase ist das Team voll funktionsfähig und leistungsfähig, die ganze Energie ist auf die Erreichung des Projektziels gerichtet. Die Teammitglieder arbeiten gut zusammen und unterstützen sich gegenseitig. Die Umsetzung verläuft reibungslos, es ist eine gemeinsame Anstrengung,

die Ziele zu erreichen. Die Aufgabe des Projektmanagers ist das gute Arbeitsklima und ein hohes Leistungsniveau aufrechtzuerhalten. Er kann immer mehr Aufgaben an das Team delegieren.

5. **Adjourning:** Tuckman erweiterte sein Modell um diese letzte Phase des Projekts, wenn das Projekt abgeschlossen wird. Die Ergebnisse müssen noch zusammengefasst werden, das Projekt dokumentiert. Die Teammitglieder orientieren sich neu und bereiten sich auf andere Aufgaben vor. Die Aufgabe des Projektmanagers ist sicherzustellen, dass die Projektdokumentation noch ordnungsgemäß erfolgt und eine Übergabe stattfindet Kap. 14. Und es sollte noch einen guten Abschluss geben, bei dem idealerweise der Erfolg des Projekts gefeiert wird.

Das von Tuckman entwickelte Modell geht von einer strikten Abfolge der Phasen aus. In der Realität ist diese Abfolge jedoch nicht so fest definiert und auch die Dauer der Phasen kann sehr unterschiedlich sein. Hat das Team in der Vergangenheit schon (gut) zusammengearbeitet, kann die Storming-Phase sehr kurz sein oder sogar entfallen. Wenn sie sehr lange dauert, muss gegebenenfalls auch über eine Veränderung des Teams nachgedacht werden. Wird die Storming-Phase übersprungen, kann es aber auch später zu Problemen kommen, wenn ungelöste Konflikte auftauchen. Ein Team, dass sich viel Zeit für die Forming-Phase nimmt, kann später besonders gut Herausforderungen bewältigen, weil sie ein Verständnis füreinander entwickelt haben.

Kommen neue Teammitglieder dazu, kann es auch zu einem „Rückfall" aus der Norming- oder Performing Phase wieder in die Storming-Phase kommen. Diese zyklischen Abläufe hat zum Beispiel Karriker (2005) beschrieben. Auch wenn der lineare Prozess des Tuckman Modells in der Realität nicht zwingend so abläuft, hilft das Modell, den Fortschritt in einem Team zu verstehen und als Projektmanager entsprechend zu agieren. Interessant ist im Projekt die Einschätzung der Teammitglieder abzufragen, in welcher Phase sie sich ihrer Meinung nach befinden. Wenn es sehr unterschiedliche Einschätzungen gibt oder sie eine abweichende Meinung zum Projektmanager haben, ist das ein Thema, das adressiert werden muss.

13.1.5 Systematische Denkfehler

Hochleistungsteams können eine exzellente Performance zeigen. Projektmanager müssen sich aber auch immer wieder bewusstmachen, dass es eine „dunkle

Seite" der Projektarbeit gibt. Und das sind die systematischen Denkfehler oder Entscheidungsfallen, die auch bei sehr guten Teams auftreten können. Die Ursache für die Denkfehler liegt an der Komplexitätsreduktion, die unser Gehirn gerne vornimmt, um es einfacher zu machen. Sie können nicht ohne weiteres vermieden werden, aber es ist wichtig, sie als solche zu erkennen und entsprechend damit umzugehen.

In der Literatur wird eine Vielzahl von Denkfehlern genannt. Besonders interessant für die Projektarbeit sind die folgenden (Everett, 2017; Hammond et al., 1998; Larson und Gray, 2011):

- **Gruppendenken** (Groupthink) tritt immer dann auf, wenn Mitglieder einer Gruppe nicht mehr kritisch denken und eine Entscheidung nicht hinterfragen, weil sie den Gruppenkonsens nicht gefährden wollen. Sie ordnen sich der Gruppenmeinung unter. Entscheidungen werden dann schnell und ohne weitere Überprüfung oder Suche nach Alternativen getroffen. Dazu kommt, dass sich das Team oft überlegen und unverwundbar fühlt (gerade bei sehr leistungsstarken Projektteams eine Gefahr!). Kritische Fragen werden unterdrückt, wer sie dennoch stellt wird schnell als inkompetent dargestellt und ignoriert.
- **Versenkte Kosten** (Sunk costs): Die Entscheidung für das Projekt ist gefallen, es wurde bereits viel Geld investiert, aber das Projektteam merkt, dass die Entscheidung falsch war. Um ausländische „Medizintouristen" anzuziehen wurde aufwendig eine neue Website in Auftrag gegeben. Es gibt aber zunehmend Probleme. Das Content-Management System funktioniert nicht wie es soll. Aufwendige Nachbesserungen werden notwendig, falls es dann überhaupt funktioniert. Auch wenn versenkte Kosten für die gegenwärtige Entscheidung irrelevant sind und es keinen Sinn macht, das Projekt fortzusetzen, wird an der Entscheidung festgehalten. Es wurde bereits so viel Geld und Energie in das Projekt gesteckt und es ist schwer einzugestehen, dass die getroffene Entscheidung schlecht war. In Organisationen, wo es keine offene Fehlerkultur gibt, fällt dies noch schwerer, da negative Konsequenzen gefürchtet werden und der Projektmanager alles tun wird, um das Projekt doch noch irgendwie in den Griff zu bekommen, statt Schadensbegrenzung zu betreiben und das Projekt abzubrechen.
- **Bestätigungsfehler** (Confirming evidence): Das Projektteam sucht vor allem nach den Informationen, die eine Bestätigung für eine bestimmte Entscheidung sind. Informationen, die dieser Entscheidung widersprechen werden ausgeblendet. Genauso werden nur die Experten befragt, die ähnliche Meinungen vertreten. Gerade bei der Arbeit mit Hypothesen Abschn. 3.1.2 besteht die

Gefahr, dass Hypothesen unbedingt bestätigt werden sollen und Gegenargumente ignoriert werden. Am Ende wundert sich das Projektteam, wie es zu den unerwünschten Konsequenzen kommen konnte, hat es sich doch eingehend informiert und mit Dritten beraten.

Was kann gegen diese und weitere Entscheidungsfallen gemacht werden? Das Wichtigste ist, dass sich Projektmanager und Projektteam bewusstmachen, dass es diese Fallen gibt und ihre Entscheidungen überprüfen, ob sie wirklich so objektiv wie möglich getroffen wurde. Dafür kann es auch hilfreich sein, Experten außerhalb des Projekts zu befragen, die unterschiedliche Meinungen vertreten.

In der Unternehmensberatung McKinsey gibt es den Begriff der „obligation to dissent", die Pflicht zum Widerspruch. Er fordert alle Teammitglieder auf, konstruktive Kritik zu üben, ohne Rücksicht auf Interessen oder Hierarchien. Oft kann gerade ein junges Projektteammitglied das übliche Vorgehen kritisch hinterfragen, da es mit den Vorgängen noch nicht so vertraut ist und eine andere Perspektive einbringt. Auch ist es wichtig, eine offene Fehlerkultur im Projekt und in der Organisation zu haben, die es ermöglicht, Fehler offen einzugestehen und zu korrigieren.

13.2 Konfliktmanagement

Konflikte gehören zur Zusammenarbeit. Ein Konflikt ist eine Meinungsverschiedenheit oder, anders gesagt, der Zusammenstoß von verschiedenen Ideen, Prinzipien oder Menschen. Es wurde an verschiedenen Stellen im Buch bereits erwähnt, dass es gut ist, sehr unterschiedliche Mitarbeiter im Team zu haben, um verschiedene Rollen zu besetzen und um verschiedene Meinungen und Erfahrungen zu nutzen. Je unterschiedlicher die Projektmitarbeiter sind – nicht nur ihre Persönlichkeit, sondern auch ihre Funktion und ihr kultureller Hintergrund – desto höher die Wahrscheinlichkeit, dass es zu Konflikten im Projekt kommt. Erst recht, wenn diese heterogenen und interdisziplinären Teams unter Zeitdruck und mit begrenzten Mitteln versuchen, ambitionierte Ziele zu erreichen. Damit gehört das Konfliktmanagement zu den Kernkompetenzen eines Projektmanagers.

Konflikte sind eine natürliche Begleiterscheinung des Projektmanagements. Sie dürfen nicht als bedrohlich oder als Konsequenz von Fehlern bewertet werden. Manche Projektmanager betrachten Konflikte als Gefahr für den Erfolg des Projekts und versuchen, sie zu unterdrücken oder zu ignorieren, in der Hoffnung, dass die dann verschwinden. Dann ist aber eher das Gegenteil der Fall. Der Konflikt wird zu einem unpassenden Zeitpunkt eskalieren. Der Projektmanager muss stattdessen konstruktiv mit einem Konflikt umgehen (Pinto, 2000).

Denn Konflikte im Projekt sind nicht grundsätzlich schlecht. Der Streit um die beste Vorgehensweise kann helfen, eine gute Lösung für das Projekt zu finden. Ein Konflikt kann Kreativität freisetzen, Probleme lösen und ein Team zusammenschweißen. Entscheidend ist, ob der Konflikt das Projekt weiterbringt und sich die Leistung im Projekt zumindest nicht verschlechtert, oder ob der Konflikt negative Auswirkungen auf das Erreichen des Projektziels hat. Das ist dann der Fall, wenn das Team nicht mehr richtig zusammenarbeitet, die Streitereien nicht nur Zeit, sondern auch Energie kosten und von der Projektarbeit ablenken. Manchmal sind Konflikte, die nicht stattfinden, das größere Problem: Wenn krampfhaft versucht wird, eine Harmonie im Team zu erhalten, die längst nicht mehr da ist, und keiner sich traut, die eigentlich offenkundigen Probleme anzusprechen. Das lähmt die Projektarbeit und verhindert, dass ein Konflikt gelöst wird und sich alle danach wieder auf das Projekt konzentrieren können.

Der Projektmanager kann manchmal die Konflikte bereits spüren, bevor sie offen zu Tage treten. Die meisten Konflikte in Organisationen werden nicht offen, sondern versteckt ausgetragen. Viele Konflikte starten unterschwellig und manifestieren sich, wenn sie nicht frühzeitig angegangen werden. Sie können frühzeitig an unterschiedlichen Konfliktsymptomen erkannt werden (ähnlich Berkel, 2014; Kuster et al., 2019).

- Die **Kommunikation** lässt nach, Informationen werden zurückgehalten, Mitarbeiter sind plötzlich weniger tolerant miteinander, akzeptieren die Meinung des Projektkollegen nicht, sind ungeduldig, beschweren sich über den anderen oder beharren auf ihren Standpunkten.
- Die **Wahrnehmung** ist verzerrt, Differenzen werden als bedeutsamer als die (noch) vorhandenen Gemeinsamkeiten wahrgenommen, Bemühungen des anderen, wie versöhnliche Gesten, werden als heuchlerisch, humorvolle Bemerkungen als zynisch und sachliche Absichten als feindselig interpretiert.
- Die **Zusammenarbeit** wird immer schwieriger, die Bereitschaft, den anderen zu unterstützen sinkt, das gegenseitige Misstrauen wächst. Abstimmung und Arbeitsteilung unterbleiben, im Gegenteil, es wird versucht den anderen zu behindern oder man ignoriert sich. Sticheleien nehmen zu und die Arbeitsmotivation sinkt.

13.2 Konfliktmanagement

Manche Konflikte haben auch eine Vorgeschichte. Viele Ärgernisse werden im Lauf der Zeit angesammelt: die Unpünktlichkeit des anderen, seine verspätete Abgabe von Arbeitspaketen, die schlechte Kommunikation, dazu eine hohe Arbeitsbelastung – und plötzlich kommt es zu einem Streit aufgrund einer Nichtigkeit, die „das Fass zum Überlaufen" gebracht hat.

Der Konflikt kann seinen Ursprung ganz woanders haben als an der Stelle, wo er sichtbar wird. Sichtbar wird dann das Symptom, wenn ein Mensch sein Fühlen, Denken oder Handeln nach seinen persönlichen Überzeugungen und Beurteilungen ausrichtet und einen Konflikt zu anderen Menschen aufbaut (siehe auch Kommunikationsprobleme Abschn. 10.3.1). Beispielsweise gibt es in der Matrix-Projektorganisation immer wieder das Problem, dass sich die Projekt- und die Linienarbeit nicht gut vereinbaren lassen. Wenn jetzt der Projektmitarbeiter immer wieder zusätzliche Aufgaben vom seinem Linienvorgesetzten bekommt, und deshalb zu wenig Zeit für die Projektarbeit hat, ist die *Ursache* eines Konfliktes zwischen dem Projektmanager und dem Mitarbeiter die Unvereinbarkeit zwischen den beiden Tätigkeiten und die Tatsache, dass der Linienvorgesetzten den Mitarbeiter nicht ausreichend freistellt. Es kann aber dazu führen, dass sich der Projektmanager nicht respektiert fühlt, vielleicht sogar hintergangen. Dadurch steigt sein Ärger über den Projektmitarbeiter – der wird zum *Symptom*träger, die Ursache liegt aber ganz woanders (Kuster et al., 2019).

Es gibt eine Vielzahl von Konfliktarten (Heigl, 2013; Hollmann, 2010; Kreyenberg, 2005; Kuster et al., 2019). Es können auch verschiedene Konfliktarten gleichzeitig im Projekt auftreten.

- **Ziel- und Interessenkonflikt**
  Dieser Konflikt tritt dann auf, wenn zwei oder mehrere Parteien unterschiedliche Ziele und Interessen verfolgen. Das passiert, wenn das Projektziel nicht umfassend definiert und abgestimmt wurde oder die Stakeholder unterschiedliche Interessen und Erwartungen haben.
- **Verteilungs- und Ressourcenkonflikt**
  Die Ressourcen eines Projekts sind beschränkt. Dadurch kann Uneinigkeit und damit ein Konflikt über die Verteilung der Ressourcen entstehen. Dies passiert vor allem dann, wenn die Ressourcen nicht realistisch geplant oder nachträglich angepasst werden, beispielsweise das Projektbudget gekürzt wird.
- **Organisatorischer Konflikt**
  Eine weitere Konfliktquelle liegt in der Zusammenarbeit von Projektorganisation und Linienorganisation. Vor allem die Projektkoordination und die Matrix-Projektorganisation sind konfliktanfällig. In der Projektkoordination ist der Projektmanager nur ein Koordinator, der von den Entscheidungen der

Linienvorgesetzten abhängig ist. In der Matrix-Projektorganisation hat der Projektmanager nur fachliche Weisungsbefugnis gegenüber seinen Mitarbeitern, die aber disziplinarisch weiter am Fachvorgesetzten hängen. Damit haben sie zwei Vorgesetzte mit unterschiedlichen Prioritäten. Weitere Konfliktquellen sind, wenn Projektrollen und -gremien zwar definiert wurden, diese aber ihre Aufgabe nicht wahrnehmen und wenn es Uneinigkeit über Befugnisse gibt und unklar ist, wer berichtspflichtig und wer weisungsbefugt ist.

- **Bewertungskonflikt**
Bewertungskonflikte entstehen aufgrund unterschiedlicher Erfahrungen, Wissensstände und Informationen der Beteiligten. Auch wenn das Ziel abgestimmt ist, gibt es verschiedene Wege und Methoden das Ziel zu erreichen. Weitere Bewertungskonflikte entstehen, wenn das Projektziel nicht SMART definiert wurde, keine transparenten Kriterien für die Entscheidungsfindung festgelegt wurden oder zwischen Steuerkreis und Auftraggeber die Entscheidungskompetenzen nicht klar geregelt wurden oder auch einfach Daten unterschiedlich interpretiert werden.
- **Rollenkonflikt**
Die meisten Projektbeteiligten müssen – außer in der reinen Projektorganisation – mehrere Rollen gleichzeitig ausfüllen. Je weniger klar diese Rollen definiert sind, desto größer ist das Konfliktpotenzial. Insbesondere, wenn Zuständigkeiten im Team nicht klar definiert sind und es deshalb in der Storming-Phase verharrt.
- **Beziehungskonflikt**
In der Beziehung zwischen Menschen kann es zu unterschwelligen oder offenen Störungen kommen. Das können beispielsweise Probleme mit der Kommunikation, Konkurrenz zwischen Teammitarbeitern, Neid oder Antipathien, Missachtung oder Herabsetzung des anderen sein. Auch können sich Mitarbeiter vom Projektmanager nicht fair behandelt fühlen.
- **Wertekonflikt**
Werte symbolisieren das, was jemand für wichtig und richtig hält und an das er sich gebunden fühlt. In der Projektarbeit liegt die Spannung zwischen den Werten Leistung (Organisation) und Zufriedenheit (Individuum). In der Projektarbeit können Konflikte auftreten, wie die Prioritäten gesetzt oder Entscheidungen getroffen werden.
- **Persönlicher Konflikt**
Bei persönlichen Konflikten verspüren die Menschen in sich unterschiedliche oder sich widersprechende Entscheidungs- oder Verhaltenstendenzen. Es ist für Projektmitarbeiter umso schwerer sich zwischen verschiedenen Möglichkeiten zu entscheiden, je unklarer die Vorgaben für das Projekt sind.

13.2 Konfliktmanagement

Der Psychologe Kurt Lewin hat die persönlichen Konflikte näher untersucht (Kuster et al., 2019):

- **Annäherungs-Annäherungskonflikt**
  Eine Person hat die Wahl zwischen zwei Optionen, die gleich vorteilhaft und attraktiv sind, aber nicht gleichzeitig erreicht werden können.
- **Vermeidungs-Vermeidungs-Konflikt**
  Eine Person hat die Wahl zwischen zwei Optionen, die beide negative Konsequenzen haben. Sie muss sich für das „kleinere Übel" entscheiden.
- **Annäherungs-Vermeidungs-Konflikt**
  Hier ist die Entscheidung durch Ambivalenz geprägt: Jede Option hat sowohl positive als auch negative Folgen.

Konfliktstile

Ein Projektmitarbeiter kann ganz unterschiedlich auf einen Konflikt reagieren. Die Evolution hat dem Menschen drei Konfliktstile mitgegeben, welche er mit allen Tierarten teilt und die eine Art automatisches Notprogramm darstellen: Angriff, Flucht und Totstellen. Im besten Fall entwickeln Menschen über ihre kognitiven Fähigkeiten zwei weitere Konfliktstile, die nur ihnen mit ihrer Vernunft möglich sind (Kuster et al., 2019): Aushandeln und zusammenarbeiten. Welche Möglichkeit im Projekt gewählt wird, hängt davon ab, wie wichtig es den Beteiligten ist, weiterhin eine gute Beziehung zueinander zu haben und kooperativ zu sein und wie wichtig es ihnen ist, ihre Interessen durchzusetzen. Beim Konkurrieren (Angriff) und beim Nachgeben (Flucht) gibt es immer einen Verlierer (Win/Lose). Beim Vermeiden verlieren am Ende alle. Nur die Zusammenarbeit ist eine Win-Win-Situation.

Die fünf Konfliktstile sind (stellvertretend für viele Berkel, 2014; Hollmann, 2010; Kuster et al., 2019; Thomas, 1992) Abb. 13.5:

- **Konkurrieren** (Win/Lose): Liegt der Fokus auf der Durchsetzungsfähigkeit, möchte die eine Konfliktpartei unbedingt gewinnen. Methoden sind offene (direkte) oder verdeckte (indirekte) Konfrontation wie attackieren, Widerstand leisten, Mobbing, Verleumdung, Fehlinterpretationen und Sabotage. Das ist schlecht für das Projekt, da keine Bereitschaft besteht, eine andere Perspektive einzunehmen und immer ein Teammitglied verliert und möglicherweise das Projekt verlässt oder innerlich kündigt.
- **Nachgeben** (Lose/Win): Sich anzupassen erscheint im ersten Moment eine bequeme Lösung zu sein, wenn eine Konfliktpartei nachgibt, um den Frieden zu wahren und sich kooperativ zeigt. Der Wunsch nach Harmonie und Zusammenhalt dominiert, Widerstand wird vermieden. Das ist aber keine wirkliche

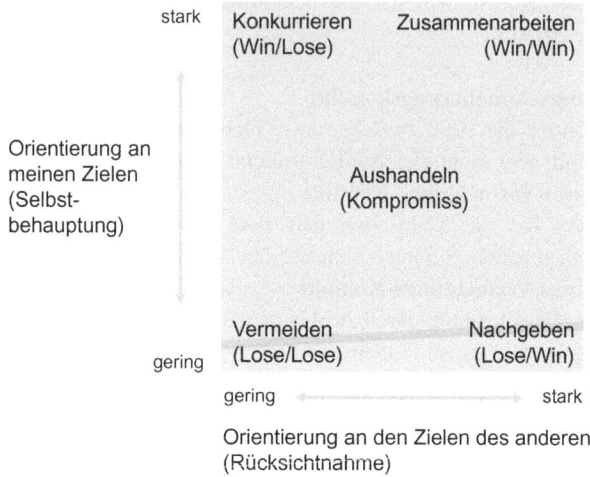

Abb. 13.5 Konfliktmanagement. (In Anlehnung an Thomas, 1992)

Lösung des Konflikts, der weiter unterschwellig bestehen bleibt. Und durchsetzungsfähigere Projektmitarbeiter können dann das Team zunehmend dominieren und abweichende Meinungen unterdrücken.

- **Vermeiden** (Lose/Lose): Die Konfliktparteien versuchen den Konflikt zu ignorieren, weil sie nicht an eine Lösung glauben oder die Konfrontation ihnen ein solches Unbehagen bereitet, dass sie den Konflikt lieber ungelöst lassen. Der Konflikt wird geleugnet, einem Gespräch wird aus dem Weg gegangen. Die Folgen können Kontaktvermeidung, ein Versetzungswunsch oder sogar Kündigung sein. Die Ursache des Konflikts wird nicht gelöst. Für das Projekt ist das ungünstig, weil der Konflikt weiter schwelt und es die Qualität der Arbeit beeinträchtigen kann, oder weil Mitarbeiter das Projekt verlassen.
- **Aushandeln** (Kompromiss): Jeder Mitarbeiter des Teams gibt etwas auf, sodass keiner seinen Willen komplett durchsetzen kann. Beide Parteien weichen von der Maximalforderung ab und räumen sich gegenseitig Konzessionen ein. Es wird oft als eine gute Lösung wahrgenommen, aber niemand ist mit dem endgültigen Ergebnis wirklich zufrieden.
- **Zusammenarbeiten** (Win/Win): Dies ist die beste Strategie, die in einem Projekt angewendet werden kann. Die wahren Ursachen des Konfliktes werden identifiziert. Die Ansichten der Konfliktparteien werden sorgfältig berücksichtigt. In

einer Diskussion schafft man gegenseitiges Verständnis und löst das Problem, indem eine gemeinsame Lösung gefunden wird, die alle zufriedenstellt.

Keiner der Konfliktstile ist perfekt. In verschiedenen Situationen kann ein unterschiedlicher Konfliktstil erfolgreich sein, je nach Konfliktart, Dauer, Intensität und den involvierten Personen. Auch wenn **Vermeiden** keine wirkliche Lösung ist, kann es sinnvoll sein, wenn der Konflikt im Moment sehr emotional ist und keine konstruktiven Gespräche möglich sind. **Nachgeben** bietet sich an, wenn die andere Partei sehr viel Macht besitzt und diese auch zum Nachteil des anderen nutzen würde. **Konkurrieren** kann notwendig sein, wenn schnell eine Entscheidung getroffen werden muss. Die beiden effektivsten Stile sind **Zusammenarbeiten** und **Aushandeln**, damit können Ziele erreicht werden und gleichzeitig werden Beziehungen nicht verletzt. Zusammenarbeiten ist zudem die dauerhafteste Bewältigungsstrategie. Sie funktioniert aber nur, wenn beide Parteien auch an einer Win-Win-Lösung interessiert und bereit sind, gemeinsam nach einer konstruktiven Lösung zu suchen, die den Konflikt im Interesse beider Seiten bewältigt. Oft ist Aushandeln, der Kompromiss, die einfachere Lösung, die mit weniger Zeitaufwand ein akzeptables Ergebnis liefert. Während Aushandeln und Zusammenarbeiten rational sind, sind die anderen Konfliktstile vom Affekt geprägt. Dahinter verbergen sich auch oft Ängste (Hollmann, 2010; Kuster et al., 2019).

Konflikt-Eskalation
Ist ein Konflikt erst einmal entstanden, kann er schnell eine Eigendynamik entwickeln. Das Modell der Konflikt-Eskalationsstufen von Friedrich Glasl zeigt die zunehmende Intensität eines Konfliktes auf Abb. 13.6. Während Eskalation normalerweise bedeutet, dass sich etwas hochschraubt, hat Glasl bewusst eine Abwärtsbewegung gewählt, als würden sich die Konfliktparteien auf einem abschüssigen Gelände bewegen, das steiler wird und die Fahrt immer schneller. Durch die zunehmende Geschwindigkeit schwindet zunehmend die Fähigkeit zur Steuerung, aber auch die Möglichkeit, die Abwärtsfahrt zu stoppen. Die Idee dahinter ist, dass ungelöste Konflikte, je länger sie andauern, zunehmend die destruktiven Kräfte des Menschen aktivieren. Das Verhalten der Konfliktparteien wird dabei immer emotionaler und unberechenbarer. Es wird für die Konfliktparteien immer schwieriger, zwischen der objektiven Wahrheit und der Wahrnehmung zu differenzieren und den Konflikt selbstständig und neutral lösen zu können (Glasl, 2004, Hollmann 2011, Kuster et al., 2019).

Die neun Eskalationsstufen teilen sich in drei Phasen (Glasl, 2004; Kuster et al., 2019):

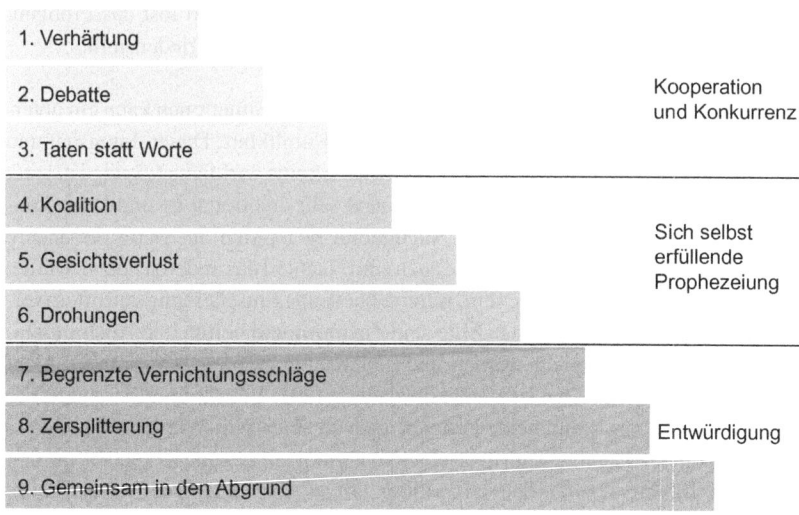

Abb. 13.6 Konflikt-Eskalationsstufen. (In Anlehnung an Glasl, 2004)

In der ersten der drei Phasen kommt es zu **Kooperation und Konkurrenz**. Die Beteiligten glauben an eine einvernehmliche Lösung (win/win) und haben eine konstruktive Haltung.

1. **Verhärtung:** Es ist eine gewisse Anspannung spürbar, der Konflikt als solcher wird aber vielleicht noch nicht mal bewusst wahrgenommen. Standpunkte kristallisieren sich heraus.
2. **Debatte:** Es kommt zu Diskussionen, jeder versucht den anderen zu überzeugen.
3. **Taten statt Worte:** Die Debatten hören auf, es besteht der Eindruck, das Reden nichts bringt. Es wird einfach gehandelt und der andere wird vor vollendete Tatsachen gestellt.

Die zweite Phase ist die **selbsterfüllende Prophezeiung** (win/lose). Es wird nicht mehr an eine konstruktive Lösung geglaubt, der Fokus liegt jetzt darauf, seine Meinung durchzusetzen.

4. **Koalition:** Die Konfliktparteien bemühen sich, Unterstützer für Ihre Position zu finden. Der ursprüngliche Grund für den Konflikt verliert an Bedeutung, es geht um das Gewinnen.

13.2 Konfliktmanagement

5. **Gesichtsverlust:** Es kommt zu Angriffen, die die Gegenpartei demütigen sollen, Übertreibungen und Lügen eingeschlossen.
6. **Drohungen:** Die Konfliktparteien versuchen durch Drohungen wieder die Kontrolle zu gewinnen, der Druck nimmt zu.

Die dritte Phase ist die Phase der **Entwürdigung** (lose/lose). Niemand kann diesen Konflikt mehr gewinnen. Es geht nur noch darum, weniger Schaden davonzutragen, als die Gegenpartei und den anderen zu vernichten.

7. **Begrenzte Vernichtungsschläge:** Der Gegner wird nicht mehr als Mensch gesehen, alles was dem Gegner schadet wird gemacht.
8. **Zersplitterung:** Nicht nur der Gegner, auch seine Umgebung soll zerstört werden und wichtige Funktionen werden lahmgelegt.
9. **Gemeinsam in den Abgrund:** Die Selbstvernichtung wird in Kauf genommen, solange auch der Gegner vernichtet wird.

Das Eskalationsmodell verdeutlicht, dass es immer schwieriger wird, einen Konflikt zu lösen. In der ersten Phase kann noch eine für alle Beteiligten vorteilhafte Lösung gefunden werden (Win/Win). Danach wird es immer schwieriger, eine akzeptable Lösung für das Projekt zu finden. Der Projektmanager muss auch aufpassen, im vierten Schritt nicht unwillentlich Koalitionspartner zu werden und damit seine Neutralität zu verlieren.

Konfliktbewältigung

Der Projektmanager sollte bei einem Konflikt frühzeitig einschreiten, um den Schaden für die Beziehung der Konfliktparteien und damit das Projekt zu minimieren. Auch wenn meistens von einer Konflikt*lösung* gesprochen wird – meistens ist es nur eine Konflikt*bewältigung*, da eine Lösung oft kaum möglich erscheint. Denn die unterschiedlichen Überzeugungen, Ansichten und Erwartungen werden nicht plötzlich verschwinden. Es geht nur darum, eine gemeinsame Basis zu finden, damit die Beteiligten wieder gut zusammenarbeiten können.

Wesentliche Voraussetzung ist der Wille und die Bereitschaft aller Beteiligten, den Konflikt zu bewältigen. Solange dies nicht der Fall ist, oder nur eine Partei daran kein Interesse hat, wird die Konfliktbearbeitung nicht die gewünschten Resultate liefern können (Kuster et al., 2019).

Der Prozess der Konfliktbewältigung besteht aus drei Schritten:

1. **Verstehen:** Der Projektmanager versucht zu verstehen, worum es bei dem Konflikt eigentlich geht. Ist es ein fachlicher Konflikt, der rational gelöst werden

kann, oder ist es ein emotionaler Konflikt, der meist deutlich schwieriger zu lösen ist? Auf welcher Stufe befinden sich die beiden Konfliktparteien? Wichtig ist, den Konflikt ernst zu nehmen und ihn nicht einfach als unbedeutend abzutun, nur, weil der Projektmanager nicht nachvollziehen kann, dass man sich darüber streiten kann. Wenn die Konfliktparteien sich streiten ist das Thema für sie wichtig. Der Konflikt muss frühzeitig angesprochen werden, bevor er weiter eskaliert und immer schwieriger zu lösen wird. Im ersten Schritt ist auch zu klären, ob der Projektmanager selbst den Konflikt lösen kann, oder ob er parteiisch ist. Gründe können sein, dass er beispielsweise ein gutes Verhältnis zu einer Konfliktpartei hat oder dass er den Konflikt ausgelöst hat, also die Ursache ist, indem er zum Beispiel die Arbeitspakete so verteilt hat, dass sich ein Mitarbeiter benachteiligt fühlt und gegen den Kollegen mit den vermeintlich besseren Aufgaben aufbegehrt. Dann sollte eine neutrale dritte Partei hinzugezogen werden.
2. **Vorbereiten:** Das Ziel der Konfliktbewältigung sollte klar definiert werden. Wie kann der Konflikt gelöst werden? Was sind Kriterien für eine gute Lösung? Wie soll der Konflikt angesprochen werden? Der richtige Zeitpunkt muss gefunden und die richtigen Rahmenbedingungen geschaffen werden. Soll der Projektmanager erst einzeln mit den Mitarbeitern sprechen oder sie gleich zusammenholen? Wie vermeidet er, dass es im Gespräch zu Anschuldigungen kommt und der Konflikt weiter eskaliert? Was sind mögliche Reaktionen der Konfliktparteien?
3. **Bewältigen:** Dann sollte das Konfliktgespräch im entsprechenden Rahmen durchgeführt werden. Emotionen dürfen sein, es sollte aber versucht werden, die Situation zu de-emotionalisieren und auf eine Sachebene zu bringen. Die Beteiligten müssen sich gegenseitig respektieren und der Projektmanager sollte Vertrauen aufbauen. Wenn der Konflikt bereits eskaliert ist, braucht es einige Zeit, um eine Lösung zu finden. Wichtig ist, die zugrunde liegenden Ursachen zu klären und nicht nur die Symptome zu behandeln. Das Ergebnis muss von allen Beteiligten akzeptiert werden. Idealerweise ist es kein Kompromiss, sondern eine Win–Win-Situation, die für alle vorteilhaft ist. Dann kann der Konflikt offiziell beendet werden.

In einem guten Team können Konflikte einfacher gelöst werden, denn Vertrauen ist eine wichtige Basis zur Lösung von Konflikten im Projekt. Wenn Konflikte konstruktiv gelöst werden, können sie die Effektivität und Effizienz und die allgemeine Arbeitszufriedenheit im Projekt erhöhen. Aber die Fähigkeit, mit Konflikten umzugehen, ist nicht angeboren, sondern muss erlernt werden.

Im Fallbeispiel, der Rekrutierung ausländischer Pflegekräfte Abschn. 1.4 kommt es zu einem Konflikt (in Anlehnung an Hollmann, 2010):

13.2 Konfliktmanagement

Der Projektmanager gibt immer wieder Aufgaben am Ende des Tages an ein Projektteammitglied, eine Pflegekraft aus der Chirurgie. Einmal hat diese Pflegekraft seine Teamkollegin gebeten, die Aufgabe zu übernehmen. Die hatte freundlich abgelehnt, mit der Begründung, der Projektmanager hätte *ihm* die Aufgabe gegeben. Nachdem diese zusätzlichen Aufgaben zu immer mehr Überstunden führen und seine junge Familie sich immer mehr über seine Arbeitszeiten beschwert, weist er seine Kollegin energisch an, ihm endlich eine Aufgabe abzunehmen, es ginge nicht, dass er ständig diese zusätzlichen Aufgaben übernehmen müsse. Wieder lehnt sie ab und die Stimmung wird zunehmend frostiger. Der Projektmanager bekommt dies mit und erklärt, sie sollten die Sache unter sich klären und keine privaten Probleme ins Projekt tragen.

Was ist hier passiert? In dem Beispiel gibt es verschiedene Konfliktarten.

- Zunächst geht es um einen **Verteilungs- und Ressourcenkonflikt.** Die eine Pflegkraft bekommt mehr Aufgaben vom Projektmanager zugeteilt als die andere. Gleichzeitig gibt es aber einen **organisatorischen Konflikt,** da nicht klar ist, warum die Aufgaben so zugeteilt werden.
- Die Pflegekraft nutzt den Konfliktstil des **Nachgebens** gegenüber dem Projektmanager, indem sie die Aufgaben annimmt. Im Streit mit der Kollegin ist der Konfliktstil **Konkurrieren.**
- Der Konflikt ist bereits eskaliert und auf **Stufe 3,** „Taten statt Worte", angekommen. Es gibt keine Diskussion, die Kollegin lehnt einfach ab, der andere wird vor vollendete Tatsachen gestellt.
- Der Projektmanager ist die **Ursache** des Konflikts, der Streit zwischen den beiden Teammitgliedern nur das **Symptom.** Das Thema müsste an den Projektmanager zurückdelegiert werden und er gebeten werden, die Aufgabenverteilung noch einmal zu überdenken und eine andere Lösung zu finden.
- Damit ist vermutlich aber der Konflikt zwischen den beiden Teammitgliedern noch nicht gelöst. Aus der Sachebene (Aufgabenverteilung) hat sich ein **Beziehungskonflikt** ergeben. Dazu kommt der **Rollenkonflikt,** als die Pflegekraft seine Kollegin angewiesen hatte, die Aufgabe zu übernehmen. Er ist ihr gegenüber aber nicht weisungsbefugt.
- Diesen Konflikt kann der Projektmanager in einem Gespräch nicht lösen, selbst wenn er wollte, da er ursächlich zu dem Problem beigetragen hat.
- Zusätzlich besteht vermutlich ein **Annäherungs-Annäherungskonflikt:** Die Pflegekraft möchte einen guten Job im Projekt machen, gleichzeitig aber auch für seine Familie da sein. Das kann dann auch zu einem **Wertekonflikt** führen.

Letztlich muss der Konflikt auf drei Ebenen bewältigt werden: Der Projektmanager sollte die Aufgabenverteilung noch einmal neu planen und die Aufgaben gerechter verteilen. Die Pflegekraft sollte das Gespräch mit der Kollegin suchen, um den Beziehungskonflikt zu lösen. Aber letztlich muss er auch den Wertekonflikt lösen und sich Gedanken machen, wie er Beruf und Familie besser balancieren kann.

Literatur

Batenburg, R., van Waalbek, W., & der Maur, W. (2013). Belbin role diversity and team performance: Is there a relationship? *Journal of Management Development, 32*(8), 901–913.

Belbin, R. M. (2010). *Management Teams: Why they succeed or fail* (3. Aufl.). Routledge.

Berkel, K. (2014). *Konflikttraining*. Windmühle Verlag GmbH.

Everett, S. (2017). Denkfehler: Wie Sie sie erkennen und bessere Entscheidungen treffen. https://www.weka.ch/themen/fuehrung-kompetenzen/selbstmanagement/selbst-und-zeitmanagement/article/denkfehler-wie-sie-sie-erkennen-und-bessere-entscheidungen-treffen/. Zugegriffen: 12. März 2021.

Gellert, M., & Nowak, C. (2007). *Teamarbeit – Teamentwicklung – Teamberatung, 5*. Limmer Verlag.

Glasl, F. (2004). *Konfliktmanagement – Ein Handbuch für Führungskräfte, Beraterinnen und Berater* (8. Aufl., Bd. 2). Haupt Verlag/Verlag Freies Geistesleben.

Hammond, J. S., Keeney, R. L., & Raiffa, H. (1998). *The hidden traps in decision making.* Harvard Business Review, September–October 1998, reprint.

Heigl, N. (2013). Konfliktmanagement. In M. Landes & E. Steiner (Hrsg.), *Psychologie der Wirtschaft. Psychologie für die berufliche Praxis.* Springer VS.

Hintz, A. J. (2018). *Erfolgreiche Mitarbeiterführung durch soziale Kompetenz. Eine praxisbezogene Anleitung.* Springer Gabler.

Hollmann, J. (2010). *Führungskompetenz für Leitende Ärzte.* Springer.

Karriker, J. H. (2005). Cyclical group development and interaction-based leadership emergence in autonomous teams: An integrated model. *Journal of Leadership & Organizational Studies, 11*, 54–64.

Katzenbach, J. R., & Smith, D. K. (2013). The discipline of teams. In *HBR's 10 Must Reads On Teams.* Harvard Business Review Press.

Katzenbach, J. R., & Smith, D. K. (2015). The wisdom of teams: Creating the high-performance organization. Harvard Business Review Press.

Kuster, J., Bachmann, C., Huber, E., Hubmann, M., Lippmann, R., Schneider, E., Schneider, P., Witschi, U., & Wüst, R. (Hrsg.), *(2019) Handbuch Projektmanagement. Agil – Klassisch – Hybrid.* Springer Gabler.

Kreyenberg, J. (2005). *Konflikt-Management.* Cornelsen Verlag.

Larson, E. W., & Gray, C. F. (2011). *Project management. The managerial process* (5. Aufl.). McGraw-Hill. International Edition.

Mai, J. (o. D.). Belbin Teamrollen: Vielfalt statt Einfalt. https://karrierebibel.de/belbin-teamrollen/. Zugegriffen: 27. März 2021.

Pinto, J. K. (2000). Understanding the role of politics in successful project management. *International Journal of Project Management, 18*, 85–91.

Thomas, K. W. (1992). Conflict and conflict management: Reflections and update. *Journal of Organizational Behavior, 13*, 265–274.

Tuckman, B. W. (1965). Developmental sequences in small groups. *Psychological Bulletin, 63*, 348–399.

Projektabschluss und -bewertung 14

Es ist manchmal nicht ganz eindeutig zu definieren, wann ein Projekt wirklich abgeschlossen ist. Der offizielle Projektabschluss muss nicht zwingend mit der Erfüllung der Projektziele einhergehen, die auch erst später sichtbar werden können – wie im Beispiel mit der Rekrutierung ausländischer Pflegekräfte Abschn. 1.4. Das Projekt wird beendet, ohne zu wissen, ob jetzt regelmäßig Mitarbeiter im Ausland rekrutiert werden können und wie lange sie im Klinikum verbleiben, sodass es sich für die Organisation auch gelohnt hat und ein echter Projekterfolg ist.

In der Regel ist das Projekt beendet, wenn es erfolgreich abgeschlossen und an die Fachseite übergeben wird. Die Projektübergabe erfolgt zu diesem Zeitpunkt, weil in der nachfolgenden Phase keine Aktivitäten mehr für das Projektteam anfallen. Die Ergebnisse können aber auch erst über einen längeren Zeitraum sichtbar werden, jedoch braucht das Projekt einen offiziellen Abschluss, um nicht auszufransen. Natürlich kann das Projektende auch so definiert werden, dass erst alle Ergebnisse vorliegen müssen und evaluiert sind, bevor es offiziell beendet wird.

Wenn ein Projekt am Ende der geplanten Laufzeit noch nicht fertig ist, gibt es zwei Möglichkeiten. Der Projektsponsor wird zusammen mit dem Steuerkreis über das weitere Vorgehen entscheiden:

- **Das Projekt wird dennoch beendet.** Dies ist dann der Fall, wenn man keine große Chance sieht, das Projekt noch erfolgreich abzuschließen und das Ziel zu erreichen. Beispielsweise, weil sich die Rahmenbedingungen so verändert haben, dass eine Fortführung nicht mehr sinnvoll erscheint. Oder wenn die Teammitglieder bereits weiter verplant sind und nicht mehr zur Verfügung stehen. Dennoch sollte das Projekt richtig abgeschlossen und die bisherigen Ergebnisse sollten dokumentiert werden.

- **Das Projekt wird verlängert.** Wenn ein erfolgreicher Abschluss realistisch erscheint, entsprechende Ressourcen (Personal, aber auch Budget) vorhanden sind und eine Verlängerung befürwortet wird, kann das Projekt auch weitergeführt werden. Entsprechend muss dann die Projektplanung angepasst und auf den aktuellen Stand gebracht werden.

So wichtig ein strukturierter Projektabschluss ist, er gehört in der Regel nicht zu den bevorzugten Tätigkeiten eines Projektteams. Das kann dazu führen, dass nicht alle Aspekte des Projektabschlusses im erforderlichen Umfang durchgeführt werden. In der Abschlussphase beginnt der Rückzug: Die Bereitschaft der Beteiligten, Energie in das Projekt zu investieren, sinkt. Das Team befindet sich im Prozess der Auflösung und die Teammitglieder in der Phase der Neuorientierung oder vollständigen Rückkehr in das Tagesgeschäft. Es ist schwierig, die Teammitglieder noch für die abschließenden Aufgaben zu motivieren. Die letzten Tätigkeiten, insbesondere die systematische Auswertung des gesamten Projekts, stehen in Konkurrenz zu neuen Aufgaben, die jetzt erledigt werden müssen (Meyer & Reher, 2020). Das Auseinanderdriften des Teams wird auch in der Phase „Adjourning" beschrieben Abschn. 13.1.4.

14.1 Projektabschluss

In der Projektabschlussphase werden die letzten noch laufenden Arbeitspakete vervollständigt und beendet. Die Projektarbeit umfasst dann vor allem Übergaben, Unterweisungen der Nutzer, Komplettierungen, Dokumentation der Ergebnisse und des Prozesses sowie die Präsentation der Projektergebnisse (Patzak & Rattey, 2017).

Alle Aktivitäten im Projekt werden bewusst und in strukturierter Form beendet. Der Hauptnutzen dieses Prozesses ist, dass die Projektinformationen archiviert werden, die geplante Arbeit abgeschlossen wird und die Ressourcen der Organisation für neue Vorhaben freigegeben werden. Es wird überprüft, ob die Ziele erreicht wurden und die Stakeholder zufrieden sind. Die Erfahrungen, die im Projekt gemacht wurden, werden systematisch ausgewertet. Die Verantwortung wird vom Projektmanager an den Nutzer des Projektergebnisses oder andere Projekte übergeben und das Projektteam entlastet (Patzak & Rattey, 2017, Project Management Institute, 2017).

Beim Projektabschluss geht es nicht nur um die Übergabe und das Ende der Projektarbeit, sondern es stellt auch den Abschluss der Teamarbeit dar. Nachdem während der Projektlaufzeit eng zusammengearbeitet wurde, geht jetzt jedes

14.1 Projektabschluss

Teammitglied wieder seine eigenen Wege. Auch diese Zusammenarbeit sollte entsprechend gewürdigt und die „lessons learnt" gesammelt werden.

Trotz der Auflösungserscheinungen und einem etwaigen Zeitdruck sollten sich die Projektbeteiligten nach Abschluss eines Projekts mindestens noch einmal treffen, um den Projektablauf zu analysieren. Ziel ist es, Erkenntnisse für nachfolgende Projekte zu gewinnen. Dabei sind nicht nur die negativen, sondern auch die positiven Faktoren hervorzuheben (Fiedler, 2020). Typische Fragestellungen sind:

- Welche Erfahrungen wurden gemacht?
- Hat die Kommunikation funktioniert?
- Wie sieht die Akzeptanz aus Kundensicht aus?
- Wie hat die Teamarbeit funktioniert?
- Was haben wir im Projekt gelernt?
- Hat sich die Vorgehensweise bewährt?
- War die Aufgabenverteilung sinnvoll?

Wenn es zu Problemen gekommen ist, sollte versucht werden, die Ursachen herauszufinden und zu analysieren. Die Problemursachen werden daraufhin untersucht, ob sie vermeidbar, kaum vermeidbar oder nicht vermeidbar gewesen wären. Insbesondere Maßnahmen für vermeidbare Probleme sind erfolgversprechend, um künftige Projekte reibungslos abzuwickeln (Fiedler, 2020). Im Idealfall fließen die gewonnen Erkenntnisse in ein Wissensmanagement. Das Wissensmanagement ist ein umfangreiches Themengebiet, für weitere Ausführungen wird an weiterführende Literatur verwiesen (siehe stellvertretend für viele Broßmann & Mödinger, 2011; Frey-Luxemburger, 2014).

Zu den wesentlichen Punkten des Abschlusses der Projektarbeit gehören (Meyer & Reher, 2020, Patzak & Rattey 2017, Wegmann & Winklbauer, 2006):

- **Offizieller Abschluss:** Es gibt einen offiziellen Abschluss durch den Steuerkreis, der auch das Projektteam entlastet. Dies ist das formale Ende des Projekts. In der Sitzung wird die geleistete Arbeit gewürdigt und den Beteiligten noch einmal verdeutlicht, dass das Projekt abgeschlossen ist. Meistens gibt es eine Abschlusspräsentation, in der letzte Fragen geklärt werden können. Auch besteht hier die Möglichkeit, direktes Feedback vom Auftraggeber zu bekommen. Die letzten Entscheidungen können getroffen werden, beispielsweise was die Übergabe der verbleibenden Aufgaben und eine Weiterführung der Themen betrifft.
- **Information und Dank:** Alle, die mit dem Projekt zu tun gehabt haben, werden über den Abschluss informiert. Dem Team wird für die erbrachte Leistung

gedankt, bei einem erfolgreichen Abschluss sollte auch eine Abschlussfeier stattfinden.
- **Abschlussdokumentation:** Alle relevanten Informationen des gesamten Projekts, inklusive des abschließenden Statusberichts, werden in einer Dokumentation zusammengefasst und sind damit auch für die Zukunft verfügbar. Sie kann genutzt werden, wenn noch nachträglich Fragen auftauchen, das Projekt weitergeführt werden soll oder künftig ähnliche Projekte oder das gleiche Projekt in einem anderen Bereich durchgeführt werden soll. Die Abschlussdokumentation ist die systematische und vollständige Archivierung sämtlicher Projektunterlagen. Dazu gehören Verträge, Planungsunterlagen, Statusberichte, Zwischenergebnisse, Protokolle, Präsentationen und Korrespondenz. Alle Dokumente müssen so aufbereitet werden, dass auch jemand, der nicht im Projekt involviert war, sich zurechtfinden kann.

Meyer und Reher (2020) nennen einen Themenkatalog für die Dokumentation in einem Abschlussbericht:

1. Ausgangssituation des Projekts: Leistungsumfang und Projektziele lt. Auftrag einschließlich der Änderungen.
2. Projektmanagement: Rollen und Verantwortlichkeiten, Ablauf mit Phasenplan und Meilensteinen, Projektstrukturplan, Abweichungen.
3. Projektergebnis: Umfang und Qualität der Lieferobjekte und Vergleich mit den Anforderungen.
4. Gesamtbeurteilung.
5. Erkenntnisse und Konsequenzen für die Zukunft.
6. Bei Bedarf: Hintergrundinformationen im Anhang.

14.2 Projektbewertung

Zur Einschätzung der erfolgreichen Durchführung des Projekts sollte auch eine gezielte Projektbewertung durchgeführt werden. Diese Projektbewertung ist die systematische und objektive Beurteilung des Projekterfolges, die schon während des Projekts im Rahmen des Projektcontrollings Kap. 5, aber vor allem nach Abschluss des Projekts erfolgen muss. Hier wird überprüft, wie weit die Zielvorgaben erreicht, Ressourcenpläne, Projektbudget und die Zeitplanung eingehalten wurden oder ob es Abweichungen gab. Darüber hinaus können Feedbackrunden und Kundenbefragungen durchgeführt werden, um die Zufriedenheit der Stakeholder zu erfassen.

Darüber hinaus kann es wichtig sein, Methoden und Tools zur Verfügung zu stellen, die auch nach Abschluss des Projekts sicherstellen, dass die angestoßenen Veränderungen umgesetzt werden. Ganz im Sinne von Kotters 8-Stufen-Modell „Wandel verankern" Abb. 9.3. So ist es zum Beispiel bei Projekten zur Einsparung von Kosten essentiell, dass auch nach Abschluss des Projekts sichergestellt wird, dass die im Projekt erarbeiteten Maßnahmen umgesetzt und wirklich die Kosten eingespart werden. Zu gerne wird wieder in alte Gewohnheiten verfallen, sobald das Projekt beendet ist. So kann mit einem einfachen Wasserfalldiagramm nachgehalten werden, wie viel Kosten eingespart werden sollen, wieviel dieser Einsparmöglichkeiten durch Maßnahmen hinterlegt sind, welche dieser Maßnahmen auch wirklich umgesetzt werden können, welche Maßnahmen schon implementiert wurden und welche letztlich effektiv sind und tatsächlich umgesetzt wurden.

Auch im Praxisbeispiel Erfolgsfaktor Kundenerlebnis Abschn. 14.3 wurde eine Erfolgsmessung eingeführt, um nachzuweisen, dass sich die Investition in neue Systeme, Prozesse und Qualifikationen auch lohnt.

14.3 Praxisbeispiel: Kundenzentrierte Transformation

Erfolgsfaktor Kundenerlebnis

Felicitas Janßen, Vice President Global Marketing, Aesculap AG

Alexander Fetzer, Director Marketing Communications, Aesculap AG

Mit über 64.000 Mitarbeitenden in 64 Ländern ist B. Braun einer der führenden Hersteller von Medizintechnik-, Pharma-Produkten und Dienstleistungen weltweit. Seit 1976 ist Aesculap Teil des familiengeführten Konzerns und agiert als Partner für operative und interventionelle Therapiekonzepte in der stationären und ambulanten Patientenversorgung. Durch konstruktiven Austausch mit Kunden und Partnern entwickelt B. Braun hochwertige Produktsysteme und Serviceleistungen um die Gesundheit von Menschen auf der ganzen Welt zu schützen und zu verbessern.

Die Differenzierung im globalen MedTech-Markt alleine über Produkt, Preis und Qualität wird zunehmend herausfordernder. Auch die Ansprache des Kunden hat sich geändert. Im Sinne einer konsistenten Gesamtvermarktung wurde eine Initiative zur kundenzentrierten Transformation aufgesetzt mit dem Ziel, ein optimiertes Kundenerlebnis entlang aller Kunden-Kontaktpunkte (Touchpoints) zu schaffen.

In einem ersten Schritt wurden gezielt und aus der Perspektive des Kunden die Bedürfnisse des Kunden (die sogenannten Pain- und Gainpoints) und die Touchpoints für eine „Customer Journey" neu analysiert, um wertstiftende Interaktionen zwischen dem Kunden und dem Unternehmen zu ermöglichen. Voraussetzung hierfür ist die Kundenbedürfnisse noch besser zu erfassen und entsprechend in Marketingkonzepte zu integrieren. Mithilfe datenbasierter analytischer Software und nach entsprechender Schulung der Mitarbeiter konnten die gewonnenen Erkenntnisse in Daten übersetzt werden, um dem Kunden maßgeschneiderte Angebote anzubieten. Mit einem entsprechenden Kennzahlen-System wird die Performance schließlich gesteuert und regelmäßig optimiert.

Ein wesentliches Erfolgskriterium in diesem Kontext war die Einführung eines Content Marketing Prozesses. Im ersten Schritt wurde dazu die Content Strategie definiert und die Kommunikationsziele nach Zielgruppen bestimmt. Im sogenannten Content Planning wurden zunächst die übergeordneten Themen identifiziert. In der sich anschließenden Produktionsphase wurden diese dann in ansprechende und zielgruppenbasierte Stories übersetzt und über entsprechende Kanäle im Medienmix genutzt. Dazu steht den Mitarbeitern eine umfangreiche Toolbox zur Verfügung. So können zunehmend Bewegtbilder und Animationen verwendet werden, um den Nutzen der Produkte zu verdeutlichen. Der Dialog mit den Kunden startet über ausgewählte Kanäle mit dem Ziel, den Kunden optimal anzusprechen und gegenseitig Erkenntnisse zu gewinnen. Als Teil eines systematischen und

14.3 Praxisbeispiel: Kundenzentrierte Transformation

kontinuierlichen Verbesserungsprozesses wird der Erfolg anhand von Kennzahlen – aus Kunden- und aus Unternehmensperspektive – gemessen und analysiert.

Zu den **Herausforderungen** des Projekts gehörten:

- **Change-Management:** Wie immer bei Veränderungen ist die Akzeptanz ein ganz wesentlicher Faktor. Nicht nur bei den Kunden, sondern im ersten Schritt vor allem bei den Mitarbeitern, die die neue Kundenansprache „leben" sollen. Es ist nicht nur eine kundenorientierte Transformation, es ist auch eine Transformation im Unternehmen, ein Kulturwandel, der alle Unternehmensbereiche betrifft. Dabei hat die Corona Pandemie die Akzeptanz durchaus unterstützt, da notgedrungen Alternativen zu persönlichen Kontakten gebraucht wurden.
- **Qualifikation:** Die Anforderungen an die Mitarbeiter haben sich durch das Projekt geändert. Das betrifft insbesondere die Mitarbeiter in der Marketing Communication, die zunehmend mehr strategische und konzeptionelle Kompetenz für den Content-Marketing-Prozess mitbringen müssen. Für die Produktmanager bedeutet dies eine stärke Fokussierung auf die Kundenanforderungen und die Erfüllung der Kundenbedürfnisse. Der Ausbau der Kommunikationskompetenz, inkl. Schulungen, gewinnt zunehmend an Bedeutung.
- **Review:** Gestartet hat die Initiative 2016 mit der Einführung des Content Marketings in der Marketing-Kommunikation. Da mehrere Unternehmensbereiche für den Erfolg im Sinne der Gesamtkommunikation essenziell sind, musste die Planung immer wieder in iterativen Schritten angepasst werden. Dazu gehört u. a. der Abgleich mit der Unternehmensstrategie. Die Kollegen müssen nicht nur regelmäßig einbezogen und informiert werden, sondern auch ändert sich der Kreis der relevanten Stakeholder im Laufe des Projekts im Sinne einer erfolgreichen Transformation.
- **Erfolgsmessung:** Für eine nachhaltige Durchdringung der Systematik als Baustein einer erfolgreichen Gesamtvermarktung muss der Nachweis erbracht werden, dass sich die Investition in neue Systeme, Prozesse und Qualifikationen auch lohnt. Einerseits können hierfür die generierten Daten zur Erfolgsmessung mit dem Kennzahlensystem genutzt werden. Andererseits sollte sichtbar gemacht werden, welcher Mehrwert

generiert wurde, um konsequent und kundenzentrisch Marketingmaßnahmen fortzuentwickeln. Dabei wurden verschiedene Key Performance Indicators (KPIs), Leistungskennzahlen, definiert. Dazu gehört die Kundenzufriedenheit (gemessen durch systematische Kundenbefragungen) und der sogenannte Net Promoter Score (NPS), der misst, inwiefern Kunden ein Produkt oder eine Dienstleistung weiterempfehlen würden. Die KPIs müssen auf der einen Seite aussagekräftig sein, auf der anderen Seite muss der Aufwand, sie zu erheben, angemessen sein. Im Projekt wurden Prozesse für die Erhebung festgelegt und Benchmarks für die Zielerreichung definiert. Die Ergebnisse können nun regelmäßig in einer Übersicht, einem Dashboard, verfolgt werden. Die KPIs sind deshalb ein ganz wesentliches Element, um den Erfolg des Projekts zu dokumentieren, aber auch, um die weitere Vorgehensweise im Sinne einer individuellen Vermarktungsstrategie festzulegen.

Für B. Braun ist das Projekt ein Meilenstein für die veränderte Kommunikation von und mit dem Kunden. Der Wandel von der analogen in die digitale Welt im jeweils passenden Medien- und Kanal-Mix wurde vollzogen. Ohne die frühzeitige Erkenntnis der Bedeutung des Content Marketing und dessen konsequente Einführung wären die heutigen datenbasierten Geschäftsmodelle in der veränderten digitalen Welt nicht möglich.

Literatur

Broßmann, M., & Mödinger, W. (2011). *Praxisguide Wissensmanagement. Qualifizieren in Gegenwart und Zukunft. Planung, Umsetzung und Controlling in Unternehmen.* Springer.
Fiedler, R. (2020). *Controlling von Projekten. Mit konkreten Beispielen aus der Unternehmenspraxis – Alle Aspekte der Projektplanung, Projektsteuerung und Projektkontrolle* (8. Aufl.). Springer.
Frey-Luxemburger, M. (Hrsg.). (2014). *Wissensmanagement – Grundlagen und praktische Anwendung. Eine Einführung in das IT-gestützte Management der Ressource Wissen.* Springer.
Meyer, H., & Reher, H. J. (2020). *Projektmanagement. Von der Definition über die Projektplanung zum erfolgreichen Abschluss.* Springer Gabler.
Patzak, G., & Rattay, G. (2017). *Projektmanagement: Projekte, Projektportfolios, Programme und projektorientierte Unternehmen, 7.* Linde Verlag Wien.

Project Management Institute. (2017). *A guide to the project management body of knowledge (PMBOK Guide)*, (6. Ausgabe). Project Management Institute.

Wegmann, C., & Winklbauer, H. (2006). *Projektmanagement für Unternehmensberatungen*. Gabler.

The manufacturer's authorised representative in the EU is Springer Nature Customer Service Centre GmbH, Europaplatz 3, 69115 Heidelberg, Germany. If you have any concerns regarding our products, please contact ProductSafety@springernature.com

Printed and bound by CPI Group (UK) Ltd, Croydon, CR0 4YY
23/03/2026
02076747-0008